古代歷史文化研究輯刊

十四編

王明蓀 主編

第2冊

中國文明起源新考（下）

周運中 著

國家圖書館出版品預行編目資料

中國文明起源新考（下）／周運中 著 — 初版 — 新北市：花
木蘭文化出版社，2015〔民104〕
目 2+210 面；19×26 公分
（古代歷史文化研究輯刊 十四編：第 2 冊）
ISBN 978-986-404-310-1（精裝）
1. 文明史 2. 中國
618   104014368

ISBN-978-986-404-310-1

9 789864 043101

古代歷史文化研究輯刊
十四編 第 二 冊   ISBN：978-986-404-310-1

中國文明起源新考（下）

作　　者　周運中
主　　編　王明蓀
總 編 輯　杜潔祥
副總編輯　楊嘉樂
編　　輯　許郁翎
出　　版　花木蘭文化出版社
社　　長　高小娟
聯絡地址　235 新北市中和區中安街七二號十三樓
　　　　　電話：02-2923-1455／傳眞：02-2923-1452
網　　址　http://www.huamulan.tw 信箱 hml 810518@gmail.com
印　　刷　普羅文化出版廣告事業
初　　版　2015 年 9 月
全書字數　158343 字
定　　價　十四編 28 冊（精裝）台幣 52,000 元

中國文明起源新考（下）

周運中　著

目次

第四章　西域文明與共工、蚩尤

　　青銅時代的亞洲內陸交流之路已經通暢，很可能起源於新石器時代。溫帶草原和綠洲帶就是一條橫貫亞洲的遠古高速公路，這條高速路上的主要行駛者是中亞的游牧民族，來去如風，傳播文化的速度很快，阿富汗的青金石在六千多年前就輸入西亞兩河流域，遠達埃及和土耳其。〔註1〕阿富汗、新疆一山之隔，再從新疆到河西走廊及關中平原也不難。所以看似遙遠的東西亞洲古代文明有密切交流，現在想來也不是天方夜譚。

　　據研究公元前 2500～2100 年的阿凡納羨沃文化已經馴化了馬，這種文化不僅分佈在中亞草原，也見於新疆的奇臺縣與葉爾羌河下游的綽勒綽爾遺址，說明中亞的高原山地沒有阻礙游牧民族的發展。〔註2〕公元前 2040～1730 年哈薩克斯坦北部的辛塔什塔文化最早發明馬車，這支文化迅速擴張，演化爲安德羅諾文化共同體，進入新疆西北部。約公元前 3000 年，來自葉尼塞河的奧庫涅夫文化進入新疆，促成了切木爾切克文化的形成，此文化從阿爾泰山南遷天山。除奧庫涅夫文化是蒙古人種外，都是印歐人種。〔註3〕

　　筆者曾經證明《山海經》中的崑崙山就是今新疆南部的崑崙山，廣義的崑崙山還包括今青藏高原，《山海經》記載的崑崙山水系包括注入醜塗水（印度河）的洋水（獅泉河）、注入梵天之水（布拉馬普特拉河）的赤水（雅魯藏布江）、

〔註1〕〔法〕A. H. 丹尼、〔法〕V. M. 馬松主編、芮傳明譯：《中亞文明史》第一卷，中國對外翻譯出版公司，2002 年，第 156 頁。

〔註2〕林梅村：《青銅時代的造車工具與中國戰車的起源》，《古道西風：考古新發現所見中西文化交流》，三聯書店（北京），2000 年，第 66～67 頁。

〔註3〕郭物：《新疆史前晚期社會的考古學研究》，上海古籍出版社，2012 年，第 268～286 頁。

河水（黃河）、黑水（阿姆河），這和印度佛教典籍記載的南贍部洲中心阿耨達山所出恒河、印度河、阿姆河、塔里木河居然多有重合，這是因爲青藏高原上的游牧民族把高原地理知識傳給了東方的華夏人和南方的印度人，〔註4〕所以青藏高原、帕米爾高原絕非文化傳播的障礙，其實也是文化交通的橋梁。

第一節　仰韶文化雙魚人像是兩河文明水神埃阿

　　陝西的西安半坡、臨潼姜寨、南鄭龍崗寺、寶雞北首嶺、西鄉何家灣等地出土的仰韶文化陶器上，常有一種被稱爲人面魚紋的圖案，這是現在中國人都熟悉的著名圖案。其實此名不太確切，因爲原圖是人面兩旁有魚紋，不是人面上紋有魚紋，也不是指神話中的人面魚，所以筆者稱爲人首雙魚像。

　　關於這種人首雙魚圖案的解釋也是眾說紛紜，有魚圖騰崇拜、太陽崇拜、月亮崇拜、女陰象徵、生命象徵、巫師面具、嬰兒出身、裝飾說、捕魚說、紋面說等數十種說法。〔註5〕筆者認爲這些說法都沒有發現問題的本質，此圖和日月絕不相關，也看不出捕魚的樣子。臉上沒有花紋，紋面無從說起。很少有民族用魚來裝飾人首，裝飾說值得懷疑。人面沒有遮蓋，面具說不能成立。圖騰說遭到蔣書慶的批判，他又提出陰陽說，把人面釋爲太陽，把全圖釋爲晝夜交替。〔註6〕問題是這些人面幾乎全是閉眼，沒有目光，不可能是太陽的象徵。嚴文明指出，仰韶文化早期的人面紋神情嚴肅，晚期則變爲活潑。〔註7〕其實就是指早期基本閉眼，早期的半坡人面全部閉眼，姜寨僅有一件睜眼。另有一件出自南鄭龍崗寺，睜眼、閉眼交錯。西鄉何家灣所出人面，有的睜眼，有的閉眼。南鄭、西鄉在漢水流域，距離關中較遠，應是訛變。

　　半坡的人首雙魚像，多數沒有訛變，下圖半坡第5件的人首兩邊有雙魚，這是原型，第1、2件的雙魚變成抽象輪廓，第3、4件的雙魚重複出現在帽沿，都屬於輕微訛變。姜寨的訛變稍甚，但不是很嚴重，第4件的訛變類似

〔註4〕周運中：《〈山海經〉崑崙山位置新考》，《中國歷史地理論叢》2008年第2期。

〔註5〕劉雲輝：《仰韶文化「魚紋」「人面魚紋」內含二十說述評——兼論「人面魚紋」爲巫師面具形象說》，《文博》1990年第4期。程金城：《遠古神韻：中國彩陶藝術論綱》，上海文化出版社，2001年，第139～146頁。

〔註6〕蔣書慶：《破譯天書：遠古彩陶花紋揭秘》，上海文化出版社，2001年，第57～60頁。

〔註7〕嚴文明：《半坡類型彩陶的分析》，《仰韶文化研究》，文物出版社，2009年，第320～349頁。本書的人首雙魚像採自此文。

半坡的第 1、2 件，第 3 件的雙魚重複出現在帽沿，類似半坡第 3、4 件，但是保留了帽沿，不如半坡第 3、4 件訛變嚴重。姜寨唯有第 1 件的帽沿訛變趨同魚紋的邊沿，這在半坡沒有出現，但也是輕微訛變。寶雞北首嶺因為在關中，所以沒有出現嚴重訛變。

南鄭龍崗寺的人面脫落了尖帽與雙魚，屬於嚴重訛變。西鄉何家灣的人首雙魚像也是嚴重訛變，第 1、3 件脫落了尖帽與雙魚，第 2 件脫落了雙魚與帽沿，帽邊重複出現在帽中，也是睜眼。

半坡類型晚期的三件人首像，全是睜眼，西安臨潼、甘肅正寧的兩件還能看出尖帽與雙魚的訛變，但是西鄉何家灣的一件脫離了尖帽與雙魚。可見睜眼是晚出的訛變，最早出現在遠離關中的漢水流域。到了半坡類型晚期，關中也訛變為睜眼了，而且看不出雙魚。

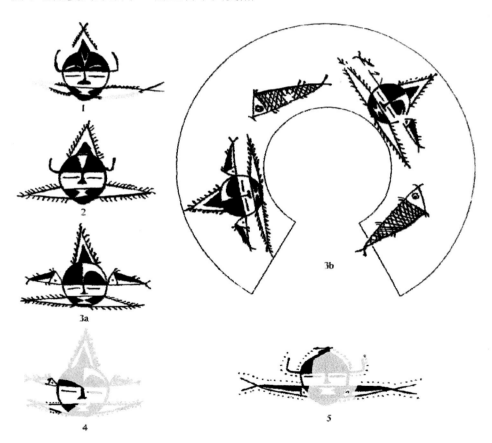

半坡陶盆上的人首雙魚像

1.F1（3）　　2.W45　　3.W50　　4、5 採集

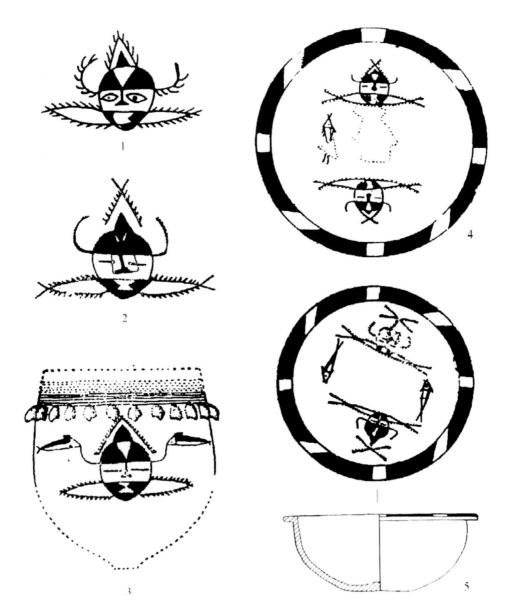

姜寨陶器上的人首雙魚像

1.W176：1　　2.F84：14　　3.H493：32　　4.W156：1　　5.W162：1

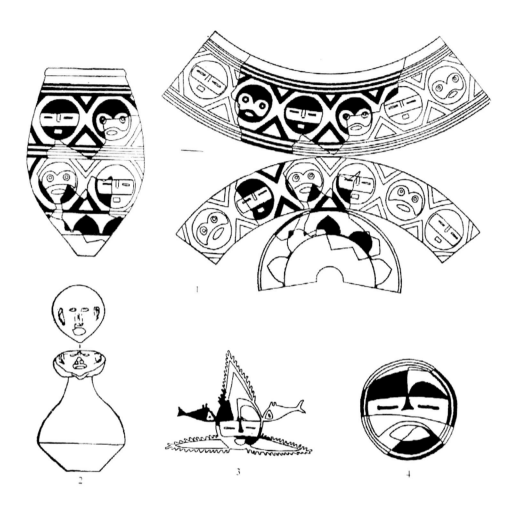

南鄭龍崗寺與寶雞北首嶺陶器上的人首雙魚像

1、2.龍崗寺 H23：1、M369：13　　3、4.北首嶺 T129：2、T144：2

　　我們說眲眼是晚出訛變，還有一個鐵證，那就是人首雙魚像源自西亞的水神，同時也是冥神，所以人首雙魚像都是瞑目。瞑目是人類死亡或陰間神靈的象徵，漢語中的瞑、冥同源，人瞑目也就到了冥界。此處的魚也是下界黃泉的象徵，用陰陽論來解釋人首雙魚像最為恰當。我們探尋人首雙魚像的西亞來源，可以先從其尖帽入手。

　　我們在史書中找不到任何證據表明華夏族使用尖帽，但是這種尖帽在中國西北游牧民族及中亞、西亞的民族之中最為常見。所以要破解人首雙魚像，亞洲內陸的尖帽是關鍵。

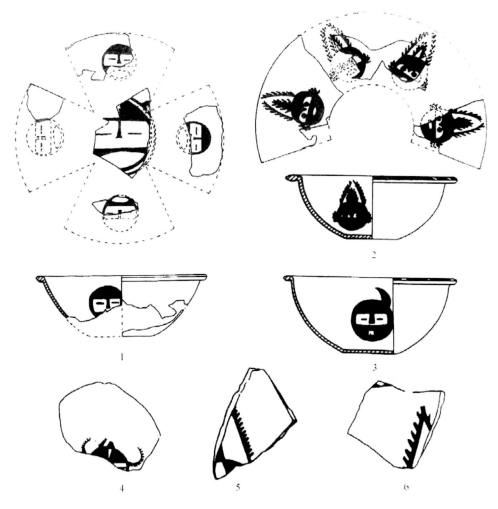

西鄉何家灣的人首雙魚像

1.H242：6　2.H242：2　3.H242：4　4.H242：9　5.H242：13　6.H242：17

　　邢義田的研究表明，孔子說戎狄被髮左衽形象有其來源，但春秋戰國到秦漢時期，胡人更多以尖帽的形象出現在中國漢地的圖像中，如甘肅省博物館藏一件春秋骨管，上有線刻的尖帽胡人射獵圖，甘肅張家川縣馬家原戰國墓出土一件尖帽胡人塑像，燕下都戰國墓出土尖帽雙人陶盤，臨淄桓公臺出土有尖帽胡人騎馬紋瓦當。〔註8〕

〔註 8〕邢義田：《古代中國及歐亞文獻、圖像與考古資料中的「胡人」外貌》，《畫爲心聲：畫像石、畫像磚與壁畫》，中華書局（北京），2011 年，第 197～314 頁。

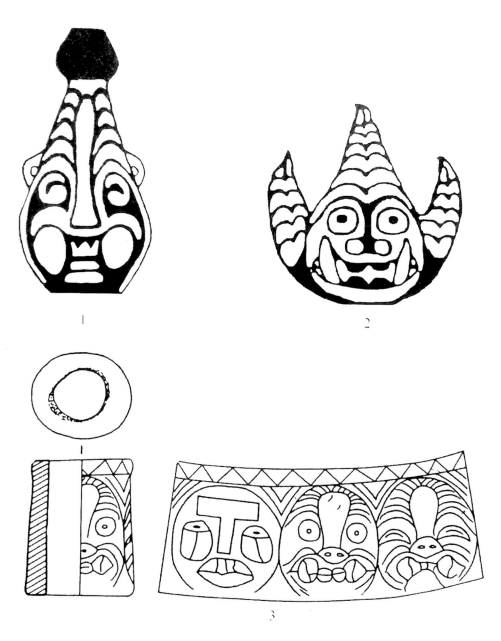

半坡類型的人首雙魚像

1.臨潼馬陵　2.正寧東坪　3.西鄉何家灣 M168：1

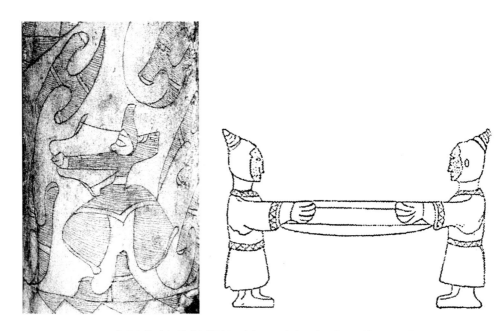

甘肅博物館藏射獵紋骨管、燕下都出土雙人陶盤

關野雄在臨淄採集的齊國胡人騎馬瓦當

　　1980 年陝西周原的西周遺址出土了兩件蚌雕人頭像，頭戴尖帽，可惜帽
尖被切去，但是在橫切面上刻有一個類似漢字巫字的符號。尹盛平指出這是
中亞的塞人，水濤進一步搜集了中亞的尖帽塞人畫像，新疆呼圖壁縣康家石
門子岩畫有尖帽人像，阿姆河流域出土公元前 500 年的波斯金銀尖帽人像，
新疆新源縣出土公元前 400～200 年的尖帽銅人像。新疆哈密、鄯善等地出
土一些乾屍，就是身穿皮衣、皮褲、頭戴尖頂氊帽的印歐人。不過他認為周
人不可能任用塞人巫師，周人和塞人的接觸不能由這兩件雕像證明。〔註 9〕
筆者認為周人在華夏邊緣，周人和戎狄文化交融很深，考古學界也認為先周
文化中有戎狄文化，鄒衡就認為先周文化中有寺窪文化和辛店文化有共同因
素，〔註10〕當時還沒有春秋以後才出現的儒家所謂華夷之辨，所以周人很有
可能任用塞人巫師。

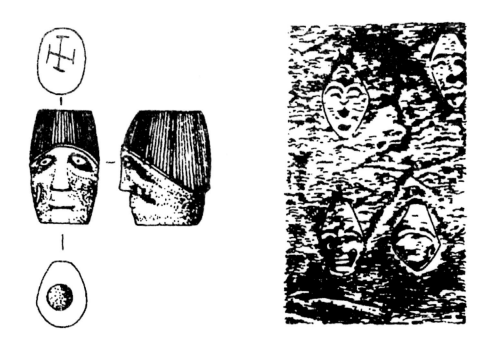

周原出土蚌雕胡人巫字頭像、新疆呼圖壁縣康家石門子岩畫尖帽胡人像

〔註 9〕水濤：《從周原出土蚌雕人頭像看塞人東進諸問題》，《中國西北地區青銅時代
　　　　考古論集》，科學出版社，2001 年，第 62～67 頁。
〔註10〕鄒衡：《論先周文化》，《夏商周考古學論文集（第二版）》，第 315～323 頁。

　　饒宗頤指出這種巫字符號源自公元前 5500 年伊拉克北部的哈拉夫（Halaf）遺址，在陶器和女神像的肩膀都有這種符號。這種符號還流行於西亞、中亞、南亞及中國西北的很多地方，比如馬家窯文化和齊家文化彩陶就有很多這種符號，也見於內蒙古敖漢旗石棚山的小河沿文化陶器。這種符號發展爲佛教的卍符，因爲其原來就是一種宗教符號。〔註11〕

西亞哈拉夫遺址女神像、陶器上的巫字

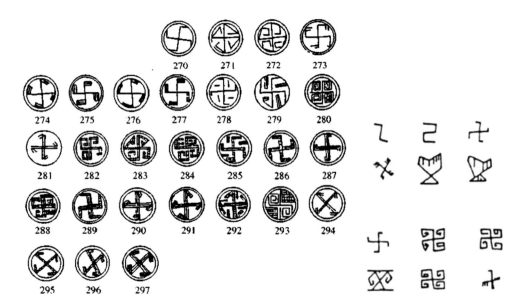

青海柳灣遺址與內蒙古石棚山遺址陶器上的卍符

〔註11〕饒宗頤：《符號・初文與字母——漢字樹》，上海書店出版社，2000 年，第 83 ～98 頁。

　　美國學者梅維恒（Victor H. Mair）提出周原的白種人像來自中亞的安德羅沃諾（Andronovo）文化，這種文化西到烏拉爾山，東到貝加爾湖，出現於公元前 1800～1500 年，族屬是印歐人。他還提出漢語的巫字、武字的上古音為 Myag，來自原始印歐語的 magh-，意思是有力，也即現代語言 magic 的由來。〔註 12〕

　　公元前 641～640 年的亞述資料把中亞的游牧人稱為 Sakas，漢譯為塞人，波斯大流士一世（前 521～486 年）的納克希‧魯斯坦的銘文，列舉了三種塞人：

　　1.飲豪麻汁的塞人（Sakā Haumavargā），住在費爾干納盆地

　　2.戴尖帽的塞人（Sakā Tigraxaudā），住在錫爾河以北地區

　　3.海那邊的塞人（Sakā Tayaiyparadraya），即歐洲塞人（斯基泰人）。希羅多德說波斯人把所有斯基泰人稱為塞人，但是希臘人只把南俄和中亞的游牧人稱為斯基泰人。〔註 13〕現代學術界，一般把中亞北部和新疆的游牧人稱為塞人，以區別黑海草原的斯基泰人和鹹海地區的馬薩吉特人。公元前 519 年，大流士一世俘獲了尖帽塞人的首領昆哈（Skunha），貝希斯頓（Behistun）石雕有九名俘虜站在大流士前面，最後一個戴尖帽的就是昆哈。

〔註 12〕〔美〕梅維恒：《古代漢語巫（Myag）、古波斯語 Maguš 和英語 Magician》，夏含夷主編：《遠方時習——〈古代中國〉精選集》，上海古籍出版社，2008 年，第 55～86 頁。

〔註 13〕〔法〕哈爾馬塔主編、徐文堪、芮傳明譯：《中亞文明史》第二卷，中國對外翻譯出版公司，2002 年，第 4～5 頁。

大流士一世及其俘虜圖

　　劉莉曾經進一步地把尖帽民族東來的時間追溯到新石器時代，她列舉出陝西安康、臨潼、扶風、新疆、土庫曼斯坦出土的尖帽人像，她還提出中國最著名的彩陶圖案人首雙魚像其實就是來自中亞的尖帽人像。〔註14〕

　　劉莉的觀點非常合理，可惜她只把這種尖帽人像追溯到中亞，而沒有發現其源頭是在西亞。因為我們現在發現的中亞文物中的尖帽人像還不可能比仰韶文化的尖帽人像早，劉莉舉出的中亞例子都比較晚。而西亞兩河流域的文明早於中國，筆者恰好發現了仰韶文化人首雙魚像的真正來源。

〔註14〕劉莉：《中國新石器時代：邁向早期國家之路》，文物出版社，2007年，第84～85頁。劉莉的著作在2007年譯為中文，外文原版出版於2004年。筆者曾經在2004年的本科課程論文提出這一觀點，當時還不可能看到劉著。

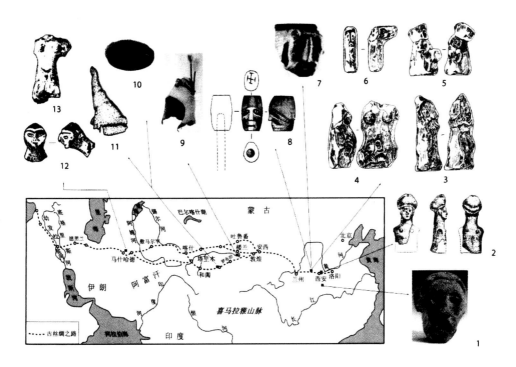

陝西和中亞發現的陶塑人像及帽子〔註15〕

1.安康劉家河，2.臨潼鄧家莊，3～6.扶風案板，7.扶風降西村，8.扶風周原，
9～11.新疆，12.土庫曼斯坦 Kara-Depe，13.土庫曼斯坦 Geoksyur

　　仰韶文化陶器上的人首尖帽源頭在西亞，筆者在西亞的遠古文明中發現了
與仰韶文化人首雙魚像幾乎完全一致的神像，倫敦的不列顛博物館收藏的一枚
阿卡德時期的圓柱印章畫出了水神埃阿、太陽神沙馬什和金星女神伊絲塔爾，
左數第三人就是水神埃阿（Ea），兩肩有泉水流出，兩肩的泉水中還有兩群魚。
據說兩道泉水象徵幼發拉底河和底格里斯河，不知此說是否出自後人附會。

　　西亞的水神埃阿肩頭的泉水有魚群，如果只截取頭部和肩部，那麼肩部
就有兩條魚，就是仰韶文化的人首雙魚像。仰韶文化的人面是扁平的圓臉，
顯然是東亞的蒙古人種特徵，這是對西亞圖像的改造。多數仰韶文化的人首
雙魚像已經變形，或是把翹起的帽沿也畫出雙魚，或是把肩部的雙魚抽象化，
這是因為中國遠離西亞和中亞，遠距離傳播使得原有的神像變形。

〔註15〕 本圖引自劉莉：《中國新石器時代：邁向早期國家之路》，第83頁。

西亞阿卡德時期的綠石印章〔註16〕

西亞的尖帽水神埃阿雙肩有魚和仰韶文化的人首雙魚完全一致

　　德國弗萊堡大學基督教聖經研究所收藏的另一塊阿卡德時期的印章上畫
出了三位神來拜訪水神埃阿，最左邊的是埃阿，肩上的兩道泉水和水中的魚
群非常顯著。〔註17〕

　　這些神像尖帽周圍的棱角很長，而且這種尖帽周圍的鋸齒其實是對尖帽
棱的簡化，而其原形見於西亞。西亞的類似神像年代比中國的仰韶文化早，
西亞的神像有體系，但是在中國則找不到這種體系，從這三點來看，仰韶文
化的神像一定來自西亞和中亞，很可能就是水神埃阿。因為他是下界的水神，
所以瞑目，象徵冥界。埃阿在西亞都是睜眼，但是到了中國變成閉眼，說明

〔註16〕安東‧穆爾特卡、伊薩‧蘇勒曼著、周順賢、袁義芬、朱一飛譯：《古代伊拉
　　　　克藝術》，南京大學出版社，2010年，第114頁。
〔註17〕〔英〕戴維‧羅爾：《傳說：文明的起源》，作家出版社，2000年，第183頁。

中國人知曉這個神是冥神。所以埃阿神像從西亞傳入東土，不是僅有物資交流，也有民族間的知識傳播，或許還有西亞人或中亞人到達關中。但是半坡類型晚期的人首雙魚像已經嚴重訛變，說明即使有西亞文化傳入中國，也很快面目全非。

阿卡德時期的印章：三位神來拜訪水神埃阿

水神恩奇

有角的王冠是神靈的象徵，人間的國王即使有再大的權力，也不能戴這種神冠。漢莫拉比法典石碑頂端的雕像中，國王漢莫拉比就沒有這種尖帽，但是他面對的太陽神卻有這種尖帽。值得注意的是，太陽神的尖帽畫成圈層

疊加狀，這正是半坡類型晚期臨潼、正寧的尖帽形狀，二者可能也有聯繫。
這種有角的神冠據說來自阿卡德人，阿卡德帝國在公元前 2334 到 2193 年，
建立者是蘇美爾人之北說閃語的人群，因為定都在阿卡德（Agade），所以被
稱為阿卡德人。

漢莫拉比法典石碑

　　阿卡德時期的水神埃阿，最早來自蘇美爾早期城邦埃里都（Eridu），原來
是埃里都的守護神恩奇（Enki），後來擴展到西亞各地，成為水神。埃里都是
蘇美爾城邦之中最南面的一座，在波斯灣的濕地，因此恩奇成為水神可能源
自此地環境。埃里都城始於公元前 5400 年之前，比中國的仰韶文化早。阿卡
德人的尖冠常見於西亞和中亞，但是不見於中原，所以恩奇神應該是從西亞
傳入中國的。傳說埃里都是蘇美爾最早的城市，出現了最早的王權。考古學
證明這是蘇美爾人最早的城市，所以恩奇的神廟也是世界上最早的城邦神

廟。新生的祭司們不僅把宗教傳播到西亞各地，還遠達中國。

　　蘇美爾語的 en 是最高祭司，而 ki 是大地，所以 Enki 的意思是大地之王。恩奇在蘇美爾諸神中位列第三，是文明的創造者。恩奇也是冥界之神，稱爲阿普斯（Apzu）即冥界。Ap 的意思是深淵，zu 的意思是水，apzu 的意思是水的深淵。恩奇在埃里都的神廟稱爲 E-abzu。考古學家在埃里都的神廟發現大量魚骨，推測可能是獻給恩奇的祭品。

　　埃里都最早的國王烏安（Uan），又名阿達帕（Adapa），是半魚半人的形象，這和埃里都的環境有關。英國學者戴維‧羅爾認爲阿達帕就是亞當（Adam）的原型，筆者認爲非常合理。他又認爲基督教的耶和華（Yahweh）就來自埃阿，因爲讀音近似，地位近似，而且《出埃及記》上帝回答摩西說：「Eyha asher Eyha。」即我即 Eyah，此名即出自埃阿。基督教的很多傳說都源自遠古的蘇美爾，傳說恩奇的肋骨傳造出了女神寧蒂（Ninti），這就是亞當的肋骨創造出夏娃的故事的由來。〔註 18〕

　　更爲有趣的是，仰韶文化的彩陶盆上，人面魚紋像有時和一種網紋並列，王先勝曾經指出，這種網紋和西亞的哈拉夫文化晚期的一件彩陶盆上的花紋極爲類似，這件陶盆出自伊拉克北部的阿拉帕契亞遺址。〔註 19〕這個發現極爲重要，這就說明仰韶文化的彩陶紋飾有多種來自西亞。

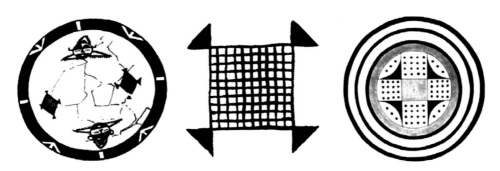

仰韶文化彩陶盆（左）及其網紋（中）、哈拉夫文化彩陶盆圖案（右）

　　可惜王先勝據此認爲蘇美爾人是中國半坡居民西遷的後代，此說完全不能成立，蘇美爾人不可能是中國人後代，此點無需辯駁。最關鍵的是，哈拉

〔註 18〕〔英〕戴維‧羅爾：《傳說：文明的起源》，第 207 頁。
〔註 19〕王先勝：《蘇美爾人是中國半坡居民的後代嗎？》，《重慶文理學院學報（社會科學版）》2013 年第 4 期。

夫文化還在蘇美爾文化之前，王先勝之文開頭就說哈拉夫文化始於 8000 多年前，而哈拉夫文化其實在 7000 多年前已經結束，[註20] 既然哈拉夫文化比仰韶文化早，我們當然不能說哈拉夫文化的圖像來自中國，而應是仰韶文化的圖像來自哈拉夫文化。王先勝認爲中國的網紋比哈拉夫文化的圖像複雜，其實中間的網紋可能是中國先民的改造，不能說這個圖像的源頭就在中國。王文所引的哈拉夫文化陶盤圖案來自 1986 年版《中國大百科全書》考古學卷，其實這是一張摹繪圖，原來的圖案更爲複雜，中間就有花紋。王先勝又說仰韶文化陶盤上網紋四角的黑色三角是漁網的寫實，所以中國的圖像更早，筆者認爲此說也不能成立，因爲我們看到一般漁網四角沒有這種器物。哈拉夫文化發現人類最早的印章，在阿拉帕契亞遺址發現 27 枚印章，在巴里克（Balikh）的薩比・阿比亞（Tell Sabi Abyad）遺址發現 300 多枚印章，所以哈拉夫文化比晚出的仰韶文化還要進步。

其實在伊拉克的薩馬拉還出土了 7000 年前薩馬拉文化的一件陶壺，其上部的人像眼睛和嘴下有垂直條紋，類似的圖像也出現在中國西部的馬家窯文化多件陶器上，這種類似很難用巧合或獨立出現來解釋。

西亞薩馬拉文化和馬家窯文化陶罐上的有紋人面

〔註20〕〔美〕戴爾・布朗主編、王淑芳譯：《蘇美爾：伊甸園的城市》，廣西人民出版社，2002 年，第 65、73 頁。

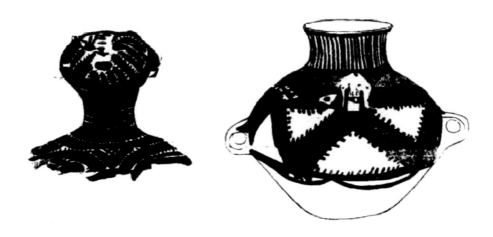

馬家窯文化陶罐上的有紋人面

馬家窯文化的陶杯紐和陶罐上的有紋人面〔註21〕

第二節　土耳其哥貝克力神廟與示字的由來

　　約 15000 年前，末次盛冰期開始走向終結，地球進入冰後期的全新世。因爲全球氣候的巨變，很多大型生物滅絕，人類的食物來源也有巨變。在亞洲的西南部，大麥和小麥逐漸成爲當地狩獵與採集社會的主食。土耳其東南

〔註21〕李紀賢：《馬家窯文化的彩陶藝術》，人民美術出版社，1982 年，第 39、43 頁。

部的烏爾法地區（Urfa）的喀拉卡達（Karacadag）山脈最早栽培出單粒小麥，山羊和綿羊的馴養最早出現在伊朗西南部的札格羅斯（Zagros）山地。敘利亞幼發拉底河谷的阿布·胡賴拉（Abu Hureyra）聚落興起於 11500 年前，開始馴養山羊和綿羊，種植單粒小麥、豆果和其他一些禾穀植物。地中海東部沿岸的黎凡特地區（Levant）也是最早的農業地區，傑里科等地成爲貿易中心，農民使用的物品有來自土耳其的黑曜石、來自西奈半島的綠松石、來自紅海地區的貝殼裝飾物。有些地方出現了使用黏土製成的圓球、圓錐和圓盤記錄貿易，可能是最早的文字。

土耳其東南部發現了一些約 120000 年前的大型宗教遺迹，薩約呂（Cayönü Tepesi）在約公元前 8600～7000 年前開始有人居住，聚落中心的廣場上有三座建築，其中一座多次重建，在盡頭髮現三間堆滿人類骷髏的石屋，還有一塊石板上有可能用作祭品的血迹。奈瓦里·科里（Nevali Coli）出土了 29 座房址，其中一些是宗教建築，在雕像中有一個人首鳥身像。

土耳其東南部是幼發拉底河和底格里斯河的發源處，基督教的《聖經》傳說人類最早居住的伊甸園是四條河的發源處，其中包括幼發拉底河和底格里斯河，說明伊甸園的原型就在土耳其的東南部。人類最早的居住地當然不可能限於土耳其東南部，但這種傳說說明土耳其東南部非常重要。土耳其東南部有世界上最古老的神廟，可能正因爲是宗教聖地，所以才有伊甸園的傳說。

烏爾法東南的哥貝克力山丘（Göbekli Tepe）可能是世界上最早的宗教聖地，此地發現了很多巨石組成的圓環，這些巨石是 T 字形，由兩塊縱橫垂直的巨石組成，石柱中間用石凳連接。石柱上刻有一些野生動物，比如野豬、瞪羚、野牛、獅子等，一個石柱上有人臂，但是沒有馴養的動物。 〔註22〕

這種 T 字形的宗教巨石令我們想到漢字中的主字與示字，漢字中有關宗教祭祀的字多數從示。示的原形是縱橫兩筆，《說文》卷一上：「示，天垂象，見吉凶，所以示人也。」許愼把上面的一橫解釋爲天，把下面的一豎解釋爲上天所示的象。商承祚認爲示是神主的象形，旁邊的四點是祭祀的酒滴。徐中舒認爲示是神主的象形，旁邊的點劃是增飾。郭沫若認爲示字源自男根崇拜，丁山認爲是圖騰木柱的象形， 〔註23〕 筆者認爲神主說可信，但神主的源

〔註22〕 〔美〕布賴恩·費根著、楊寧、周幸、馮國雄譯：《世界史前史》，世界圖書出版公司，2011 年，第 157～161 頁。
〔註23〕 古文字詁林編纂委員會：《古文字詁林》，第 70～85 頁。

頭可能也是男根崇拜。

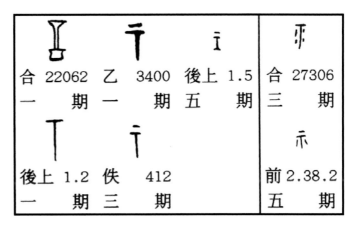

哥貝克力的石柱、甲骨文的主字、示字

　　趙林認爲且（祖）爲陶祖的象形，也是示的本字，示是主的本字。〔註24〕
筆者認爲且（祖）爲生殖崇拜男人陽具塑像的象形，不一定是陶祖，還有可
能是其他材質，趙林之書中就舉出 1991 年安陽殷墟後崗出土的祖，上面有祖
庚、祖甲、祖丙、父辛、父癸等名。示不是主的本字，且（祖）也不是主的
本字，但是且（祖）和主是同源字。所以且（祖）、主讀音接近，而示的讀音
不近。上古音且是清母魚部〔tshya〕，主是章母侯部〔tɕio〕，示是群母支部
〔gie〕。示是祭祀行爲的會意字，所以主字的原形比示字簡單，示字上面有
一短橫，或者旁邊有小點，這是祭品或祭品滴下的血。

　　漢字的社，原來就是巨石的象形，周圍的點和示字周圍的點一樣可能都
是祭品的血迹，《呂氏春秋》卷二三《貴直》講到城濮之戰，晉人拔曹國石社。
《淮南子・齊俗訓》：「殷人之禮，其社用石。」《周禮・春官・大宗伯》：「以
血祭祭社稷、五祀、五嶽。」丁山認爲甲骨文社字是巨石的象形，周圍的小
點是祭品的血迹。《續漢書・郡國志》琅邪國臨沂縣注引《博物記》曰：「縣
東界次睢有大叢社，民謂之食人社，即次睢之社。」次睢之社見於《左傳》
僖公十九年（前 641 年），指宋國在睢水邊的人牲之社，《藝文類聚》卷三九
引伍輯之《從征記》：「臨沂、厚丘間，有次睢里社，常以人祭……魏初乃止。」
〔註25〕這種人祭石社，可以追溯到新石器時代和商代土著文化，連雲港將軍

〔註24〕趙林：《殷契釋親》，上海古籍出版社，2011 年，第 42～45 頁。
〔註25〕〔唐〕歐陽詢撰、汪紹楹校：《藝文類聚》，上海古籍出版社，1982 年。

崖和銅山縣丘灣遺址就是例證。〔註 26〕銅山縣丘灣遺址中心是四塊巨石，周圍有人骨架 20 具、人頭骨 2 個和狗骨架 12 具。人骨架多是俯身屈膝，雙手反縛，都是被殺後就地掩埋。

且字是突出陽具的壯大之象，但主的本字上面是一橫，下面是一豎，比較簡單，不像是陽具的象形。主的原形是神主，比較抽象，上面是一橫，下面是一豎。神主未必是陽具的抽象，上面的一橫可能是指天，下面的一豎可能是指貫通天地。總之，哥貝克力故壚的巨石是現在我們所知的最早的神主。

1904 年，美國的考古學者在土庫曼斯坦的安諾發掘出彩陶，安特生據此提出中國的彩陶西來之說。此遺址在 2000 年出土一枚公元前 2300 年的炭精印章，上有三個字或四個字、五個字。李學勤認爲這五個符號都能在中國較早的新石器時代的陶器上找到，見於陝西臨潼姜寨的半坡文化陶器和青海樂都縣柳灣的馬家窯文化馬廠類型陶器。〔註 27〕筆者認爲雖然如此，我們也不能說這些文字是從中國西傳到中亞，因爲西亞的印章早到七八千年前，但是中國最早的印章僅能追溯到商代。汪濤在英國博物館找到一枚可能出自印度的早期印章，其上有一個符號和安諾印章上的一個符號一致，二者可能有關。〔註 28〕所以，筆者認爲中國新石器時代的符號也有可能從中亞傳來。

鄭張尚芳指出漢語的修飾詞位於中心詞的前面，這一點與阿爾泰語系、南島語系相同，但是阿爾泰語系的句法是主賓動，南島語系的句法是動主賓。苗瑤語族、南亞語系的句法雖然也是主動賓，和漢語相同，但是修飾詞是中心詞的後面，又與漢語不同。藏緬語族的句法是主賓動，修飾詞在中心詞後面，和漢語都不同，倒是印歐語系的句法順序及構詞順序都和漢語相同，〔註 29〕這一點令人懷疑印歐語是否在遠古時期對漢語產生了重要影響。蒲立本（Pulleybalank E. G.）提出漢語源自印歐語，周及徐比較了漢語和印歐語的詞彙，發現了很多類似之處。〔註 30〕漢語和周邊的諸語系都有相似之

〔註 26〕 俞偉超：《銅山丘灣商代社祀遺迹的推定》、《連雲港將軍崖東夷社祀遺迹的推定》，俞偉超：《先秦秦漢考古學論集》，文物出版社，1985 年。

〔註 27〕 李學勤：《中亞安諾遺址出土石印》、《安諾石印的啓發》，《中國古代文明研究》，華東師範大學出版社，2005 年，第 363～368 頁。

〔註 28〕 汪濤、汪海嵐撰、韓香譯：《安瑙印章及其引出的問題》，《西域文史》第六輯，科學出版社，2011 年，第 79～88 頁。

〔註 29〕 鄭張尚芳：《夏語探索》，《語言研究》2009 年第 4 期。

〔註 30〕 周及徐：《漢語印歐語詞彙比較》，四川民族出版社，2002 年。談濟民：《漢英詞彙的近源探秘》，原子能出版社，2001 年。

處，似乎是諸多語言融合的結果，但是肯定不是印歐語直接作用的結果，漢語屬於漢藏語系，根據分子人類學的檢測結果，漢藏語系族群在幾萬年前就已經和印歐人的祖先分化。至於漢語和印歐語類似的詞語，可能是通過交流借用，也有可能是在分化之前就共有的詞語，我們不能說漢語是印歐語的分支。

第三節　鬼、狄是東遷的突厥人

上古中國西北的戎、狄是漢族的重要來源之一，漢族之所以成就現在的偉大，正是因為漢族是人類古代史上融合異族最多的民族。西北游牧民族對於中華文明的起源產生了重要作用，王國維《鬼方昆夷獫狁考》提出戎、狄是漢人的命名，鬼方、昆夷、獯鬻、獫狁、胡、匈奴都是本名。他說鬼方、昆夷、獫狁是一族，他的證據僅有兩個，一是讀音接近，二是地域接近。又說春秋魯莊公、閔公以降，戎號廢而狄號興，春秋時期赤狄為晉所滅，而白狄僻在西方，不與中國交通，故戎、狄之名消失，有的戎、狄逃亡故土，或在塞外從未入中國，戰國時期開拓疆土才重新與之相接，本無戎、狄之名，於是改稱為胡，胡與戎、狄同種。〔註 31〕王國維的第一個觀點，很有道理，但是也有問題，因為戎是漢人對西北民族的泛稱，戎的本義是操戈打仗的人，確實不是準確的民族識別，但狄則不是，狄的讀音來自狄人，與犬、火無關。關於王國維的第二點、第三點結論，筆者另書再論。馬長壽指出，狄〔dyek〕就是突厥 turk 的音譯，一作翟，丁零的酋長姓翟，所以丁零、狄歷就是狄人。《魏書》卷一百三《高車傳》：「高車，蓋古赤狄之餘種也，初號為狄歷，北方以為敕勒，諸夏以為高車、丁零。其語略與匈奴同而時有小異，或云其先匈奴之甥也。」〔註 32〕戎是北方游牧民族的泛稱，而狄則是專指突厥人，可見突厥人的重要性。

一、狄即突厥

狄字由犬、火二字構成，但是讀音與犬、火完全無關，讀音是直接借用北方民族語言，犬、火則是漢人根據狄人的風俗構造，因為狄人用犬，用火，《史記·趙世家》蘇厲說趙惠文王說：「（秦）踰句注，斬常山而守之。三百

〔註31〕王國維：《鬼方昆夷獫狁考》，《觀堂集林》，第 583～606 頁。

〔註32〕馬長壽：《北狄與匈奴》，廣西師範大學出版社，2006 年，第 1～3 頁。

里而通於燕，代馬胡犬不東下，崑山之玉不出，此三寶者亦非王有已。」來自胡人的犬很著名。〔註33〕

丁零首見於《山海經》，末篇《海內經》：「有釘零之國，其民從膝已下有毛，馬蹄，善走。」《史記・匈奴列傳》：「後北服渾庾、屈射、丁零、鬲昆、薪犁之國。」《索隱》：「按《魏略》云：丁零在康居北，去匈奴庭接習水七千里。」在今阿爾泰山之北。

今陝西省大荔縣原有大荔戎，《逸周書・王會》最後附假託商代伊尹的《四方獻令》說到西北有旦略族，其實也是同源族名。狄是定母錫部，歷是來母錫部，上古音是〔dyek〕〔lyek〕。大是定母月部，荔是來母葉部，上古音是〔dat〕〔lyap〕。旦是端母元部，略是來母鐸部，上古音是〔tan〕〔liak〕。

《水經注》卷四《河水》說虞國之北的中條山路要道上，有個地名叫巔輪，其實是丁零。因為在山上，所以寫成巔，因為是車路，所以寫成輪。《穆天子傳》卷五：「天子西陞於曲山。□天子西征，升九阿，南宿于丹黃。戊寅，天子西陞於陽□。過於靈□井公博，乃駕鹿以遊於山上，為之石主而□竇輪。」郭璞注九阿：「疑今西安縣十里九阪也。」筆者以為曲山即和山，《山海經・中次三經》和山：「是山也五曲。」《水經注》卷五認為是首陽山，在偃師市首陽山鎮西北，所以向西確實是經過澠池到中條山的竇輪。

《穆天子傳》的竇輪石主非常有趣，特別是上一句還說到鹿，令我們想到蒙古高原遠古時期墓葬前面都會豎立鹿石，早在公元前八九世紀，鹿石就出現在蒙古高原、圖瓦和阿爾泰山地區，上面最常見的圖案是鹿，沒有圖形的石板出現得更早。〔註34〕鹿石在墓前，正是祭祀的石主，而丁零是來自北方的戎狄，所以中條山的丁零人遷居地也有石主，而且很可能就是鹿石。

二、鬼族是突厥人

在世界各個文化中，鬼的樣子千差萬別，東方人畫出的鬼大多是金髮碧眼、高鼻深目，其實就是西方人的形象。而西方人畫出的鬼大多是黑髮身短、面平眼斜，其實就是東方人的形象。

〔註33〕波斯王大流士一世納克希・魯斯坦姆的銘文列舉中亞的塞克人，有尖帽的塞克人（Saka Tigraxauda）。薛宗正提出，Tigra 就是尖，也即突厥 turk 的由來。但是筆者以為 tigra 和 turk 的讀音有別，突厥之名是否來自尖帽，待考。

〔註34〕〔法〕A. H. 丹尼、〔法〕V. M. 馬松主編、芮傳明譯：《中亞文明史》第一卷，第 358～361 頁。

漢語的鬼本來是指一個西北民族，甲骨文稱爲鬼方，是商代西北大族。鬼方首見於商代，《易·既濟》爻辭：「高宗（武丁）伐鬼方，三年克之。」《未濟》爻辭：「震，用伐鬼方，三年有賞於大國。」《大雅·蕩》：「覃及鬼方。」陝西眉縣出土的大盂鼎記載周成王二十三年，遣盂就國，小盂鼎記載二十五年，盂伐鬼方。梁國在今陝西韓城市，梁伯戈有鬼方，王國維據此以爲鬼方從關中西北分佈到東北。赤狄有隗姓，《國語·鄭語》史伯說成周：「北有衛、燕、狄、鮮虞、潞、洛、泉、徐、蒲。」《左傳》子魚說：「分唐叔以大路，密須之鼓，闕鞏，沽洗，懷姓九宗，職官五正。命以《唐誥》，而封於夏虛，啓以夏政，疆以戎索。」王國維說懷姓即鬼姓。

沈兼士研究鬼字的原意及同源字，他說鬼、禺原爲類人異獸之名，夔、魅是同源字，引申爲異族之名，如鬼方，又有媿、隗等字，同源字還有傀儡、傀、嵬、巍、魔、魁、愧、畏、威、懼、詭、譎、怪、黠、慧等。〔註35〕不過他誤以爲鬼是源自禺的象形，而《說文》說禺是母猴，顯然不是鬼字的原形。

甲骨文鬼字的上面是一個田，下面是一個人。鬼字上面的田，或被前人解釋爲甲。鬼，就是頭上有甲冑的人，我們現在看到甲冑，立即想到鐵甲，其實正如電燈的燈仍然是火旁，原來的火燈變成了電燈，字卻不變，原來的甲冑變成了鐵甲，字仍然不變。在鐵器流行之前，沒有鐵甲，但仍然有甲，主要是皮革做成，屈原《國殤》：「操吳戈兮披犀甲。」

甲骨文記載商代西北有鬼方，其實就是頭上有甲的人群，頭上的甲冑就是尖帽，《山海經·海內北經》：「戎，其爲人，人首，三角。」爲什麼是三角形？其實就是戎狄戴的尖帽。金文鬼字上面的田變成了尖角，可能也是相同原因。

如果把鬼字下面的人字，從側視的形狀改爲正視的人形，就是異字。鬼就是異物，如果在異字上面加兩個角，就是冀字。其實鬼與異、冀也是同源字，上古音的冀、鬼都是見母微部，雙聲疊韻。

冀的字形是一個頭上有鹿角的人，無疑是北方民族的象徵，現在鄂倫春族還戴著鹿角帽。祝融八姓遷居的具茨山一名出自匈奴語的公主居次，《莊子·徐無鬼》說：「黃帝將見大隗（乎）〔於〕具茨之山。」具茨山又名大騩

〔註35〕沈兼士：《鬼字原始意義之試探》，《沈兼士學術論文集》，中華書局（北京），1986年，第186～201頁。

山，此名來自鬼方，而黃帝也與此有關，詳見本書第九章第二節祝融八姓部分。黃帝、炎帝大戰所在的涿鹿，其實也出自北方民族語言，詳見第四章第六節。後世說新鄭爲黃帝有熊氏之墟，因爲炎黃部族南遷大騩山附近而訛出，詳見第九章第二節。

西周早期冀簋的冀字、鄂倫春族

鬼方（冀方）在山陝地區，冀、異、鬼的字形同源。殷人是東方人，所以把鬼方稱爲鬼怪異類。山西南部原屬鬼方，故名冀州。《左傳》哀公六年（前489 年）孔子引《夏書》曰：「惟彼陶唐，帥彼天常，有此冀方。」《左傳》昭公四年（前 537 年）椒舉說：「冀之北土，馬之所生，無興國焉。」古有冀國（今山西稷山縣），商代爲基方，讀音都從其，音近冀。

上古鬼方在華北分佈很廣，《山海經·西次三經》崑崙山東北的槐江山：「北望諸毗，槐鬼離侖居之。」槐鬼音近槐江，此山在新疆東南部。離侖即離戎，《逸周書·史記》：「昔有林失召離戎之君而朝之，至而不禮，留而弗親，離戎逃而去之，林失誅之，天下叛林氏。」林氏即《趙世家》記載陝北的林胡，則離戎在其附近。也即驪戎，《左傳》莊公二十八年，晉獻公伐驪戎。

槐鬼即鬼方，也即遺遺、歸遺，《穆天子傳》說：「壬寅，天子飲於文山之下，文山之人歸遺，乃獻良馬十駟，用牛三百，守狗九十，牧牛二百，以行流沙。」上古音的歸爲見母微部〔kiuəi〕，遺爲以母微部〔ʎiuəi〕，讀音很近。根據筆者另文考證，此地在今寧夏西部。

《戰國策》卷十九說趙武靈王：「遂胡服，率騎入胡，出於遺遺之門，踰九限之固，絕五陘之險，至榆中，闢地千里。」遺遺之門在趙國西北，應該

是得名於遺遺之戎，遺遺即歸遺，遺遺的上古音是〔ʎiuəi〕〔ʎiuəi〕是之音近於歸是

　　其實記載中國邊疆民族的《逸周書・王會》也有此族，西方的義渠、渠叟、樓煩、卜盧（步落稽）、西申（申）之間有規規，規的上古音是見母歌部〔kiuai〕，音近，就是槐鬼、歸遺、遺遺，也即鬼方！《王會》：「規規以麟，麟者，仁獸也。」規規所獻爲鹿，可能是麒麟，加拿大漢學家蒲立本認爲麒麟、祁連是同源字，林梅村認爲祁連是吐火羅語的 kilyom，義爲神聖，引申爲天，天祿、麒麟都是帶翼雙角獸，〔註36〕天祿之名應爲天鹿。

　　又有邽戎，《秦本紀》武公十年：「伐邽、冀戎，初縣之。」邽在漢代隴西郡上邽縣，冀在漢代天水郡冀縣，皆在今天水西北，邽是見母支部〔kyue〕，音近鬼。就在天水的東面，還有一個縣，叫罕開縣，上古音的罕是曉母元部〔xan〕，開是溪母脂部〔khei〕，此名也很接近上述諸名，可見天水附近全是鬼方！

　　《山海經・海內北經》說鬼國一目，《大荒北經》說西北：「有人一目，當面中生，一曰是威姓，少昊之子，食黍。」威、鬼音近，即鬼。《海外北經》：「一目國在其東，一目，中其面而居。一曰有手足。」所謂少昊之子當然是假的，因爲陰陽家的五行體系中少昊是西方之帝，所以把西北民族說成少昊之子。古希臘希羅多德《歷史》卷四說，斯基泰人東北是阿爾及帕安人（Argipaeans），居住在平原，再東是伊賽多涅斯（Issedones）人，再東是阿里馬斯波伊（Arimaaspu）人，此名的斯基泰語義是一目人，在阿爾泰山。還有看守黃金的格里芬（Griffin），阿爾泰的意思就是金山，一目人恰好和《山海經》鬼國一目對應。鬼族源自阿爾泰山，這一帶是突厥人的發源地，所以鬼族是突厥人。鬼鬼、遺遺、規規、邽可能是堅昆的異譯，也有可能是迴紇的異譯，北魏時作袁紇，或許堅昆和迴紇是同源民族，所以讀音較近，都是突厥語民族。

三、茲白、騏驥、九方皋、伯樂、騊駼、由余

　　中國古代的駿馬出自北方草原，所以多用草原民族語言命名，有時直接用產地的民族之名。比如著名的昭陵六駿，特勒驃的特勒即鐵勒族。什伐赤的什伐，是波斯語的馬。拳毛騧的騧，就是騊駼的騊，騊駼來自族名，見下

〔註36〕林梅村：《中原與西域大型石雕藝術的關係》，林梅村：《古道西風：考古新發現所見中西文化交流》，三聯書店，2000 年，第 160～161 頁。

文。

其實上古的中國文獻已經記載了波斯語的馬字，不過前人沒有發現。筆者發現一則，《逸周書·王會》說：「正北方義渠以茲白，茲白者，若白馬，鋸牙，食虎豹。」又說北方：「大夏，茲白牛，茲白牛，野獸也，牛形而象齒。」茲白牛的牛是誤衍，因爲下文說到牛形，說明不是牛，應是馬。這種馬很強壯，所以訛傳有鋸牙，能吃虎豹。其實茲白就是什伐，原始的伊朗語馬爲 aspa，〔註37〕音譯爲茲白。茲是上古音是襌母之部〔ziə〕，白的上古音是並母鐸部〔beak〕，不過在江蘇的通泰方言和贛語、客家話中，白字的聲母是 p，茲白馬就是源自波斯語的馬。

郭物指出，公元前 1 千紀的前三百年，新疆和伊朗有文化交流，新疆的玻璃製造和冶鐵技術都是經過波斯人傳入。〔註38〕其實上古很多駿馬的名稱源自北方族名，騏驥就是源自鬼方，騏驥的上古音是〔giə〕〔kiəi〕，也即上文所說的槐鬼、歸遺、遺遺。

上古最著名的兩個相馬人都是來自西北民族，一個是九方皋，《列子·說符》伯樂對秦穆公說：「臣有所與共擔纆薪菜者，有九方皋，此其於馬非臣之下也。」九方其實就是鬼方，因爲九、鬼可通。《史記·殷本紀》商紂：「以西伯昌、九侯、鄂侯爲三公。」《集解》引徐廣曰：「一作鬼侯。」所以九方皋就是鬼方皋，他是鬼方人，自然最懂馬！伯樂也源自西北族名，或即《逸周書》的卜盧，也即漢唐之間秦晉地區的步落稽，一作稽胡、山胡。上古時期又作薄落，《淮南子·地形》的一段《水經》記載天下諸水源頭，說：「涇出薄落之山。」前一條是漢水，下一條是渭水，說明就是現在的涇河，則六盤山叫薄落山，即卜盧族所在，也即伯樂所出。秦穆公征服戎狄，自然要請伯樂族的人來相馬！《史記·趙世家》趙武靈王說：「吾國東有河、薄洛之水。」《集解》引徐廣曰：「安平經縣西有漳水，津名薄洛津。」《淮南子·覽冥》：「故嶢山崩而薄落之水涸。」趙國東北部的薄落水之名，也是戎狄東遷帶來。

《秦本紀》、《匈奴傳》都提到騶驗，此字其實就是由余，秦穆公用由余才征服戎狄，由余是戎人，陶、窯音近，陶、由可通，因爲皋陶即咎由。騶驗應讀爲由塗，由的上古音是以母幽部〔ʎiu〕，余是以母魚部〔ʎia〕，此名

〔註37〕〔法〕A. H. 丹尼、〔法〕V. M. 馬松主編、芮傳明譯：《中亞文明史》第一卷，第 270 頁。

〔註38〕郭物：《新疆史前晚期社會的考古學研究》，第 410～416 頁。

第四章　西域文明與共工、蚩尤

可能是古突厥語馬 yont 的音譯。

四、中山別名黑姑即點戛斯

　　現在吉爾吉斯人（Kirgiz）和柯爾克孜族（Kirgiz）的祖先，先秦稱係昆，漢代稱堅昆，唐代稱點戛斯，《山海經・大荒北經》：「有係昆之山者。」此山在西北，而係昆即堅昆之異譯，係昆的上古音是〔kyek〕〔kuən〕，堅昆是〔kyen〕〔kuən〕，很近，而且正是在西北方。

　　《史記・匈奴列傳》說冒頓單于：「後北服渾庾、屈射、丁零、鬲昆、薪犁之國。」鬲昆即隔昆，隔昆即堅昆。《新唐書》說：「點戛斯，古堅昆國也，地當伊吾之西，焉耆北，白山之旁。或曰居勿，曰結骨。其種雜丁零，乃匈奴之西鄙也。匈奴封漢降將李陵為右賢王，衛律為丁零王。後郅支單于破堅昆，於時東距單于廷七千里，南車師五千里，郅支留都之。故後世得其地者訛為結骨，稍號紇骨，亦曰紇扢斯云。眾數十萬，勝兵八萬，直迴紇西北三千里，南依貪漫山。地夏沮洳，冬積雪。人皆長大，赤髮、析面、綠瞳，以黑髮為不祥。黑瞳者，必曰陵苗裔也。男少女多，以環貫耳，俗趫伉，男子有勇黥其手，女已嫁黥項。」點戛斯住在阿爾泰山附近，地在匈奴西北。其人高大，黃髮綠眼。

　　點戛斯的讀音，最近現在俄國哈卡斯共和國的哈卡斯人（Hakas），其實不近堅昆，更近呼揭〔xa〕〔khiat〕，《史記・匈奴傳》冒頓單于給漢武帝的信說他：「定樓蘭、烏孫、呼揭及其旁二十六國，皆以為匈奴。」揭的尾音 t 接近 s。不過也有可能是呼揭、堅昆是異譯，或許迴紇和點戛斯也是同源民族。

　　《史記・趙世家》記載趙襄子受到霍泰山（今山西太嶽山）山陽侯天使的神諭說：

> 三月丙戌，余將使女反滅知氏。女亦立我百邑，余將賜女林胡之地。至於後世，且有伉王，赤黑，龍面而鳥噣，鬢麋髭髯，大膺大胸，脩下而馮，左衽界乘，奄有河宗，至於休、溷諸貉，南伐晉別，北滅黑姑。

　　這則神話裏所說的後世「伉王」無疑是趙武靈王，後面的業績都是趙武靈王創造的，顯然這則神話是在趙武靈王以後才被趙國人編造出的。為了裝神弄鬼，這則神話使用了很多隱語，韓、魏不直接說韓、魏，說成晉別。《正義》：「趙南伐晉之別邑，謂韓、魏之邑也。」

黑姑指什麼呢？《正義》：「亦戎國。」以爲黑姑是一個戎國，其實趙武靈王最大的戰績就是滅亡中山國，所以黑姑一定是指中山，而黑姑的上古音是〔xək〕〔ka〕，讀音極近點戛斯，說明點戛斯人是中山國的主體民族。前人多以爲鮮虞是白狄，但是僅有《世本》與杜預注兩條證據，時間太晚，未必可信。白狄之名不知因何而起，有人提出可能是因爲旗號、服飾顏色不同，也有可能是膚色不同。從地域來看，赤狄多在晉東南，靠近中原華夏，可能是狄人與華夏通婚產生，膚色不白。白狄在西北，可能膚色較白。

根據生物學者檢測，父系 Y 染色體單倍群 R1a1 類型在斯拉夫人、印度—伊朗人、突厥語人群和芬—烏戈爾語人群中出現頻率最高，在阿爾泰山附近人群中高頻出現，吉爾吉斯人更是極高頻出現，而且在 3500～1800 年前阿爾泰山附近出土的十具人骨，有八具檢測出這種類型，說明五千年前遷徙到阿爾泰山附近的印歐人，是現在突厥人的主要來源之一，〔註 39〕這就是唐代人說點戛斯人長大、赤髮、析面、綠瞳的原因。

第四節　奇肱飛車、巧匠共工與石峁、陶寺

古代傳說的奇肱國，其實就是鬼族。《海外西經》：「一臂國在其北，一臂、一目、鼻孔。有黃馬虎文，一目而一手。奇肱之國在其北。其人一臂三目，有陰有陽，乘文馬。有鳥焉，兩頭，赤黃色，在其旁。」所謂三目，就是正中多出一目，也即一目，也即鬼國，說明就是鬼方。

其實奇肱就是一臂，因爲奇是畸、隻、單的意思，揚雄《方言》卷二：「倚、踦，奇也。自關而西，秦晉之間，凡全物而體不具，謂之倚，梁楚之間謂之踦。雍梁之西，凡獸支體不具者，謂之踦。」肱是上臂，所以奇肱就是一臂，一臂人無非是從奇肱兩個字望文生義而編造出來，這樣的例子在《山海經》中非常多，筆者另有專書論證。奇肱即鬼鬼的音訛，也即《王會》附錄《伊尹四方令》中正北的其龍，在東胡之前，居庸、空同疑也是此字音轉。

奇肱國人乘文馬，即野馬，此國人即馴化野馬的高手，而且發明了馬車。《山海經》末篇《海內經》說：「番禺生奚仲，奚仲生吉光，吉光是始以木爲車。」其實吉光即奇肱，奇是見母歌部〔kiai〕，肱是見母蒸部〔kuəng〕，吉

〔註39〕韋蘭海、覃振東：《分子人類學與歐亞北部人群的起源》，姚大力、劉迎勝主編《清華元史》第一輯，商務印書館，2011 年，第 400～403 頁。

是見母質部〔kiet〕，光是見母陽部〔kuang〕，音近。

《海內北經》：「犬封國曰犬戎國，狀如犬……有文馬，縞身朱鬣，目若黃金，名曰吉量，乘之壽千歲。」吉量是吉黃之誤，《王會》：「犬戎文馬，文馬赤鬣縞身，目若黃金，名吉黃之乘。」吉黃無疑就是吉光、奇肱，也即從鬼方輸入的馬。

下文要說奚仲即月氏人，不是突厥人，奚仲、吉光讀音有別，奚是匣母支部〔vye〕，仲是定母侵部〔diuəm〕，仲是舌音，不是牙音。奚仲生吉光可能是戰國人的訛誤，原來把車傳入中國的是奚仲，戰國人把善於駕車騎馬的另一個西北民族奇肱牽連到奚仲名下，《山海經》裏的世系多不可信。

令人驚歎的是，古人居然有另外一則傳說，說奇肱國人能做飛車，《太平廣記》引《博物志》說：

> 奇肱國，其民善爲機巧，以殺百禽。能爲飛車，從風遠行。湯時，西風久下，奇肱人車至於豫州界中。湯破其車，不以示民。後十年，東風復至，乃使乘車遣歸。其國去玉門西萬里。

鬼方正是在商代被征服，商代也是和卡拉蘇克文化密切交流的時期，卡拉蘇克文化就是鬼方，而奇肱人正是善於駕車騎馬的民族，說明這則傳說必有所本，可見古人絕不會亂編典籍。

一、共工氏從草原南遷晉南

共工、奇肱讀音很近，傳說共工氏之子喜歡遠遊，《風俗通義》卷八：「共工之子曰修，好遠遊，舟車所至，足迹所達，靡不窮覽，故祀以爲祖神。」不知是否與奇肱人的飛車有關。

共工有另外一個名字：康回，讀音更近鬼，屈原《楚辭·天問》：「康回憑怒，地何故東南傾？」王逸注：「康回，共工名也。」《淮南子》說共工怒而觸不周山，說明康回確實是共工。

共工就是鬼族，還有一個證據，就是《大荒北經》說：「有係昆之山者，有共工之臺，射者不敢北向。」上文說，係昆即堅昆，則共工確實是堅昆人。而所謂共工臺，其實就是阿爾泰山卡拉蘇克文化的石堆墓，正是臺狀。《海內北經》說：「帝堯臺、帝嚳臺、帝丹朱臺、帝舜臺，各二臺，臺四方，在崑崙北。」這是後人誤衍，其實也是中亞的封堆墓。

共工氏之名可能是音譯兼意譯，因爲共工和工程有關，《左傳》昭公十七

年郯子說共工氏以水爲紀，水在五行之中對應多官司空，昭公二十九年蔡墨說：「共工氏有子曰句龍，爲后土，此其二祀也。后土爲社。」《國語·魯語上》：「共工氏之伯九有也，其子曰后土，能平九土，故祀以爲社。」平整土地，正是農業基本工程，《左傳》昭公元年子產又說：

> 昔金天氏有裔子曰昧，爲玄冥師，生允格、臺駘。臺駘能業其官，宣汾、洮，障大澤，以處大原。帝用嘉之，封諸汾川。沈、姒、蓐、黃，實守其祀。今晉主汾而滅之矣。由是觀之，則臺駘，汾神也。

洮水在涑水上游，澮河介於汾水、洮水之間，《水經注》卷六說澮河注入汾水之處有王澤，又說洮水注入涑水之後：「涑水西逕董池陂南，即古董澤，東西四里，南北三里。」又說：「司馬彪曰：洮水出聞喜縣，故王莽以縣爲洮亭也。然則涑水殆亦洮水之兼稱乎？」金天氏所障的大澤無疑就是王澤、董澤之類，而並舉汾、洮，不提涑水，可能確實是把涑水稱爲洮水。

休屠王有祭天金人，即金天氏，因此允格即渾邪。漢代金城郡有允吾縣、允街縣，在今蘭州市西北一帶，其實吾、街、格音近，吾是疑母魚部〔nga〕，街是見母支部〔ke〕，格是見母鐸部〔keak〕。允是以母文部〔ʎiuən〕，渾是匣母文部〔ɣuən〕，牙是疑母魚部〔ngea〕，所以渾邪和允吾、允街讀音很近，此地也是渾邪人所居。

由此我們又想到上古祝融八姓第一的昆吾，傳說也是鬼方之子，《史記·楚世家》說：「帝乃以庚寅日誅重黎，而以其弟吳回爲重黎後，復居火正，爲祝融。吳回生陸終。陸終生子六人，坼剖而產焉。其長一曰昆吾。」《索隱》引《系本》云：「陸終娶鬼方氏妹，曰女嬇。」

昆吾爲夏人冶煉，《墨子·耕柱》說：

> 昔者夏后開使蜚廉折金於山川，而陶鑄之於昆吾，是使翁難、雉乙卜於白若之龜，曰：「鼎成三足而方，不炊而自烹，不舉而自藏，不遷而自行。以祭於昆吾之虛，上鄉！」乙又言兆之由曰：「饗矣！逢逢白雲，一南一北，一西一東，九鼎既成，遷於三國。」夏后氏失之，殷人受之。殷人失之，周人受之。

昆吾也是戎狄，《太平寰宇記》卷十二楚丘縣說：「古之戎州，即己氏之邑城也。《九州記》云：己氏本戎君之姓，蓋昆吾之後，別居戎翟中。周衰入中國，故此有己氏之邑焉。漢爲己氏縣。」

昆吾即渾邪，屬於突厥一系，而突厥恰好就是世代冶煉的民族，《周書》

卷五十《突厥傳》說：「狼遂逃於高昌國之北山……臣於茹茹。居金山之陽，
為茹茹鐵工。」關於突厥祖先在高昌北山，筆者另文論證可信，而突厥人在
此冶煉的曆書可以追溯到上古。

　　根據英國的德國裔伊朗學家瓦爾特‧布魯諾‧亨寧（Walter Bruno Henning,
1903～1967）研究，漢謨拉比碑刻中提到四個邊疆民族：Elam、Gutium、
Subartu、Turkris，Turkis 地域鄰近 Gutium，也即 Guti，這兩個民族離開了波
斯，東遷到了中國西北，Guti 是月氏，而 Turkis 是突厥。另有學者指出，突
厥人在古巴比倫時期便是靈巧的手藝人，製造金屬器皿和絢麗的織物，手工
業者分佈在各地。在阿卡德語中還有一個著名的術語 tukraš hu，意思是突厥人
的風格。〔註40〕

　　這說明從上古時期開始，突厥人的祖先還在西亞時，就是著名的手工藝
者，善於冶煉金屬，所以他們東遷到新疆，仍然以鍛冶為業。其中又有一支
突厥人昆吾氏族，把高超的鍛冶技術傳到了中原，大概就在夏代初年，或許
可以追溯到五帝時代。可能正是因為黃帝是西北民族，得到了先進的金屬技
術，所以才打敗蚩尤和炎帝，征服中原，開創了五帝時代。

　　現在最早的銅器發現於公元前 6000 年的土耳其，中國最早的青銅器僅見
於西北地區，而且公元前兩三千年以西北的銅器最多。李水城指出：「中國西
北地區早期冶銅業的發達是與中亞地區保持文化互動為前提的。」〔註41〕梅
建軍認為中國西北齊家文化、四壩文化可以看到來自中亞多種金屬器物共
存，郭物認為：「在考慮甘青地區冶金術來源時，其實要考慮到諸如南西伯利
亞阿凡納羨沃文化、奧庫涅夫文化等直接沿阿爾泰山東麓、居延海南下河西
走廊，甚至東達內蒙古東南地區的可能性，這些文化早於或與現在新疆最早
的切木爾切克文化同時。」〔註42〕所以來自阿爾泰山附近的突厥人祖先很可
能把冶金術直接傳入黃河上游，即便是經過河西走廊間接傳播，也是黃河上
游首先接納，其次才是中原。

　　共工氏擅長冶金，《左傳》昭公十五年周景王說：「闕鞏之甲，武（王）

〔註40〕〔俄〕T. V. 加姆克列利則、V. V. 伊凡諾夫著、楊繼東譯、徐文堪校：《歷史
　　　　上最初的印歐人：吐火羅人在古代中東的祖先》，徐文堪：《吐火羅人起源研
　　　　究》，第 412 頁。
〔註41〕李水城：《西北與中原早期冶銅業的區域特徵及交互作用》，《考古學報》2005
　　　　年第 3 期。
〔註42〕郭物：《新疆史前晚期社會的考古學研究》，第 299～300 頁。

所以克商也。」定公四年子魚說周初分封晉國時：「分唐叔以大路、密須之鼓、
闕鞏、沽洗。」周人在西方，所以能得到闕鞏氏製造的鎧甲，西北的闕鞏氏
就是共工氏，因爲上古音的闕是群母月部〔giuat〕，所以闕鞏音近共工，共
工氏的地域也在西北，下文還要說蚩尤也是擅長製甲，蚩尤又是共工之臣，
所以完全吻合。

因此允格也是擅長工藝，所以能興修水利，平整土地，擅長冶金，共工
氏都是能工巧匠，所以任司空，共工是音意兼譯。

徐旭生定共工氏在河南輝縣，靠近河洛地區。其實山西南部的涉共地名
更多，《山海經》的《中山經》首篇開頭說：「薄山之首，曰甘棗之山。共水
出焉，而西流注於河。」此山即今中條山最西端，共水在今芮城縣，《水經注》
卷四《河水》還記載了共水。在芮城、平陸一帶，還有一個共池，《左傳》桓
公十年（前 702 年）：「遂伐虞公，故虞公出奔共池。」虞國在今平陸縣，共
池在附近。

共工氏總是和西北聯繫在一起，《山海經·大荒西經》：「西北海之外，大
荒之隅，有山而不合，名曰不周……有禹攻共工國山。」商代的西北就有共
國，在今甘肅省涇川縣。

其實共工也就是窮奇，《左傳》文公十八年記舜流四凶族時說：「少皞氏
有不才子，毀信廢忠，崇飾惡言，靖譖庸回，服讒搜慝，以誣盛德，天下之
民謂之窮奇。」《堯典》說驩兜曰：「都！共工方鳩僝功。」帝曰：「吁！靜言
庸違，象恭滔天。」靖譖庸回即靜言庸違，庸違、庸回即康回，即共工。所
謂舜流四凶是後世的附會，因爲共工在西北，少皞在晚出的五行體系中對應
西方，所以東周人編造說共工是少皞之子。《史記·五帝本紀》說舜流共工於
幽陵，以變北狄，即把共工趕往西北。

二、共工與陶寺文化

張琨認爲山西南部的陶寺文化是共工氏，最大的證據就是陶寺遺址出土
的彩繪蟠龍紋陶盤，《左傳》昭公二十九年說：「共工氏有子曰句龍，爲后土。」
句龍即蟠龍。

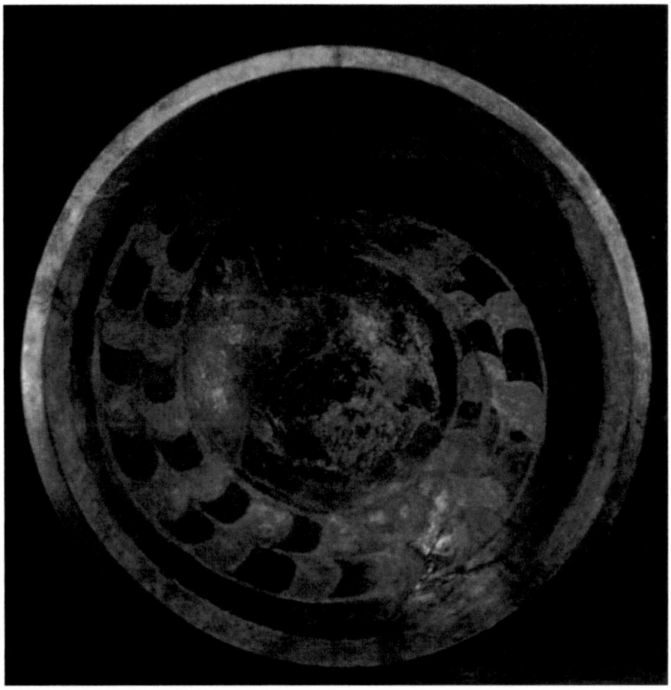

陶寺文化最重要的來源就是河套地區的老虎山文化，蘇秉琦論述中國文明起源的進程時，強調了河套地區文化在 4000 多年前對陶寺文化的重要影響，並認爲這是中國文明的直根系。他說距今 6000 到 4000 多年間，內蒙古岱海周圍的雨量充沛，水源充足，人口稠密，此地的人發明了最原始的斝、鬲，「成爲影響四五千年間從中原直至長江中下游地區又一次規模、幅度空前的大變化的風源所在」。〔註 43〕

韓建業研究認爲，4300～4200 年前有一次強烈的降溫，導致內蒙古岱海周圍的老虎山文化人群南下到山西南部，征服臨汾，導致陶寺文化的完全更迭。從河套地區發源的雙鋬鬲影響到了整個北方，成爲北方三大文化系統之一的鬲文化系統進入臨汾盆地、黃河沿岸以至伊洛流域，影響河北、山東，不但替代了陶寺類型，還對王灣三期文化、雪山二期文化、後崗二期文化以至於龍山文化後期都產生了不同程度的影響。中國北方地區作爲鬲文化系統的核心，在早期中國文化共同體中具有舉足輕重的地位，對中國文明的起源與發展產生了深遠影響。〔註 44〕

〔註 43〕蘇秉琦：《中國文明起源新探》，第 137 頁。

〔註 44〕韓建業：《中國北方地區新石器時代文化研究》，文物出版社，2003 年，第 265～268 頁。

　　董琦認爲陶寺文化的第一期屬於仰韶文化晚期，第二期屬於廟底溝二期文化的晚期，第三期文化發生質變，第三期、第四期文化屬於龍山文化。〔註45〕

　　這場大南征中的北方族群就包括共工、蚩尤，晉南原來是華夏的地盤，所以史書說神農氏日益衰落，蚩尤打敗炎帝。山西南部還有蚩尤的傳說，太原人還祭祀蚩尤。而山東西部的蚩尤後裔，可能原來是炎帝的俘虜，炎帝東擴時東遷，詳見下文。蘇秉琦認爲陶寺遺址的圓腹底斝、鬲的原型追溯到內蒙古中南部和冀西北，彩繪龍紋與紅山文化有關，扁陶壺序列的近親只能到山東大汶口文化尋找，俎刀更要到遠方的浙北去攀親。〔註46〕陶寺文化的綜合性，可能因爲蚩尤四處征戰，掠取了很多寶物。

　　有學者認爲，陶寺文化早期建起城牆，約在公元前2300年。中期開始修建大城，約在公元前2100年。大城約在公元前2000年廢棄，貴族居住區被平民佔據，貴族墓地被毀壞，陶寺社會發生了劇烈震蕩。〔註47〕

　　根據考古學家研究，在陶寺文化早期，中心是陶寺遺址，統治範圍可以3300平方千米，但是陶寺文化晚期，陶寺遺址的城牆不存，居民分散在300平方千米，山南卻出現了一個新的中心方城—南石遺址，這是一股新興的力量，正是因爲山南的這個新興勢力導致陶寺古國的衰弱。〔註48〕

　　方城～南石遺址緊鄰天馬——曲村遺址，後者是晉國的初封地，也就是唐，現在南石村的南面緊鄰唐城村，這個唐城見於史書，《太平寰宇記》卷四七絳州翼城縣：「故唐城，在縣西二十里。《都城記》：唐國，帝堯之裔子所封也……然則唐是叔虞初封之處。」唐城村之西就是天馬——曲村遺址，也即晉國早期墓地，與文獻完全符合。《水經注》卷六《汾水》說天井水：「西逕堯城南，又西流入汾。」天井水就是曲沃縣的滏陽河，堯城即唐城。

〔註45〕董琦：《虞夏時期的中原》，第51～53頁。
〔註46〕蘇秉琦：《中國文明起源新探》，第123頁。
〔註47〕何駑：《陶寺文化譜系研究綜論》，《古代文明》第3卷，文物出版社，2004年，第81～82頁。
〔註48〕劉莉：《中國新石器時代：邁向早期國家之路》，第159頁。

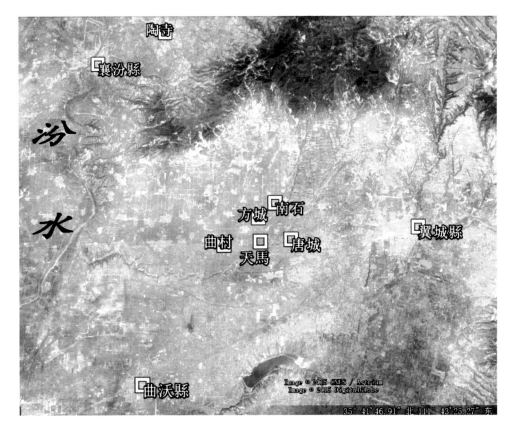

陶寺文化晚期的中心南移示意圖

《逸周書》卷八《史記》說：

> 久空重位者危。昔有共工，自賢，自以無臣，久空大官，下官交亂，民無所附，唐氏伐之，共工以亡。

> 文武不行者，亡。昔者西夏性仁非兵，城郭不修，武士無位，惠而好賞，屈而無以賞，唐氏伐之，城郭不守，武士不用，西夏以亡。

此處的唐氏即陶唐氏，唐氏曾經攻滅共工氏、西夏氏，《孫臏兵法》說：「神農戰斧遂，黃帝伐蜀祿，堯伐共工，舜伐厨管，湯放桀，武王伐紂。」〔註49〕這就對應了陶寺文化中心的轉移，新的中心南石遺址就是堯征服共工之後的唐，說明陶寺文化就是共工氏所居。而西夏鄰近，則是晉豫陝交界處的三里橋文化。關於堯舜時期東方部族的西征，下文還有詳論。

〔註49〕 李均明譯注：《孫臏兵法》，《新注新譯兵家寶鑒》，河北人民出版社，1991年，第109頁。

三、共工與石峁古城

陝北神木縣高家堡鎮石峁村，發現了中國最大的史前城址，有三重石牆，城內面積多達 425 萬平方米，可能是內蒙古中南部、山西北部、陝西北部的中心聚落。石峁遺址出土大量玉器，國內約有 4000 多件，流散國外的約有 2000 多件，說明石峁古城的等級很高。〔註50〕

沈長雲認為，石峁城是黃帝所居。因為黃帝所葬的橋山就在白於山，《漢書·地理志》上郡膚施縣：「有五龍山、帝原水、黃帝祠四所。」《郊祀志》說宣帝立五龍山僊人祠及黃帝、天神、帝原水凡四祠於膚施，錢大昕說四祠是五龍山、帝（天神）、原水、黃帝，王先謙說《水經注》說到帝原水，〔註51〕則四祠應是五龍山僊人、黃帝、天神、帝原水。帝原水是今榆溪河，榆林市附近的黃帝祠、帝原水祠說明此處有黃帝傳說。

我認為，陝北的黃帝遺迹很多，但是石峁古城不是黃帝所建，而是共工氏南遷晉南之前的都城。共工氏住在幽都，《韓非子·外儲說右上》：「堯不聽，又舉兵而誅，共工於幽州之都。」都通渚，渚又通州，於是有幽州之誤，《舜典》作幽洲，本即幽都。幽都本為山，故名幽陵，《五帝本紀》說舜流共工於幽陵。《山海經》末篇《海內經》說：「北海之內，有山，名曰幽都之山，黑水出焉。其上有玄鳥、玄蛇、玄豹、玄虎、玄狐蓬尾。有大玄之山。有玄丘之民。有大幽之國。有赤脛之民。」

幽都即休屠，上古音的幽都是〔yu〕〔ta〕，休屠是〔xiu〕〔da〕，基本相同。商末有翳徒戎，《竹書紀年》殷文丁十一年：「周公季歷伐翳徒之戎，獲其三大夫，來獻捷。」上古音翳徒是〔yei〕〔da〕，也即休屠、幽都。休屠王有祭天金人，其實休屠就是金，現在突厥語的金為阿爾泰 altai，但是古突厥語的金可能是 yez，這個字可能和吐火羅語 B 方言的 yasā、A 方言的 wäs 有關。〔註52〕幽都 yuta、翳徒 yeida 的讀音很接近 yez、altai，關於休屠的原義是金，筆者另文還有論證。總之，幽都也說明共工氏是北方草原民族。

幽都山之所以有黑水，也不是訛傳，陝北就有黑水，《水經注》卷三《河

〔註50〕《考古與文物》編輯部：《神木石峁遺址座談會紀要》，《考古與文物》2013年第 3 期。

〔註51〕周振鶴編著：《漢書地理志彙釋》，安徽教育出版社，2006 年，第 376 頁。

〔註52〕〔俄〕T. V. 加姆克列利則、V. V. 伊凡諾夫著、楊繼東譯、徐文堪校：《歷史上最初的印歐人：吐火羅人在古代中東的祖先》，徐文堪《吐火羅人起源研究》，第 420 頁。

水》說：

　　清水又東，逕高奴縣，合豐林水，《地理志》謂之洧水也。故言：高
　　奴縣有洧水，肥可然。水上有肥，可接用之。

　　豐林水在延安市東部，可以燃燒的水是石油，今延長縣有石油礦，因爲
河水很油，所以稱爲油水，音轉爲洧水。又名膩水，即油膩之意。也即黑水，
所以《山海經》說幽都山有黑水，萬物皆黑，還說有赤脛人，其實是指人過
河時，小腿被石油染黑。

　　神木縣也有石油，所以也有黑水，神木縣的石油還能自燃，形成火井，《漢
書・地理志》西河郡鴻門縣：「有天封苑火井祠，火從地出也。」鴻門縣就在
石峁古城附近，《水經注》卷三《河水》引《地理風俗記》曰：「圜陰縣西五
十里有鴻門亭、天封苑、火井廟，火從地中出。」圜水是今窟野河，此河上
游有白土縣，下游有圜陽縣，圜陰縣治應在窟野河中游，其西五十里正是禿
尾河中游，也即石峁古城附近。

　　郭物指出，龍山時代晚期的歐亞草原社會，已經會蓄養牛、羊、馬，栽
種小麥，製造銅器，特別是烏拉爾山南部東側的辛塔什塔文化擁有大型的聚
落，發明了輪輻式的馬車。這些新技術均可能影響到中國，但是現在還缺少
比較直接的證據，石峁古城恰好能填補其中的環節。石峁古城最中心的皇城
臺發現二十多件石人，石人流行於南西伯利亞的奧庫涅夫文化（約公元前 2500
～前 1700 年）和新疆北部的切木爾切克文化（約公元前 2500～前 1500 年），
石峁古城的石人這兩個文化石人接近。石人文化，可以追溯到黑海北部的密
卡洛伏喀下層文化和凱米—奧巴文化、顏那亞文化。〔註 53〕

　　這和我上文所說共工是來自阿爾泰山的突厥人又營建石峁古城的看法完
全吻合。《國語・魯語上》說：「共工氏之伯九有也，其子曰后土，能平九土，
故祀以爲社。」九有即九域、九州，伯通霸，說明共工氏曾經稱霸天下。

　　有學者以爲陶寺文化衰落才北遷到石峁，所以兩地文化有很多共同點。
〔註 54〕我以爲當時是大降溫年代，歷史上在中原戰敗的部族不太可能戰勝北
方部族，而且石峁古城的面積更大，不太可能是共工氏敗北之後修建。石峁
古城始建的年代也早於陶寺文化變異的中期，所以應是共工氏南征之前的都

〔註 53〕郭物：《從石峁遺址的石人看龍山時代中國北方同歐亞草原的交流》，《中國文
　　　　物報》2013 年 8 月 2 日第 6 版。
〔註 54〕徐峰：《石峁與陶寺考古發現的初步比較》，《文博》2014 年第 1 期。

城。共工氏征服陶寺文化，故都石峁更加繁榮，來自東南的器物被運到此處，所以石峁古城有不少來自東南的珍寶。

第五節　身穿銅甲的三目蜥蝪人蚩尤

蜥蝪人是蜘蛛俠故事裏出現的怪物，其實蚩尤的本義就是蜥蝪。《說文》卷一三上：「蚩，蟲也。」漢字的蟲是蛇的象形字，蚩尤是一種爬行動物嗎？

西漢揚雄《方言》卷八說：

> 守宮，秦、晉、西夏謂之守宮，或謂之蟷蜋，或謂之蜥易。其在澤中者謂之易蝪。南楚謂之蛇醫，或謂之蠑螈。東齊、海岱謂之蠑侯。
>
> 北燕謂之祝蜓。桂林之中，守宮大者而能鳴，謂之蛤解。

山東人把蜥蝪稱為蠑侯，郭璞注：「似蜥易，大而有鱗，今所在通言蛇醫耳。斯侯兩音。」這種蜥蝪讀為斯侯，瘊、疣是同源字，音近義通，所以這種鱗片突出的大蜥蝪也可以讀作斯尤〔sie〕〔ʎioʔ〕，也即蚩尤〔tɕhiə〕〔ʎioʔ〕。其實蜥蝪、蚩尤的讀音很近，蜥蝪的上古音是〔syek〕〔ʎiek〕，還有一些表示水蟲的字都與之同源。比如蛞蝓，現在有些南方人稱為〔tian〕〔lo〕，蛞字應讀為恬〔dyam〕，也即塵蠦，上古音是〔dian〕〔la〕，蠦塵是倒誤，現在閩南語的蝸牛還說成塵螺。守宮是守閭之誤，守閭的上古音是〔ɕiu〕〔lia〕。

傳說蚩尤是銅頭鐵額，頭上有角，《太平御覽》卷七九引《龍魚河圖》說：「蚩尤兄弟八十一人，並獸身人語，銅頭鐵額，食沙石子。」《述異記》卷上說：「軒轅之初立也，有蚩尤兄弟七十二人，銅頭鐵額，食鐵石……有蚩尤神，俗云，人身牛蹄，四目六手。今冀州人掘地得骷髏，如銅鐵者，即蚩尤之骨也。今有蚩尤齒，長二寸，堅不可碎。秦漢間說，蚩尤氏耳鬢如劍戟，頭有角，與軒轅鬥，以角抵人，人不能向，今冀州有樂名《蚩尤戲》，其民兩兩三三，頭戴牛角而相抵。漢造角抵戲，蓋其遺制也。太原村落間祭蚩尤神，不用牛頭。」這顯然是因為蚩尤身有盔甲。

之所以把蚩尤稱為蜥蝪，因為蜥蝪全身有鱗片，而蚩尤也是全身有盔甲，當時的中原剛剛進入銅器時代，來自西北的蚩尤用鐵器做成盔甲，令中原人大開眼界，所以稱為蚩尤。無獨有偶，在中亞北部有薩爾馬西安（Sarmatians）人，據說此名來自希臘語的蜥蝪 Saura，因為此族人穿著盔甲，形似蜥蝪。有

趣的是，蜥蜴的拉丁文名 Saruos，居然也接近漢語蚩尤的上古音。這其實不奇怪，世界上還有很多語言的蜥蜴讀音近似，亞非語系的阿拉伯語是 siḥlíyya，烏拉爾語系的愛沙尼亞語是 sisalik，南島語系的馬來語是 cicak，阿爾泰語系的圖瓦語是 seleske。

蛇與蜥蜴都是爬行動物，蜥蜴又名四腳蛇。蛇的讀音也很近，藏語是 sbrul，加里曼丹島的巴瑤（Bajau）語是 soo，馬來語是 cewe，柯爾克孜語是 cilan，原始印歐語的蛇可能是 snog- 或 sneg-。因為蛇與蜥蜴爬行很快，所以兩名可能源自同源字根，也即表示快速的擬聲 slu，或寫成嗖、倏。

《山海經‧海外北經》說：

> 共工之臣曰相柳氏，九首，以食於九山。相柳之所抵，厥為澤溪。禹殺相柳，其血腥，不可以樹五穀種。禹厥之，三仞三沮，乃以為眾帝之臺。在昆侖之北，柔利之東。相柳者，九首人面，蛇身而青。不敢北射，畏共工之臺。臺在其東。臺四方，隅有一蛇，虎色，首衝南方。

《大荒北經》基本一樣的故事是：

> 共工臣名曰相繇，九首蛇身，自環，食於九土。其所歍所尼，即為源澤，不辛乃苦，百獸莫能處。禹湮洪水，殺相繇，其血腥臭，不可生穀；其地多水，不可居也。禹湮之，三仞三沮，乃以為池，群帝因是以為臺。

共工氏的臣子相柳是蛇身，住在水中，相柳〔siang〕〔liu〕的讀音很近蚩尤，所以相柳就是蚩尤。

共工氏在山西，而蚩尤的傳說也在山西，除了上述冀州、太原地名，還有證據。宋初《太平寰宇記》卷四六解州安邑縣：「蚩尤城在縣南十八里……其城今摧毀。」在今鹽池附近，《夢溪筆談》卷三說解州鹽澤：「鹵色正赤，在阪泉之下，俚俗謂之蚩尤血。」

蚩尤之所以有中原人沒有見過的盔甲，因為蚩尤出自善於冶煉的民族，《太平御覽》卷八三三引《尸子》：「造冶者，蚩尤也。」《世本‧作篇》：「蚩尤以金作兵器。」《呂氏春秋‧蕩兵》：「人曰蚩尤作兵，蚩尤非作兵也，利其械也。未有蚩尤之時，民固剝林木以戰矣。」可見在蚩尤之前，中原沒有金屬兵器。

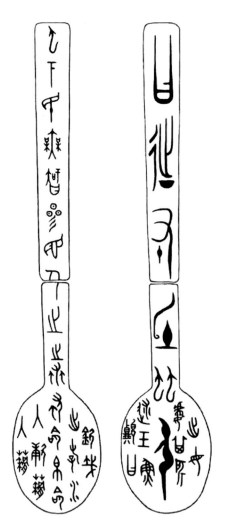

　　蚩尤是共工之臣，又能製造銅器，則一定是來自西北草原的游牧民族，而新出的魚鼎匕完全證實了我的看法！羅振玉收藏的一件魚鼎匕，據說出自山西省渾源縣，現藏於遼寧省博物館。王國維提出此匕之柄斷爲三截，中間缺失一截，所以銘文明顯有缺字。2010 年，山西又發現一件魚鼎匕，風格類似，銘文相同，而且此件之柄完整，吳鎮烽釋文是：「曰誕有是昆夷，墜王魚顛。曰：欽哉！出游水蟲，下民無智，三目人之蚩尤命，薄命入羹，柔入柔出，無處其所。」〔註 55〕渾源縣的東北不遠就是河北涿鹿縣，此處說蚩尤是三目人，必有所本。此匕屬代國，代人本是戎狄，所以熟悉西北民族。上文

<hr />

〔註 55〕吳鎮烽：《魚鼎匕新釋》，《考古與文物》2015 年第 2 期。可惜吳先生把三目人釋爲三苗，蚩尤不是苗族。

說過，三目人正是來自阿爾泰山的奇肱人，也即共工族，這就證明了《山海經》說相柳（蚩尤）說共工之臣的說法。

蚩尤冶煉兵甲之地其實也有記載，《管子·地數》：「而葛盧之山發而出水，金從之。蚩尤受而制之，以爲劍、鎧、矛、戟，是歲相兼者諸侯九。雍狐之山發而出水，金從之。蚩尤受而制之，以爲雍狐之戟、芮戈，是歲相兼者諸侯十二。」山東半島有葛盧地名，〔註 56〕不過此處的葛盧不是山東的葛盧，否則太遠。葛盧應是皋落之音訛，在今山西垣曲縣皋落鄉，春秋時有皋落氏居此。而雍狐即陽狐之音訛，也在今垣曲縣。〔註 57〕或即今垣曲縣著名的南關遺址，在今亳清河和黃河交匯處。《管子》是齊國人的經世大典，特別注重調查礦產，此書記載蚩尤利用垣曲縣的皋落（葛盧）、陽狐（雍狐）的銅礦，征伐天下，尤其寶貴！

中國銅礦分佈不均，主要分佈在四個地區：長江中下游、雲貴高原的東川和易門地區、中條山區和甘肅的金川、白銀地區。中條山區的銅礦分佈在垣曲縣、聞喜縣等地，垣曲縣的銅礦儲量居中國第二位，而且在中原的中心，所以是夏、商兩代主要的銅礦來源地。垣曲縣西 7 千米的大含溝，發現二里頭文化和商文化的繩文陶器及煉銅遺迹，運城市、垣曲縣發現東周和漢代的銅礦。運城市的鹽池爲黃河中游和淮河流域西部提供食鹽，運城市東下馮遺址爲中心發現 7 處二里頭文化遺址，垣曲縣南關遺址爲中心發現 15 處二里頭文化遺址。東下馮和南關在二里頭三期發展爲手工業中心，東下馮、南關是鹽、銅運輸中心。〔註 58〕《水經注》卷四說垣（今垣曲）縣皋落城上游有礦

〔註 56〕《續漢書·郡國志》說東萊郡有葛盧縣，《漢書·地理志下》膠東國有鄔盧縣，鄔通奊，奊、昌形近，所以鄔盧可能是葛盧之誤。又《左傳》僖公二十九年（前 641 年）：「冬，介葛盧來，以未見公，故復來朝，禮之，加燕好。介葛盧聞牛鳴，曰：是生三犧，皆用之矣，其音雲。問之而信。」介國距離魯國不遠，也有葛盧之名。

〔註 57〕《太平寰宇記》卷四十七絳州垣縣：「古陽壺城，南臨大河。《左傳》襄公元年春：晉圍宋彭城，晉人以宋五大夫在彭城者歸，寘諸瓠丘。杜注：瓠丘，晉地，河東東垣縣東南有壺丘。《水經注》云：清水又東南經陽壺城東，即垣縣之壺丘亭也。」《讀史方輿紀要》卷十六大名府元城縣：「陽狐城，《括地志》：在元城縣東北三十里。《史記·齊世家》：宣公四十三年，田莊子伐晉，圍陽狐。蓋晉邑也。又《魏世家》：文侯二十四年，秦伐我至陽狐。胡氏曰：是時，秦兵未得至元城，蓋在河東境內。今山西垣曲縣有陽胡城，是也。」顧說是。

〔註 58〕劉莉、陳星燦：《中國早期國家形成——從二里頭和二里崗時期的中心和邊緣之間的關係談起》，《古代文明》第 1 卷，文物出版社，2002 年，第 83～103

谷，又說冶官城：「世人謂之鼓鐘城。城之左右，猶有遺銅及銅錢也。」

山西的鹽池是中原最重要的鹽場，也是兵家必爭之地，所以蚩尤佔據了晉南，就是佔據了鹽、銅兩項最重要的資源，成爲中原最強大的部族。傳說鹽池的水是蚩尤血，說明蚩尤在鹽池附近也有遺迹。1983 年在陶寺遺址發現了一枚紅銅鈴，這種中國現在最早的複合範銅器。〔註59〕2001 年又在陶寺遺址發現一件銅齒輪形器，用途不明。〔註60〕

蚩尤之所以善於冶煉，可能因爲他來自西北的共工氏，也即善於冶煉的突厥人。因爲初來中原時，臣屬炎帝，所以《逸周書》說蚩尤是炎帝的臣子，其實不是一族。蚩尤獲得了垣曲縣的銅礦，自然要東出太行，走向中原，下文將要論證阪泉在今河南濟源西北的中樊、古泉二村之間，而涿鹿在今河南修武的李固村，三地鄰近！

《逸周書‧嘗麥》：「赤帝分正二卿，命蚩尤於宇少昊，以臨四方，司□□上天未成之慶，蚩尤乃逐帝，爭於涿鹿之阿，九隅無遺。赤帝大赦，乃說於黃帝，執蚩尤，殺之於中冀。」徐旭生認爲，於宇少昊就是說蚩尤原來居住在少昊的地方。他說，漢代關於蚩尤的遺迹全在今山東省西部，《漢書‧地理志上》東郡壽良縣：「蚩尤祠在西北沛上」，沛上指濟水邊。《史記‧五帝本紀》裴駰《集解》引《皇覽》說：「蚩尤冢在東平郡壽張縣闞鄉城中，高七丈，民常十月祀之。有赤氣出，如匹絳帛，民名爲蚩尤旗。肩髀冢在山陽郡巨野縣重聚，大小與闞冢等。傳言黃帝與蚩尤戰於涿鹿之野，黃帝殺之，身體異處，故別葬之。」壽張（即壽良）在今山東省東平縣，巨野即今巨野縣。東漢高誘、馬融說蚩尤是九黎君長，而根據地名，九黎在山東、河北、河南接界處。《鹽鐵論‧結和》說：「黃帝戰涿鹿，殺兩暭、蚩尤而爲帝。」蚩尤與太暭、少暭在同一戰線上。所以蚩尤與太暭、少暭屬於東夷集團。〔註61〕

其實赤帝命蚩尤居住到少昊的地方去，說明蚩尤原來沒有住在少昊之地。《逸周書‧史記》說：「武不止者亡。昔阪泉氏用兵無已，誅戰不休，併兼無親，文無所立，智士寒心，徙居至於獨鹿，諸侯畔之，阪泉以亡。」對照《嘗

頁。

〔註59〕中國社會科學院考古研究所山西工作隊、臨汾市文化局：《山西襄汾陶寺遺址首次發現銅器》，《考古》1984 年第 12 期。

〔註60〕梁星彭、嚴志斌：《山西襄汾陶寺文化城址》，《2001 中國重要考古發現》，文物出版社，2002 年。

〔註61〕徐旭生：《中國古史的傳說時代》，第 55～61 頁。

麥》，阪泉氏即赤帝，赤帝讓蚩尤住到少昊的地盤去，正是命令蚩尤侵略少昊族，所以說用兵無已。蚩尤驅逐赤帝，在涿鹿之阿大敗赤帝，即《逸周書》說阪泉氏亡於獨鹿。獨鹿即涿鹿，《孫臏兵法‧見威王》說：「黃帝戰蜀祿。」蜀祿也是涿鹿異寫。〔註62〕蚩尤是九黎之君之說，出自漢代，先秦典籍沒有證據。《國語‧楚語》說九黎亂德，致使少皞衰落，筆者認爲九黎在膠東，所謂九黎亂德，其實是因爲九黎改宗良渚文化，不聽命於少皞，詳見下文。〔註63〕

第六節　涿鹿之戰在修武縣涿鹿城

《史記》對涿鹿之戰的描述很簡單，《逸周書‧嘗麥》的記載最詳：

> 昔天之初，誕作二后，乃設建典命，赤帝分正二卿，命蚩尤於宇少昊，以臨四方，司□□上天未成之慶，蚩尤乃逐帝，爭於涿鹿之阿，九隅無遺。赤帝大赦，乃說於黃帝，執蚩尤，殺之於中冀，以甲兵釋怒。用大正順天思序，紀於大帝。用名之曰絕轡之野。乃命少昊清司馬鳥師，以正五帝之官，故名曰質。天用大成，至于今不亂。

此處說赤帝讓蚩尤住到少昊之地，但是蚩尤攻打炎帝，在涿鹿之阿大勝赤帝，赤帝慘敗，只好求救於黃帝。黃帝抓住蚩尤，殺之於冀州之地的絕轡之野。黃帝命少昊管理鳥師，以正五帝之官，所以稱之爲質。這個質，顯然就是《左傳》昭公十七年郯子所說的少皞名摯。馬字與鳥字形似，所以是衍字。〔註64〕少皞以鳥名官，可是黃帝戰勝了蚩尤，照理不應用少皞來正五帝之官。但是第二章第四節引《史記》等書說到黃帝任用風后、力牧，都出自

〔註62〕銀雀山漢墓竹簡整理小組：《銀雀山漢墓竹簡》，文物出版社，1985年，第264頁。

〔註63〕還有人誤以爲蚩尤是苗族，根源是誤解《國語‧楚語下》觀射父說：「及少皞之衰也，九黎亂德……顓頊受之，乃命南正重司天以屬神，命火正黎司地以屬民，使復舊常，無相侵瀆，是謂絕地天通。其後，三苗復九黎之德，堯復育重、黎之後，不忘舊者，使復典之。」三苗部分接受了九黎的文化，原非一族，而且三苗晚於九黎，已到堯舜時期，蚩尤顯然不是三苗首領。《山海經‧大荒南經》：「有宋山者，有赤蛇，名曰育蛇。有木生山上，名曰楓木。楓木，蚩尤所棄其桎梏，是爲楓木。」有人說苗族崇拜楓樹，所以蚩尤是苗族，其實即使蚩尤族人有與苗族相同的風俗，也不能證明蚩尤是苗族，因爲風俗可以在民族間流傳，或者有一些蚩尤的殘部逃入三苗，自然也不能說明蚩尤是苗族。

〔註64〕《淮南子‧修務》：「皋陶馬喙，是謂至信，決獄明白，察於人情。」《白虎通‧聖人》：「皋陶鳥喙，是謂至誠，決獄明白，察於人情。」馬、鳥形近而訛。

太皞、少皞部落，所以《逸周書》所說也沒錯，其實是因爲涿鹿之戰後，炎黃部落和少皞部落融合。

關於《逸周書》作者的地域問題，有周人、晉人、齊人、魏人等說，陳夢家認爲《汲冢周書》是戰國時魏人編綴，但是他認爲今本《逸周書》是劉向所編。羅家湘認爲《逸周書》是在魏文侯時期編定，編輯者是子夏一派的儒家，王連龍認爲《逸周書》出於魏人，〔註65〕筆者另文論證此書確實出自晉人，所以此書所說涿鹿之戰應有所本。

一、阪泉和涿鹿的位置

《史記・五帝本紀》說黃帝戰勝炎帝於阪泉，《逸周書・史記》說：「武不止者亡。昔阪泉氏用兵無已，誅戰不休，併兼無親，文無所立，智士寒心，徙居至于獨鹿，諸侯畔之，阪泉以亡。」對照《嘗麥》，阪泉氏即赤帝，赤帝讓蚩尤住到少昊的地盤去，正是命令蚩尤侵略少昊族，所以說用兵無已。蚩尤驅逐赤帝，在涿鹿之阿大敗赤帝，即《逸周書》阪泉氏亡於獨鹿。

《太平御覽》卷七九引《歸藏》說：「黃帝與炎帝爭鬥涿鹿之野。」《淮南子・兵略》說：「炎帝爲火災，故黃帝擒之。」《漢書・律書》：「黃帝有涿鹿之戰，以定火災。」賈誼《新語》兩次提到黃帝與炎帝戰於涿鹿之野，但是《逸周書》則說阪泉氏亡於下臣，而非外敵，說明涿鹿之戰是蚩尤攻炎帝，黃帝與炎帝是另外一戰，司馬遷所說不誤。黃帝、炎帝先戰於阪泉，或許在晉西南，因爲晉西南的阪、阪地名集中，有蒲?、虞阪、鹽阪等。〔註66〕神農氏原在晉西南，可能因爲衰落，逐步東遷。

阪是山坡，漢簡《孫子兵法》說黃帝南伐赤帝：「戰於反山之原。」或許是兩個地名，阪泉或是樊泉，《水經注》卷七《濟水》：

> 今濟水重源出溫城西北平地。水有二源，東源出原城東北，昔晉文公伐原，以信而原降，即此城也。俗以濟水重源所發，因復謂之濟源城。其水南逕其城東故縣之原鄉。杜預曰：沁水縣西北有原城者，是也。南流與西源合，西源出原城西……其一水，枝津南流，注於湨。湨水出原城西北原山勳掌谷，俗謂之爲白澗水。南逕原城西。《春

〔註65〕王連龍：《〈逸周書〉研究》，社會科學文獻出版社，2010年，第24～26頁。
〔註66〕《山海經・北次三經》第10山景山，南望鹽販之澤，北望少澤，《山海經》卷六《涑水》引郭璞曰：鹽販之澤即解縣鹽池也。景山是今聞喜縣唐王山，販應是阪。

秋》會於渠梁，謂是水之墳梁也。《爾雅》曰：梁莫大於渠梁。梁，
水堤也。渠水又東南，逕陽城東，與南源合。水出陽城南溪，陽亦
樊也，一曰陽樊。

陽樊即今濟源南樊、北樊、中樊村，西北有勳掌古泉村，即原山，樊地
之泉即樊泉，也即阪泉。古無輕唇音，樊的上古音是並母元部〔bian〕，與阪
〔bean〕雙聲疊韻。

《國語・晉語四》說到春秋時期的陽國有夏、商以來的嗣典，陽國即樊，
說明此地非常重要。原還做過夏的都城，《太平御覽》卷八二引《竹書紀年》
說帝扃居原。樊、原二地扼守山西、河南交通要道，濟源南面有軹城鎮，西
北有軹關，《史記・貨殖列傳》：「溫、軹，西賈上黨，北賈趙、中山。」軹城
向南，直對孟津的天然渡口，所以此地在蚩尤來攻之前可能就是商業中心了。

在濟源之東的博愛縣、溫縣，五帝時代出現了好幾座很大的古城，博愛
西金城古城的面積達 28 萬平方米，溫縣徐堡古城的面積達 30 萬平方米，是
中原地區較大的兩個城。〔註67〕徐堡在西金城正南，扼守沁水南岸渡口。很
可能正是這一帶人因為抵抗炎帝、蚩尤的東征而修築，因為東方還沒有先進
冶煉技術，所以只能修築大城。修建城池是中原漢族抵抗北方游牧民族的有
效方法，南宋就大造山城，抵抗蒙古騎兵。

史書中至少還有三個涿鹿：

1.上谷的涿鹿。《史記集解》引服虔曰：「涿鹿，山名，在涿郡。」又引張
晏曰：「涿鹿在上谷。自漢代以來，學者主要認為涿鹿之戰在今河北省的涿鹿
縣，《史記・五帝本紀》後太史公曰：「余嘗西至空桐，北過涿鹿。」這個涿
鹿就是漢代上谷郡的涿鹿縣（在今涿鹿縣）。徐旭生說：「蚩尤不過同炎帝氏
族爭地，未必遠出到今河北省的北境。」我認為這個看法很高明，《逸周書・
嘗麥》說黃帝「執蚩尤，殺之於中冀」，就是冀州中部，黃帝、赤帝、蚩尤應
該都是中原人，他們沒有理由跑到那麼遠的涿鹿縣去打仗！《述異記》說：「今
冀州有蚩尤川，即涿鹿之野。」任昉是蕭梁人，今河北省涿鹿縣漢代之後就
不在冀州，而在幽州。所以蚩尤川一定是在漢晉時期的冀州，不在幽州。當
時的冀州是今河北省南部，涿鹿應在此附近。

2.涿郡的涿鹿。服虔所說涿郡的涿鹿山長期被埋沒，《水經・㶟水注》：

〔註67〕許宏：《公元前 2000 年：中原大變局的考古學觀察》，《東方考古》第 9 集，
科學出版社，2012 年。

（博水）東南徑三梁亭南，疑即古勾梁也。《竹書紀年》曰：燕人伐
趙，圍涿鹿，趙靈王及代人救涿鹿，敗燕師於勾梁者也。今廣昌東
嶺之東有山，俗名之曰涿鹿羅。城地不遠，土勢相鄰，以此推之，
或近是矣，所未詳也。

熊會貞指出：「《漢書·武帝紀》，元封四年，歷濁鹿鳴澤。服虔謂獨鹿，
山名，在遒縣北界，正在廣昌東嶺之東。獨與濁形聲並近，獨鹿即濁鹿也。」
〔註68〕廣昌縣治在今河北淶源縣，遒縣治在今淶水縣，涿鹿山在今淶水、淶
源、易縣北部一帶，和涿鹿縣相連。幾縣交界處是山區，上古人口極其稀少，
山區更甚，一個山名所指範圍往往很大，所以涿鹿縣的涿鹿和涿郡的涿鹿原
來是一個涿鹿。《水經·儾水注》：

（連水）又西逕王莽城南，又西，到剌山水注之，水出到剌山西山，
甚層峻，未有升其巔者。《魏土地記》曰：代城東五十里有到剌山，
山上有佳大黃也。

到剌山在代城（治今河北蔚縣）東五十里，今涿鹿縣西部的大堡鎮倒拉
嘴村即得名於到剌山，主峰即今小五臺山，到剌山水即今涿鹿縣和蔚縣的定
安河，〔註69〕到剌山實即涿（獨）鹿山之音轉。

3.河內的涿鹿。河南修武縣也有濁鹿城，《水經·清水注》：

山陽縣東北二十五里，有陸眞阜，南有皇母、馬鳴二泉，東南合注
於吳陂也。次陸眞阜之東北，得覆釜堆。堆南有三泉，相去四五里，
參次合次，南注於陂泉。陂在濁鹿城西，建安二十五年，魏封漢獻
帝爲山陽公，涿鹿城即是公所居也。

又據《清水注》上文，濁鹿城西的吳澤陂即《左傳》定公元年魏獻子所
田的大陸澤，在今焦作市九里山鄉大陸村一帶。濁鹿城在今修武縣五里源鄉
李固村，熊會貞說五里源即指《水經注》堆南有三泉。覆釜堆今名古漢山，
因爲漢獻帝葬於西得名。《史記·五帝本紀》說黃帝：「合符釜山，而邑於涿
鹿之阿。」其實就是這個釜山。濁鹿、涿鹿音近，有學者認爲河南的濁鹿沒
有黃帝的遺迹，所以不是涿鹿之戰的涿鹿，他沒有提及河南的濁鹿之旁也有
釜山。〔註70〕但是他又指出今河北涿鹿縣的有些遺迹也是後世僞造出的，現

〔註68〕〔北魏〕酈道元注、楊守敬、熊會貞疏：《水經注疏》，第 1075 頁。
〔註69〕河北省測繪局：《河北省地圖集》，內部發行，1981 年，第 122～125 頁。
〔註70〕王北辰：《黃帝史蹟涿鹿、阪泉、釜山考》，《王北辰西北歷史地理論文集》，

在陝西黃陵就不是漢代記載的黃帝陵，現代黃陵出自唐代人的僞造。〔註 71〕其實我們對於文獻中的很多遺迹不必太相信，很多後世的遺迹也是很晚才編造出的。

　　修武縣的李固村恰好是龍山文化時代豫北地區的主要中心，〔註 72〕這也證明此地就是涿鹿之戰的涿鹿。修武之名很可能與涿鹿之戰有關，涿鹿之戰是中國歷史上的第一場大戰，所以地位最爲重要，傳說很多，後人因而稱此地爲修武。

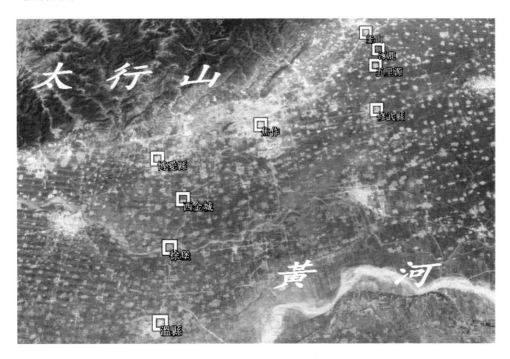

涿鹿（李固村）、釜山（古漢山）、西金城、徐堡位置圖

　　　　　　第 302 頁。
〔註 71〕 王北辰：《橋山黃帝陵地理考》，《王北辰西北歷史地理論文集》，第 280～290頁。
〔註 72〕 劉莉：《中國新石器時代：邁向早期國家之路》，第 166 頁。

釜山衛星圖

二、涿鹿的本義

上述涿鹿縣的涿鹿和修武縣的涿鹿都在山麓有泉水的地方，從地圖上可以看出，今蔚縣、淶源縣古涿鹿山附近也有很多泉水。〔註73〕其實涿鹿就是流泉之地的通名，《說文》卷一一上：「涿，流下滴也。筆者認爲是涿的本字是豕，《說文》：「豕，豕絆足行。」這是許愼根據後世字形推測，絆足無法行，甲骨文的此字中，一橫沒有畫在豬腳上，而是在豬的下方。豬喜歡在爛泥塘活動，所以筆者認爲此字的原意是渾濁之地，豬身下的一橫即泥水。

鹿、漉可以通假，漉有滲出的意思，還有濕的意思，所以涿、漉的意思接近，涿是水往下流，漉是往外滲，涿鹿即泉流。多水的地方如果在自然狀態下一般比較污濁，所以又寫作濁鹿，上古音的知、端合一，所以又寫作獨鹿。此字即後世的沮洳，古音沮爲精母魚部〔tsia〕，洳爲日母魚部〔ŋia〕，濁爲定母屋部〔deok〕，涿爲端母屋部〔teok〕，鹿爲來母侯部〔lok〕，前字爲舌齒音鄰紐，後字鼻邊音鄰紐，前後字皆爲旁對轉，沮洳、涿鹿皆爲連綿字。揚雄《方言》卷七說：「瀧涿謂之霑瀆。」〔註74〕瀧涿即涿瀧，亦即涿鹿。

〔註73〕河北省測繪局：《河北省地圖集》，內部發行，1981年，第116、125頁。
〔註74〕〔漢〕揚雄著、周祖謨校箋：《方言校箋》，第49頁。

　　涿鹿爲北方民族的水澤通名，《新唐書》卷一四四奚：「其國西抵大洛泊。」大洛即涿鹿，此湖即今達來諾爾。《元和郡縣圖志》卷四靈州：「長樂山，舊名達樂山，亦曰鐸洛山，以山下有鐸洛泉水，故名。舊吐谷渾部落所居，今吐蕃置兵守之。」鐸洛、達樂即涿鹿，即泉水。《水經注》卷十四《鮑丘水》：「（泃河）西北流逕平谷縣，屈西南流，獨樂水入焉。水出北抱犢固，南逕平谷縣故城東。」今平谷仍有獨樂河，平谷東南的薊縣有獨樂寺，平谷、薊縣一帶多泉。河北涿鹿縣在春秋戰國時期本是北方游牧民族居地，秦漢才逐漸漢化。

　　蒙古國的土拉河，唐代稱爲獨樂水，土拉、獨樂對轉，類似鐸洛即達樂。現代漢語方言俗字旮旯的本字是入聲詞角落，也是同理。土拉原義即草原，《春秋》昭公元年（前 541 年）：「晉荀吳帥師，敗狄於大鹵。」《左傳》：「晉中行穆子敗無終及群狄於大原。」《穀梁傳》：「中國曰大原，夷狄曰大鹵。號從中國，名從主人。」大鹵是戎狄語太原，前引鄭張尚芳之文指出其語源即突厥語的草原 dala，可備一說。大鹵、土拉也即涿鹿，因爲游牧民族要選擇水泉較多的草原，所以草原、泉澤有關。《逸周書・王會》說北方有族名獨鹿，其後所附僞託伊尹《四方獻令》說到北方有族名旦略，獨鹿即旦略，旦爲端母元部〔tan〕，略爲來母鐸部〔liak〕。此篇獨鹿在孤竹、令支、屠何、東胡、山戎之前，應在今燕山附近，這可能就是後世涿鹿縣的由來。但是《王會》是戰國文獻，僞託周公，所以不足爲黃帝涿鹿之據。關於《王會》，筆者另有專文詳考。

　　世界上現存所有語言同源，其實涿鹿不僅是一個華北與蒙古高原詞，也是印歐語詞。山谷，古英語是 dæl，俄語是 dolína，古斯拉夫語是 dolŭ，德語是 tal，冰島語是 dalur，其實就是涿鹿，山谷即多水的窪地。日語山谷是 tani，或許也有關。蒙古語的達賴（dalai）是湖、海，音義皆近，不知是否同源。

　　山西的屯留，其實也是涿鹿，《左傳》襄公十八年：「晉人執衛行人孫蒯於純留。」宣公十六年（前 593 年）：「晉滅赤狄甲氏及留籲。」籲是純、屯的形訛。《太平寰宇記》卷四五潞州屯留縣：「鹿瀆山，《冀州圖》云：屯留縣有鹿瀆山，即絳水源出此山。」疑爲瀆鹿山之訛，因爲是河源，所以稱爲涿鹿。

　　《堯典》：「內於大麓。」《漢書・烏孫傳》說烏孫官制有相大祿，章太炎認爲大麓是因爲大祿之官得名。〔註 75〕章說甚爲新穎，可惜未能完善。其實

〔註 75〕章太炎：《膏蘭室札記》，《章太炎全集》第一冊，第 266 頁。

烏孫的大祿如果解釋爲草原則比較貼近，但是舜所入的大麓是大陸澤，也是從草原之義而來，所以二者同源，但沒有因果關係。

程發軔認爲上谷的涿鹿是因爲匈奴的獨鹿官名得名，《晉書·匈奴傳》說匈奴有左獨鹿王、右獨鹿王，漢朝驅逐匈奴，所以在上谷留下了涿鹿地名，被誤以爲是遠古涿鹿之戰之地，因爲拓跋鮮卑自稱是黃帝之裔，所以附會出涿鹿縣的黃帝遺迹。〔註76〕筆者認爲程說雖然發現匈奴的獨鹿王名號，但是不知獨鹿爲草原水澤的通名，也不知上谷在戰國時已經是燕趙國土，不是漢朝新得的匈奴地，涿鹿縣的涿鹿之戰傳說在司馬遷之前就有了，不始於北魏人的附會。

《樂府詩集》卷五五《獨祿辭》：

　　《南齊書·樂志》曰：「晉《獨鹿歌》六解，齊樂所奏，是最前一解。」

　　獨祿獨祿，水深泥濁。泥濁尚可，水深殺我！

李白《獨漉篇》：

　　獨漉水中泥，水濁不見月。不見月尚可，水深行人沒。

王建《獨漉歌》：

　　獨獨漉漉，鼠食貓肉。烏日中，鶴露宿，黃河水直人心曲。

獨鹿（獨祿、獨漉）是污濁的意思，所以詩中說水深泥濁、鼠食貓肉。《荀子·成相》說：

　　欲衷對，言不從，恐爲子胥身離凶。進諫不聽，剄而獨鹿棄之江。

就是說伍子胥的屍體狼籍一片，被丟在江裏。太行山麓是泉水集中地區，著名的有河北邢臺百泉、河南衛輝百泉等，〔註77〕所以幾個涿鹿都在太行山麓。

其實河南修武縣的涿鹿就在大陸澤旁，上古有兩個大陸澤，還有一個是鉅鹿澤，鉅鹿就是大陸。因爲都是地勢低窪、水流彙集的湖沼，所以也可以稱爲涿鹿，訛爲大陸。可見，涿鹿是一個廣泛見於河北西部和河南西北部的地名。

涿鹿的意思與阪泉相通，或許阪泉就是涿鹿？或許是涿鹿旁的一個地

〔註76〕程發軔：《古地斟注》，中國語文學會編：《文教論叢》，正中書局，1971年，第8～14頁。

〔註77〕河北省地方志編纂委員會：《河北省志·自然地理志》，河北科技出版社，1993年，第233頁。

名？涿鹿東北 24 千米的輝縣雲門鎮凡城村有凡國，〔註78〕凡、阪可通，附近又有百泉，也可稱爲阪泉。

三、絕轡之野及附近的蚩尤冢

《逸周書》明確地說黃帝殺蚩尤是在冀州中部的絕轡之野，不是涿鹿之阿。幾千年來，沒有學者詳細研究過絕轡之野的位置，大概他們都認爲這則傳說過於久遠，不一定能考證清楚。其實中國的歷史記載極爲悠久，所以這個絕轡之野其實有迹可考。

馬王堆帛書《十大經》說：「黃帝身遇蚩尤，因而擒之。剝其□革以爲干侯，使人射之，多中者賞。剪其發而建之天，名曰蚩尤之旌。充其胃以爲鞠，使人執之，多中者賞。腐其骨肉，投之苦醢，使天下噪之。」〔註79〕黃帝肢解蚩尤，令人想到上古的兩個地名：列人、乾侯，列人即裂人，就是肢解，乾侯即干侯。《太平寰宇記》卷五八肥鄉縣：「列人故城，在今縣東北十五里。按《汲冢記》：梁惠成王八年，伐邯鄲，取列人。」〔註80〕列人之名，很早就有，列人古城在今肥鄉縣東北 15 里的城西村。《春秋》昭公二十八年（前 514年）說：「公如晉，次於乾侯。」杜預注：「乾侯在魏郡斥丘縣。」斥丘縣在今魏縣，乾侯在今魏縣一帶。

西漢時，列人縣西南還有個即裴縣，古音絕是從母月部〔dziuat〕，即是精母職部〔tsiək〕，從、精旁紐，轡是幫母物部〔piət〕，裴是並母微部〔byəi〕，幫、并旁紐，物、微對轉，絕轡、即裴讀音相近。

筆者認爲即裴縣就是絕轡之野，還有一個鐵證，《太平寰宇記》卷五四成安縣說：「蚩尤冢，在邑界。」成安縣的這個蚩尤冢，前人幾乎沒有注意，其實北宋的成安縣正是漢代即裴縣所在。《水經注・濁漳水》說：「漳水又東，右逕斥邱縣北，即裴縣故城南，王莽更名之曰即是也。《地理風俗記》曰：列人縣西南六十里，有即裴城，故縣也。漳水又東北，逕列人縣故城南。」即裴縣在列人縣西南六十里，即今成安縣西南部。譚其驤主編《中國歷史地圖

〔註78〕《水經注・清水》：「司馬彪、袁山松《郡國志》曰，共縣有凡亭。周凡伯國，《春秋・隱公七年經》書，王使凡伯來聘是也。杜預曰：汲郡共縣東南有凡城。」又說附近有很多泉水，此即今河南輝縣百泉。《元和郡縣圖志》衛州共城縣：「故凡城在縣西二十里。」

〔註79〕李零：《考古發現與神話傳說》，《李零自選集》，第 79 頁。

〔註80〕〔宋〕樂史撰、王文楚等點校：《太平寰宇記》，第 1196 頁。

集》誤把即裴縣定在成安縣東北部，其實不足六十里，所以應在今成安縣西南部，可能在商城鎮的商城村或橫城村一帶。

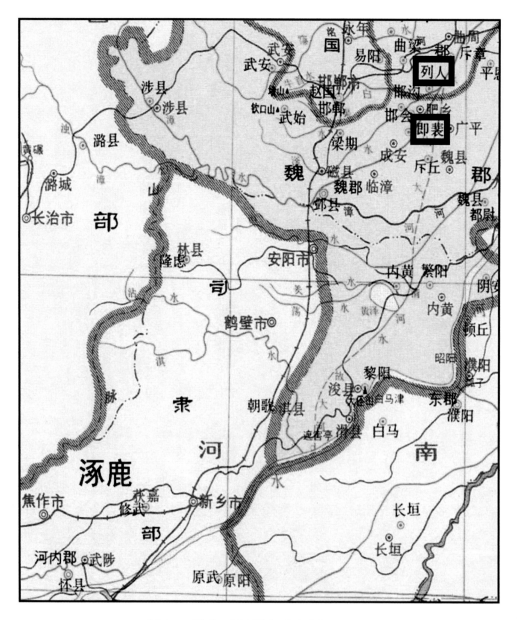

列人、即裴（絕轡）與涿鹿〔註82〕

〔註82〕本圖底圖來自譚其驤主編《中國歷史地圖集》第二冊第 26 頁，方框及涿鹿一個地名爲筆者所加。

　　成安縣的東部地處漳河和黃河故道的夾角處，古代河道很寬，所以蚩尤的部隊很可能就是行進到這一絕地，無處逃脫，最終被殲。

　　蚩尤冢，今已無處可尋，筆者認為可能是今成安縣李家疃鎮、柏寺營鄉交界處的重村，今分為常重村、程重村、李重村、安重村、師重村、趙重村，據說當地人把重讀成〔zhong〕或〔zhang〕，[註81] 可能是冢村的訛誤。上古時期人口極少，荒野很大，所以古代的地名範圍很廣，列人、即裴雖然在後世是兩個地名，但是遠古時期是一個地區。列人、即裴正是冀州中部，符合《逸周書》的記載。然後黃帝在列人、即裴一帶殺了蚩尤，留下蚩尤墓。蚩尤殘部東遷到巨野澤地區，留下古壽張縣、巨野縣的蚩尤墓。

　　《山海經‧大荒東經》：「大荒東北隅中，有山名凶犁土丘。應龍處南極，殺蚩尤與夸父，不得復上，故下數旱。旱而為應龍之狀，乃得大雨。」所謂的凶犁丘是蚩尤戰死之地，令人想到河南省濬縣的黎陽，此地處在修武縣涿鹿和成安縣蚩尤冢之間，所以可能就是凶犁丘所在。

　　還有一種可能，黃帝把蚩尤帶到山西鹽池附近殺死，上引《夢溪筆談》說鹽池有蚩尤血的傳說，《太平寰宇記》說安邑縣南有蚩尤城，櫻山縣原為冀國，《逸周書》說黃帝殺蚩尤於中冀。解州源自解縣，原在今臨猗縣西南，《元和郡縣志》卷十二河中府臨晉縣（今臨猗縣臨晉鎮）：「故解城，本春秋時解梁城，又為漢解縣城也。在縣東南十八里。」其東有剚首城，《太平寰宇記》卷四六蒲州猗氏縣（今臨猗縣猗氏鎮）：「令狐城……在縣西十五里。又有剚首梁，在令狐西三十里。」解、剚首令人想到黃帝對蚩尤的酷刑，猗氏令人想到奇肱（共工），《史記‧貨殖傳》：「猗頓用鹽鹽起。」《集解》引《孔叢子》說猗頓：「乃適西河，大畜牛羊於猗氏之南，十年之間其息不可計，貲擬王公，馳名天下。以興富於猗氏，故曰猗頓。」說明此地原為戎狄畜牧之地，奇肱即游牧民族。或許山西南部有蚩尤傳說因為此地是蚩尤故地，而非蚩尤的法場。

四、涿鹿之戰的自然地理背景

　　《山海經‧大荒北經》：

> 蚩尤作兵伐黃帝，黃帝乃令應龍攻之冀州之野。應龍畜水。蚩尤請
> 風伯雨師，縱大風雨。黃帝乃下天女曰魃，雨止，遂殺蚩尤。魃不

〔註81〕成安縣地名辦公室：《成安縣地名志》，1983年，第93、105頁。

得復上，所居不雨。叔均言之帝，後置之赤水之北。叔均乃爲田祖。

魃時亡之，所欲逐之者，令曰：「神北行！」先除水道，決通溝瀆。

黃帝從西部來救援赤帝，所以駐紮在蚩尤上游，山區河道狹窄，容易築壩攔截，所以應龍畜水指應龍攔截河流，切斷蚩尤水源，必要時候開壩放水，可以造成洪水衝垮蚩尤的軍隊，類似關羽水淹七軍。有學者用距今 5000 年前後的氣候變化來解釋傳說中風雨和乾旱，[註 83] 但氣候變化是一個長期的過程，不是一次事件，所以這種解釋值得懷疑。

華北的暴雨主要出現在山脈的迎風坡，太行山東麓和南部是暴雨集中的地區，而且暴雨的時間集中。據河北省統計，一次暴雨過程的日降水量常達月降水量的一半以上，這是華北洪水的重要原因。華北暴雨強度之大、時間之長，在國內甚至世界上都很少見。[註 84] 河南省西北部的太行山前地區是一個明顯的多雨區，[註 85] 修武縣的涿鹿就在其中。

《太平寰宇記》六十一獲鹿縣（治今河北鹿泉市獲鹿鎮）飛龍山條說：「《趙記》云，每歲疾風電電雨，東南而行。俗傳此山神女爲東海神兒妻，故歲一往來。今祠林盡還，而三石人猶存，衣冠全具，其北即張耳故墟。」此處引《趙記》說太行山東麓的雨是從西北來的，是山神的女兒和海神的兒子相會，其實按照現代地理學的解釋，這是來自海洋的水汽在太行山麓形成的地形雨。

涿鹿之戰時，突發暴風雨，引發山洪，黃帝的軍隊駐紮在海拔較高的地區，受災較小，蚩尤部駐紮下游，成爲洪水的受害者。即使河流沒有築壩，暴雨後的山洪也足以衝垮蚩尤的部隊，何況河流本來就被應龍攔截了，潰壩後的山洪強度更大。

前引《山海經·大荒東經》說應龍殺蚩尤之後，遷往南方，所以南方多雨，其實歷史眞相是應龍之部南遷到河南省西北部，不再回到汾河下游，這也說明黃帝一定住在蚩尤部落的西北部。暴風雨幫助了黃帝，所謂蚩尤縱大風雨、黃帝下天女魃等等都是古人對氣象的神化。既然是黃帝從暴風雨中受益，爲何後人不編造黃帝縱大風雨的傳說以誇耀黃帝的本領呢？因爲造成風雨的氣流從東方來，正是蚩尤的方向。魃是旱神，黃帝下旱神的神話解釋了暴風雨的迅速結束，這對於黃帝軍隊來說也是十分重要的，如果風雨持續，

〔註 83〕李學勤主編：《中國古代文明與國家形成研究》，第 226～227 頁。
〔註 84〕陶詩言等：《中國之暴雨》，科學出版社，1980 年，第 115 頁。
〔註 85〕常劍嶠、朱友文：《河南省地理》，河南教育出版社，1985 年，第 60 頁。

黃帝不能迅速進軍，蚩尤就撤退了，黃帝不能獲得戰果。《山海經》之言不是憑空編造，符合太行山東麓地理。因此涿鹿縣不太可能是涿鹿之戰的發生地，因為其所處的桑乾河、洋河盆地是河北省三個少雨中心之一，〔註86〕而冀西南和豫西北可能是涿鹿之戰的發生地。

　　河南省輝縣市孟莊鎮發現的龍山文化古城毀於洪水就是一例，〔註87〕孟莊城址在海拔 100 米的臺地上，應該是毀於山洪，而非黃河洪水。孟莊古城距離涿鹿城只有 34 千米，原來的涿鹿之野的範圍很大，接近孟莊古城，所以蚩尤敗於洪水之時，蚩尤的大本營很可能就是孟莊古城。蚩尤從此地敗逃，黃帝趁勝追擊，直到今成安縣。

　　太行山區不僅是自然地理上的界線，更是中國古代政治地圖上的一道重要界線，源自西北高原的政治勢力和山東的政治勢力往往在附近發生惡戰，並由此產生太行山東麓中山（今河北定州市）、襄國（今河北邢臺市）、邯鄲（今河北邯鄲市）、鄴（今河北磁縣南）、安陽（今河南安陽市）等一列古都。涿鹿之戰是這一系列戰爭史的開端，由此不僅拉開了華夏民族形成的序幕，而且促發了顓頊時代的政治制度改革和部族大融合，因此具有非常重要的意義。

〔註86〕河北省地方志編纂委員會：《河北省志·自然地理志》，石家莊：河北科技出版社，1993 年，第 132 頁。
〔註87〕袁廣闊：《關於孟莊龍山文化城址毀因的思考》，《考古》2000 年第 3 期。

第五章　火正祝融高陽氏顓頊新建
五行聯盟

　　涿鹿之戰使中原形勢巨變，蚩尤部落基本消滅，炎帝部落併入黃帝部落，東方的太皞、少皞兩大部落被黃帝的威力震懾。《逸周書》說黃帝降服少皞，一說黃帝殺兩皞，《鹽鐵論‧結和》：「黃帝戰涿鹿，殺兩皞、蚩尤而爲帝。」《五帝本紀》說黃帝：「合符釜山，而邑於涿鹿之阿。」黃帝在涿鹿建城邑建立涿鹿，顓頊東遷濮陽。《左傳》昭公十七年梓慎說：「衛，顓頊之虛也，故爲帝丘。」顓頊的都城帝丘在今濮陽市南面，遺址在今高城村。〔註1〕爲何顓頊要東遷帝丘呢？

第一節　顓頊即涿鹿

　　先看顓頊之名。《史記‧五帝本紀》帝顓頊高陽，《索隱》引宋衷云：「顓頊，名。高陽，有天下號也。」顓頊可解釋爲人名，但是《左傳》明言顓頊氏，可見顓頊是氏族名。

　　顓頊兩字非常奇怪，古人不能解釋，《說文》卷九上：「顓，頭顓貌，謹貌。」顓又有愚昧的意思，西漢揚雄《太玄‧童》：「初一，顓童不寤，會我蒙昏。」又有善良的意思，《淮南子‧覽冥》：「猛獸食顓民，鷙鳥攫老弱。」高誘注：「顓，善。」《說文》卷九上：「頊，頭頊頊，謹貌。」又有自失之意，《莊子‧天地》：「子貢卑陬失色，頊頊然不自得。」大概是從縮頭夾頸、垂

〔註1〕張相梅：《帝丘考》，《古代文明研究通訊》第 23 期，第 4〜8 頁。

頭喪氣引申出自失之意。總之，顓、頊兩個字從字面上來看，是垂頭喪氣，或者縮頭縮腦，愚昧老實，顯然沒有帝王氣象，不可能是顓頊的眞實寫照，更像是劉禪、司馬衷之流。那麼顓頊本義爲何呢？

筆者認爲顓頊即涿鹿的音轉，上古音的顓從端得聲，端母元部〔tuan〕，頊從玉（王）得聲，疑母屋部〔ngiok〕，而涿鹿的上古音是〔teok〕、〔lok〕，讀音很近，所以顓頊就是涿鹿的音轉。《漢書·食貨志》：「其餘郡國富民兼業顓利，以賄賂自行。」顏師古注：「顓與專同。」顓可通專，專、獨二字，音近意通，也是同源字，所以顓頊即獨鹿。顓、專、單音近，單即獨。鰥即獨，同理。

揚雄《方言》卷二：「鐫，琢也。晉、趙謂之鐫。」〔註 2〕鐫的上古音是從母元部〔dziuan〕，近顓，鐫刻就是雕琢，鐫是山西的晉語，東方人說琢，這也是顓頊即涿鹿的證據。東方人稱爲涿鹿，而顓頊出自山西的炎帝部族，所以把涿鹿讀爲顓頊。

顓頊氏即涿鹿氏，因爲黃帝建都涿鹿，所以發展出的顓頊就是涿鹿氏。顓頊東遷濮陽，後世方言或有訛誤，或者是儒家雅化，轉寫爲顓頊。

涿鹿是炎帝避難之地，原屬炎帝，黃帝戰勝蚩尤，侵佔此地，所以炎黃兩大集團在此錯居。炎帝、黃帝本來是由兩個世代通婚的胞族發展而來，所以他們又在涿鹿通婚，產生了顓頊氏。《史記·五帝本紀》說：

> 黃帝居軒轅之丘，而娶於西陵之女，是爲嫘祖。嫘祖爲黃帝正妃，
> 生二子，其後皆有天下：其一曰玄囂，是爲青陽，青陽降居江水。
> 其二曰昌意，降居若水。昌意娶蜀山氏女，曰昌僕，生高陽，高陽
> 有聖德焉。黃帝崩，葬橋山。其孫昌意之子高陽立，是爲帝顓頊也。

上文說過西陵即炎帝族人，因爲炎帝崇拜山嶽，所以稱爲西陵。其實蜀山氏也是此意，蜀山即獨鹿之阿的簡化。蜀山和四川的蜀毫無關係，後世很多人把顓頊和四川聯繫，其實距離太遠，絕無可能。

《山海經》末篇《海內經》說：

> 黃帝妻雷祖，生昌意。昌意降處若水，生韓流。韓流擢首、謹耳、
> 人面、豕喙、麟身、渠股、豚止，取淖子曰阿女，生帝顓頊。

此處說顓頊的母親是淖子，其實就是涿鹿氏之訛，上文說過涿鹿是指低窪的沼澤地，所以即淖，音近意通，涿、淖是同源字。

〔註 2〕〔漢〕揚雄著、周祖謨校箋：《方言校箋》，第 15 頁。

韓流又作乾荒，郭璞注：「《竹書》云：昌意降居若水，產帝乾荒。」韓、乾音近，流、荒形近。

昌意、昌僕的名字很怪，上古君主沒有稱號用昌字之例。筆者認為，昌字是亯字形誤，即享，《說文》卷五下說：「亯，獻也，從高省。」亯的讀音是曉母陽部〔xiang〕，所以亯僕才能誤為韓流、乾荒。現在閩南話把原應讀作〔xiang〕的行字讀作〔kiang〕，這是因為曉、見都是牙音。

亯的原形可能是高，所以昌意、昌僕即高意、高僕，和高陽、高辛、高唐同構。高僕的僕即濮陽的濮，即遷居濮水之後的改名。高意的意，上古音是影母職部〔iək〕，讀音近若，若是日母鐸部〔ŋjiak〕，所以就是高若，或許源自若水。若水或指涿鹿澤。

顓頊的氏族是高陽氏，原形應是高羊，陽、岳音近。顓頊出自炎帝，炎帝為姜姓。殷商甲骨文把陽甲寫成羌甲，〔註3〕也說明陽、羊可通。《左傳》昭公二十九年蔡墨說顓頊氏之子黎為祝融，祝融是火正，這也說明顓頊出自炎帝。所以屈原《離騷》說：「帝高陽之苗裔兮，朕皇考曰伯庸。」前人提出伯庸即祝融，楚人自稱是祝融之後。

顓頊出自炎帝，還有一證，《呂氏春秋·尊師》：「帝顓頊師伯夷父。」伯夷是炎帝之後，《國語·鄭語》史伯說：「姜，伯夷之後也，伯夷能禮於神，以佐堯者也。」輔助堯的是四岳，《山海經》末篇《海內經》：「伯夷父生西岳。」

顓頊就是涿鹿，還有一個證據，楊樹達說《呂氏春秋·尊師》這一段講述上古帝王和《韓詩外傳》卷五子夏對魯哀公說的一段很像，〔註4〕其中說到：「黃帝學乎大墳，顓頊學夫祿圖。」《尊師》說：「黃帝師大撓。」大墳為正，大撓為訛，因為賁、堯上面的垚形近而訛。大墳就是大風、風后，由此可見《韓詩外傳》此段的重要性。所謂祿圖，應是圖祿，也即涿鹿之音轉。這種倒置是很常見的，如同舜的生地馮諸誤為諸馮，見本書第八章第四節。

其實《周禮》裏面還隱藏著一個秘密，夏官司馬的第十個官是羊人：「掌羊牲，凡祭祀，飾羔。祭祀，割羊牲，登其首。」為何一群軍事官員之中，有個祭羊的官員呢？不是有很多猛獸更能代表戰神嗎？為何選擇溫順的羔

〔註3〕羅振玉認為卜辭的羌甲是傳世文獻的陽甲，王國維、董作賓從之，但是羌甲在祖丁之前，而祖丁為陽甲之父，世系不合。郭沫若釋為苟，認為通沃，即沃甲。于省吾認為傳世文獻或有誤，應先從卜辭，沃甲是羌甲之誤，見于省吾：《釋羌甲》，《甲骨文字釋林》，第43～44頁。

〔註4〕楊樹達：《積微居讀書記》，上海古籍出版社，2006年，第197頁。

羊？比如東夷的戰神蚩尤有時以牛的形象出現，此處用羊必有原因。如果我們想到祝融是出自崇羊的炎帝，就恍然大悟了！原來這群打仗的官員，祖先都是牧羊人，所以一直保留祭羊的習慣。

高字的原形是高臺建築，也即宮殿和神廟，漢字中的高、京、亭、就、亳、郭、亶、墉、埶等字都與此有關。京的本義是高岡，有高臺建築之地即京城。就是兩個宮廟相近，故名為就。第一章說過，亳是商人的宗廟。亶即壇的本字，高壇即祭壇。墉的原形是兩邊有高臺，後世指城牆。郭是城郭，原來和墉相通。〔註5〕許宏提出中國早期禮儀建築的考古學載體是大型夯土臺基址，龍山文化時期的很多古城之中都有高臺建築。〔註6〕

《逸周書・嘗麥》說黃帝殺蚩尤之後：「乃命少昊清司馬鳥師，以正五帝之官，故名曰質。天用大成，至于今不亂。」反映黃帝部落和少暤部落的融合，與其他書籍說黃帝任用蚩尤、風后、力牧等說相吻合。黃帝沒有對少暤部落進行武力征服，而是任用少暤部落的鳥官，組建了新的部落聯盟。

《逸周書》卷八《史記》說：「佷而無親者，亡。昔者縣宗之君，狠而無聽，執事不從，宗職者疑，發大事，群臣解體，國無立功，縣宗以亡。」敦煌寫卷伯3454號《六韜》與《史記》篇同源的文獻，縣宗作縣原，應是縣原。縣原即軒轅，說明黃帝在涿鹿之戰後仍然不斷四處征討，北逐葷粥，所以回師關西，沒有留居東方。

而東方的少暤部落在南方九黎的壓迫下不斷衰落，所以顓頊從涿鹿東遷濮陽，收編了很多少暤部落的氏族，於是就定都在了黃河之東的濮陽。

第二節　重黎各司天地與新五行聯盟

司馬遷說他的祖先是天官，《史記・太史公自序》說：

> 昔在顓頊，命南正重以司天，北正黎以司地。唐虞之際，紹重黎之後，使復典之，至于夏商，故重黎氏世序天地。其在周，程伯休甫其後也。當周宣王時，失其守而為司馬氏。司馬氏世典周史……喜生談，談為太史公。太史公學天官於唐都，受易於楊何，習道論於

〔註5〕曾憲通：《「亶」及相關諸字考辨》，《古文字研究》第二十二輯，中華書局（北京），2000年，第270～274頁。

〔註6〕許宏：《禮制遺存與禮樂文化的起源》，《古代文明》第3卷，文物出版社，2004年，第87～101頁。

黃子。

司馬遷所說這段歷史，其實出自《國語・楚語下》觀射父說：

> 及少皞之衰也，九黎亂德，民神雜糅，不可方物。夫人作享，家爲
> 巫史，無有要質。民匱於祀，而不知其福。烝享無度，民神同位。
> 民瀆齊盟，無有嚴威。神狎民則，不蠲其爲。嘉生不降，無物以享。
> 禍災薦臻，莫盡其氣。顓頊受之，乃命南正重司天以屬神，命火正
> 黎司地以屬民，使復舊常，無相侵瀆，是謂絕地天通。其後，三苗
> 復九黎之德，堯復育重、黎之後，不忘舊者，使復典之。以至於夏、
> 商，故重、黎氏世敘天地，而別其分主者也。其在周，程伯休父其
> 後也，當宣王時，失其官守，而爲司馬氏。

其實司馬遷的祖先是地官黎，不是天官。重是天官，重、黎原先不是一個氏族，而是不同來源的兩個氏族。只有天官有資格通神，一般人民無權通神。

這段話說，少皞氏衰落的時候，九黎破壞了舊有的文化傳統。一般的民眾都能自己從事祭祀活動，而原來壟斷宗教祭祀權的少皞統治集團喪失了號令國中的威權。所以上天懲罰這些亂民，發生了巨大的災難。於是顓頊命令木正（訛爲南正）重司天，管理祭祀，命令火正黎司地，管理民眾。於是恢復了舊有的傳統，這就是絕地天通。

很多學者看到絕地天通四個字，誤以爲這是顓頊的創新發明。徐旭生就把顓頊稱爲宗教主，後世很多學者也沿用這個錯誤觀點。甚至有學者說這段話是講職官的起源，其實顓頊已經很晚。既然是在少皞氏衰落後，當然不可能是講職官的起源。少皞氏以鳥名官，與少皞氏同時的黃帝、炎帝、共工、太皞等氏都有各自的職官。以前很多學者只注意到這段話講述了神權的壟斷，其實神權的壟斷並不始於顓頊。少皞部落的神權就是壟斷在鳳鳥氏等五個製定曆法的氏族手中，所以這不是顓頊的創造。

其實這段話中的使復舊常這四個字極爲重要，顓頊只不過是恢復一箇舊有傳統，這就是少皞氏的傳統。也就是《左傳》昭公十七年郯子所說的少皞氏集團的社會結構，最高層的是管理曆法的五個氏族，也即司天的氏族。其下是管理民政、軍事、工程、法律及各種事物的五鳩氏。再其下是手工業氏族的五雉，最下的就是農業氏族九扈。

那麼顓頊是不是毫無改革呢？其實也不是，他的社會結構雖然和少皞氏

沒有太大差別，但是他的部落聯盟的有兩大變化。

第一、郯子說：「自顓頊以來，不能紀遠，乃紀於近，爲民師而命以民事，則不能故也。」顓頊改革了官族的名稱，在少皡氏時代，鳥獸、水火、風雲等自然實物是官族的名稱，但是顓頊改用各官族所司事務來命名各官族。

第二、各個部族的來源不同，因爲來源不同，語言不同，所以原有的自然實物官族之名就不能再用，於是改用通行的事務之名來命名官族。

《左傳》昭公二十九年蔡墨說：

> 故有五行之官，是謂五官。實列受氏姓，封爲上公，祀爲貴神。社稷五祀，是尊是奉。木正曰句芒，火正曰祝融，金正曰蓐收，水正曰玄冥，土正曰后土……少皡氏有四叔，曰重、曰該、曰修、曰熙，實能金、木及水。使重爲句芒，該爲蓐收，修及熙爲玄冥，世不失職，遂濟窮桑，此其三祀也。顓頊氏有子曰犁，爲祝融。共工氏有子曰句龍，爲后土，此其二祀也。后土爲社。稷，田正也。有烈山氏之子曰柱爲稷，自夏以上祀之。周棄亦爲稷，自商以來祀之。

此處說少皡集團的重、該、修、熙四個首領的三支氏族，加入了顓頊氏主導的部落聯盟，重爲句芒，該爲蓐收，修及熙爲玄冥，這三個部族世代從事他們的專職。而顓頊氏是黎爲祝融，共工氏部族爲后土。一個部族對應一種五行之官，形成部落聯盟內部的分工，相當於後世的職官。顓頊氏之子爲祝融，說明顓頊氏主要出自炎帝部落。可能是因爲黃帝部落多數沒有東遷到河南，大宗還留在西北，或者是因爲炎帝部落受到黃帝部落的排擠而東遷，而涿鹿本來是炎帝的居地，所以顓頊之名爲炎帝部落所有。

此處說稱重爲少皡氏、犁爲顓頊氏，《史記·楚世家》說：

> 楚之先祖出自帝顓頊高陽。高陽者，黃帝之孫，昌意之子也。高陽生稱，稱生卷章，卷章生重黎。重黎爲帝嚳高辛居火正，甚有功，能光融天下，帝嚳命曰祝融。共工氏作亂，帝嚳使重黎誅之而不盡。帝乃以庚寅日誅重黎，而以其弟吳回爲重黎後，復居火正，爲祝融。

這段世系也來自《世本》，卷章即老童之形訛。丁山發現老童就是重黎，他說耆、黎通用，所以重黎就是耆童、老童。[註7] 今按黎有老的意思，童、重形近，雙聲疊韻，都是定母東部。《國語·吳語》：「今王播棄黎老。」揚雄

〔註7〕丁山：《中國古代宗教與神話考》，第331頁。

《方言》卷一二：「釐，黎，老也。」〔註8〕黎應作黎，黎又通耆，《說文》卷八上：「耆，老也。」

　　所以老童為顓頊之後實為偽造，後人為了證明重、黎有共同祖先，就編造出老童這一代，將少皞氏之後的重（童）納入顓頊氏的集團。這個世系偽造的背景無疑是少皞氏之後一些人融入了顓頊氏，正像明清時期宗族融合時的偽造族譜一樣。因為原有的部落聯盟都是有血緣關係的部族組成，所以還需要編造重、黎同根共祖的傳說。

　　秦人認為自己出自顓頊高陽氏，可能就是因為少皞氏三大部落附庸於顓頊名下，陝西鳳翔發現的秦宮一號大墓石磬銘文說：「天子匽喜，龏（共）、□（桓）是嗣。高陽又（有）靈，四方以鼎（鼏）平。」此處說繼承秦共公、秦桓公，所以是秦景公之物。〔註9〕這說明五帝一家的世系不是在戰國突然出現，春秋時期已經流傳，其源頭則可以追溯到更早。

　　少皞部落在今山東，對應大汶口文化與龍山文化，少皞族人融入了顓頊氏在考古學上也有證據。鄒衡研究認為，夏代的主要禮器來自東方的大汶口文化與龍山文化，這說明夏禮繼承有虞氏之禮，有虞氏出自東方。〔註10〕鄒衡引《孟子·離婁下》說舜「東夷之人也」，又引虞縣（治今河南虞城縣北）為證。其實舜為東方人的證據還有很多，詳見本書第八章。

　　顓頊氏讓重（童）司天，地位顯赫，說明重（童）的氏族和顓頊氏已經深入融合。顓頊氏主導的部落聯盟最大的變化還是從血緣部落聯盟變成了地緣部落聯盟，但是蒙上了一層血緣關係的外衣。

　　上文說過五官體系是真實存在的部落聯盟組織。顓頊建立的五行部落聯盟和之前的地域性部落聯盟不同的是，這個新五行部落聯盟是由不同民族組成，因為來自不同的民族，使用不同的方言與文化，所以不再使用原有圖騰標誌，而是採用民事，即句芒、祝融、玄冥、蓐收這四個名字。因為五行部落聯盟整合了先前的各地域性部落聯盟，變成了跨民族、跨文化的新部落聯盟，所以這其實已經是從部落聯盟向早期國家邁進的重要一步。

　　重黎各司天地之後，天官來自東方的少皞部落，地官來自西方的炎黃部

〔註8〕〔漢〕揚雄著、周祖謨校箋：《方言校箋》，第75頁。

〔註9〕王輝、焦南鋒、馬振智：《秦宮大墓石磬殘銘考釋》，《中研院歷史語言研究所集刊》第67本第2分，1996年。

〔註10〕鄒衡：《夏商周考古學論文集（第二版)》，第153～154頁。

落聯盟，兩種部落的原有圖騰沒有立即消失，成為五大部落之下的氏族圖騰，表現在四鳥和四獸在文獻中同時出現。少暤部落的圖騰是鳥，最高統治氏族是鳳鳥氏和玄鳥氏、白鳥氏、青鳥氏、丹鳥氏。炎黃部落的圖騰是野獸，《史記・五帝本紀》說黃帝：「教熊羆貔貅貙虎，以與炎帝戰於阪泉之野。」這些野獸可能是氏族圖騰，對應西北發現的天獸諸器。關於虎豹熊羆，第十章第三節還要說到。

兩大部落融合之後，東方的最高統治者鳳鳥氏已經不存在，但是四種顏色的鳥氏還存在，作為天官。四種猛獸氏族，作為地官，所以在《山海經》裏出現了四鳥和四獸：

1.《大荒東經》：有蒍國，黍食，使四鳥、虎、豹、熊、羆。

2.《大荒東經》：有中容之國。帝俊生中容，中容人食獸、木實，使四鳥、豹、虎、熊、羆。

3.《大荒東經》：有白民之國。帝俊生帝鴻，帝鴻生白民，白民銷姓，黍食，使四鳥、虎、豹、熊、羆。

4.《大荒北經》：有叔歜國，顓頊之子，黍食，使四鳥、虎、豹、熊、羆。

另外還有使四鳥的國族：

1.《大荒東經》：有司幽之國。帝俊生晏龍，晏龍生司幽，司幽生思土，不妻；思女，不夫。食黍，食獸，是使四鳥。

2.《大荒東經》：有黑齒之國。帝俊生黑齒，姜姓，黍食，使四鳥。

3.《大荒東經》：有國曰玄股，黍食，使四鳥。

4.《大荒南經》：帝俊妻娥皇，生此三身之國。姚姓，黍食，使四鳥。

5.《大荒南經》：海中有張宏之國，食魚，使四鳥。

6.《大荒北經》：有北齊之國，姜姓，使虎、豹、熊、羆。

四鳥加四獸的都是高陽氏顓頊和帝俊之後，帝俊即高辛氏帝嚳，四鳥加四獸為八，令我們想到高辛氏和高陽氏的八子，《左傳》文公十八年說：

> 昔高陽氏有才子八人，蒼舒、隤敳、檮戭、大臨、尨降、庭堅、仲容、叔達，齊聖廣淵，明允篤誠，天下之民謂之八愷。
>
> 高辛氏有才子八人，伯奮、仲堪、叔獻、季仲、伯虎、仲熊、叔豹、季狸，忠肅共懿，宣慈惠和，天下之民謂之八元。
>
> 此十六族也，世濟其美，不隕其名，以至于堯，堯不能舉。舜臣堯，舉八愷，使主后土，以揆百事，莫不時序，地平天成。舉八元，使

布五教於四方，父義、母慈、兄友、弟共、子孝，內平外成。

高辛氏四子是虎、熊、豹、狸，即虎、豹、熊、羆，伯奮、仲堪、叔獻、季仲疑即四鳥。高辛氏、高陽氏部屬都是八人，因爲五行聯盟之中，分管四方的天官、地官各有一人。所謂舜用八元、八愷其實不同，八元主管禮教，八愷主管百事，前者相當於西周的太史寮，後者相當於西周的卿事寮，前者是天官，後者是地官。因爲高辛氏出自少皞氏，高陽氏出自炎黃集團。少皞氏有禮樂文明，而炎黃集團善戰，所以有此分工。

非常有趣的是，少皞氏部落最高統治者鳳鳥氏之下的屬官依次是：玄鳥氏、白鳥氏、青鳥氏、丹鳥氏，而五帝之中，顓頊氏之後依次是：帝嚳、堯、舜，下一章到第八章將要論證帝嚳是冬官，堯是秋官，舜是春官，在五行體系中對應的顏色依次是黑色、白色、青色，正好是鳳鳥氏之下的玄鳥氏、白鳥氏、青鳥氏的顏色。這不是偶然，少皞氏部落各氏族的順序原來有高低貴賤之分，即使少皞氏的氏族加入了炎黃部落聯盟，其繼位順序還是按照五行在少皞氏部落的排列順序。當然，高辛氏、高唐氏、高虞氏不一定就是分別出自玄鳥氏、白鳥氏、青鳥氏，很可能出自五鳩，只是按照五鳥的順序排列。

因爲黃帝仍然回師關中，所以顓頊建立的五行聯盟中的土官仍然由共工族人擔任，這是被炎黃部落收編的共工一族支系，而且東遷到河南輝縣的共城，此地在涿鹿之東、濮陽之西，並未隨顓頊一族東遷到濮陽。此時晉南的共工族人也不可能全被炎黃部落消滅，僅是歸順華夏，上古的傳統是滅國不絕其後。但是五帝與五行的對應表中，自然不可能有共工氏，土德仍屬黃帝。

順　　序	1	2	3	4	5
五帝	黃帝	高陽顓頊	高辛嚳	高唐堯	高虞舜
族源	黃帝	炎帝	少皞	少皞	少皞
五德五色	土德、黃	火德、赤	水德、黑	金德、白	木德、青
五官	司徒后土	司馬祝融	司空玄冥	司寇蓐收	天官句芒

黃帝雖然被列在五帝之首，眞正建立新五行聯盟的是顓頊。黃帝的作用只是征服各民族，建立武功，相當於中國之後各個王朝的太祖們或武帝們。而民族融合的任務由顓頊完成，這和元朝、清朝很像，元朝、清朝的民族征服的任務是由最初的幾位皇帝完成的，但是民族融合則在王朝的中期。清朝最爲明顯，從努爾哈赤一直到康熙，都在進行征服戰爭，到了乾隆才完全漢

化。

顓頊的都城是濮陽，其東部是少皞氏地域，句芒、蓐收、玄冥三支部落都是出自少皞氏，句芒部落住在今陽谷縣，蓐收部落住在今高唐縣到茌平縣一帶，玄冥部落住在今莘縣、聊城一帶，詳見本書第六章到第八章。祝融即顓頊部落，應該在濮陽附近。

據研究，河北平原東西兩側的新石器文化在距今 8000～7000 年前關係密切，6000 年前聯繫中斷，5000 年前聯繫復蘇，原因是洪水泛濫。〔註11〕黃河在 4600～4000 年前改道在今江蘇北部入海，4600 年前的改道對淮北平原大汶口文化段寨類型打擊很大，直到龍山文化晚期，先民才重新進入淮北平原創造出王油坊類型龍山文化。4000 年前又改道從河北平原入海，所以龍山文化時代的河北平原遺址猛增，聊城地區此前只發現 3 處大汶口文化遺址和 4 處仰韶文化遺址，其東西兩側沒有遺址，北部的河北平原也沒有遺址，龍山文化時代遺址激增。王油坊類型應是山東龍山文化的一個地方類型，與魯西南、魯西北的共性是主要的。龍山文化晚期是華夏、東夷兩大集團在河北平原交流的繁榮期，龍山文化器物見於河北平原北部的唐山、豐潤、灤南等地。龍山文化是中國文明起源的關鍵時期，三代的很多文物制度都可以追溯到此。〔註12〕俞偉超認為大洪水是山東龍山文化和良渚文化衰亡的主要原因，如果沒有大洪水，第一個王朝應該是東夷建立。〔註13〕

重來自東方的少皞氏族，擁有發達的禮樂文化，但是少皞氏衰落，所以歸附了顓頊的部落聯盟。在這個部落聯盟之中，重是弱勢氏族，來自顓頊氏的祝融掌握了司馬（戰爭）的大權，管理萬民及各種事務。顓頊是征服者，但是不擁有高級的文化。重是被征服者，卻擁有高級的文化。中國此後的歷代王朝往往是來自西北的征服者卻被東南的被征服者的文化所征服，這種模式可以一直追溯到顓頊的部落聯盟，所以我們說顓頊的部落聯盟確實是中國的國家源頭。中國的國家起源確實是在五帝時期，而非在夏朝突現。

〔註11〕 韓嘉穀：《河北平原兩側新石器文化關係變化和傳說中的洪水》，《考古》2000 年第 5 期。

〔註12〕 王青：《試論華夏與東夷集團文化交流及融合的地理背景》，《中國史研究》1996 年第 2 期。

〔註13〕 俞偉超：《龍山文化和良渚文化衰變的奧秘——致「紀念發掘城子崖遺址六十週年國際學術討論會」的賀信》，《文物天地》1992 年第 3 期。

第三節　六官與《周禮》六官的由來

我們明白了眞正的五行聯盟，再看《周禮》的六官體系，就會發現《周禮》的體系有眞實來源，絕非西漢末年劉歆等人僞造。關於《周禮》成書時地有很多爭論，筆者另有專文，本書不再展開。

六官體系有人類學的世界範圍觀察作爲證據，有中國先秦的史料作爲證據，架構合理。但是我們仔細觀察，就會發現《周禮》雖有一定眞實來源，仍然是春秋戰國時期改編的作品。

因爲《周禮》的天官居然全是爲最高統治者起居服務的內官，而遠古時期的天官是祭天的祭司。部落聯盟的最高首領是輪流選舉產生，並沒有後世那樣豪奢的生活，所以也就不可能有《周禮》中的一群內官。先秦史書中有很多遠古五帝生活極其儉樸的說法，這不是東周人的僞造，而是確有依據。這種五帝生活儉樸的說法見於諸子百家，而非一家之言，所以比較可靠。

眞正的天官在《周禮》之中被歸入春官，但是在顓頊的五行聯盟之中，春官重兼任天官，這是因爲少暤氏的天官也即最高統治者鳳鳥氏沒有加入顓頊的五行聯盟，所以這個職務由來自少暤氏的春官兼任。

六官的最初由來是四官，四官是春、夏、秋、冬四季之官，四官發展爲五官，配上五行，即金官、木官、水官、火官、土官。其中木官、土官都是從春官發展出來，《周禮》的地官司徒包括兩類官員，一種是管理民政的官，一種是管理農工的官，也即上古五官的司徒、司事。司徒、司事見於《左傳》昭公十七年郯子所說的五官及《禮記·曲禮》的天子五官，第二章第四節說過二者完全可以對應，這也是孔子驚歎之原因，少暤氏的五官是司徒、司馬、司空、司寇、司事，《曲禮》說：「天子之五官，曰司徒、司馬、司空、司士、司寇，典司五眾。」司事即司士，應是司事。

先看司徒，司徒的徒當然是指人口，古人在春天結婚，所以司徒原屬春官。婚姻之神是高禖，而木正重兼任天官，木正是句芒，句芒就是高禖，音近，二者同源。《詩經·魯頌》有《閟宮》，祭祀女祖先姜嫄，即高禖之宮，閟、禖音近可通。《大戴禮記·千乘》說到四官之名是：司徒典春、司馬司夏、司寇司秋、司空司冬，這就證明司徒原來確是春官。徐復觀混淆了《大戴禮記》編成的年代與其史料來源的年代，雖然其中混入了秦漢的內容，但是有些史料來源當然是先秦時期。

再看司事，司事的事指工農生產，因爲這是立國的經濟基礎大事，所以

稱爲司事。《左傳》昭公十七年郯子說到少皡氏的鳥師，在司事之後就是工正和農正，因爲工正、農正是司事的屬官。《春秋繁露‧五行相生》說：「東方者木，農之本，司農，尙仁。」該篇說東方司農、南方司馬、西方司徒、北方司寇、中央司營，顯然西方、北方、中央有誤，不需多說。

《禮記‧千乘》司徒典春最後說：「方春三月，緩施生育，動作百物，於時有事，享於皇祖皇考，朝孤子八人，以成春事。」這句話是總結春天的兩件大事，一是人的生育，二是農業生產。這就是司徒、司事統一在《周禮》地官的原型，農業當然始於春季，所以司事和司徒原來都屬春官，本書第八章將論證春官句芒原來主管農業、婚姻和禮樂，也即司事、司徒和天官的眞正起源。天官最早也是從春官中衍生出來的，因爲農業生產需要製定曆法，婚姻的形成需要禮樂，所以天官和司徒、司事本來同源。

《禮記‧王制》講述中央官員的順序是：冢宰、司空、司徒、司馬、司寇，司空置前，司空：「執度度地，居民山川沮澤，時四時。量地遠近，興事任力。」司空變成了農官，而司徒：「修六禮以節民性，明七教以興民德，齊八政以防淫，一道德以同俗，養耆老以致孝，恤孤獨以逮不足，上賢以崇德，簡不肖以絀惡。」司徒兼有天官之職。司徒之後還特別強調：

> 命鄉，論秀士，升之司徒，曰選士。司徒論選士之秀者而升之學， 曰俊士。陞於司徒者，不徵於鄉。陞於學者，不徵於司徒，曰造士。樂正崇四術，立四教，順先王詩、書、禮、樂以造士……王大子、王子、群后之大子、卿大夫元士之適子、國之俊選，皆造焉。凡入學以齒。將出學，小胥、大胥、小樂正簡不帥教者以告於大樂正。大樂正以告於王，王命三公、九卿、大夫、元士皆入學。不變，王親視學。不變，王三日不舉，屏之遠方……大樂正論造士之秀者以告於王，而升諸司馬，曰進士。司馬辯論官材，論進士之賢者以告於王，而定其論。論定然後官之，任官然後爵之，位定然後祿之。

樂正的權力特別大，貴族子弟都需入學，而且學習結束時，王命三公、九卿、大夫、元士皆入學。大樂正還負責推薦優秀學員給大司馬，大司馬主持官員任免。

《王制》的六官近似《周禮》，但又有不同，司空不應前列爲地官，但是樂官屬於天官，司馬本來是地官的統領，所以由樂官、司馬選官之制接近古制。但是《周禮》的春官也即原來的天官之屬除了樂官，還有宗廟祭祀、占

卜及史官，《王制》唯獨強調樂官，可能因為《禮記》傳自曾子一派。王鍔提出《禮記》有 7 篇是孔子、曾子著作，有 6 篇是子思、公孫尼子著作，其餘是戰國文獻，《王制》是戰國中期作品，作者不詳。〔註14〕筆者認為曾子與《禮記》關係最密，而《論語·先進》說孔子問弟子的志向，曾參之父曾皙（曾點）在鼓瑟之後說出他的理想是：「春服既成，冠者五六人，童子六七人，浴乎沂，風乎舞雩，詠而歸。」此語得到孔子的讚賞，孔子說：「吾與點也！」孔子的理由是：「為國以禮。其言不讓，是故哂之。」曾皙顯然源出樂官之族，所以才會鼓瑟、舞雩。正因為《禮記》多傳自曾子，所以才特別強調樂正的地位。《禮記》中還有一篇《樂記》，《禮記》重視音樂的特點很突出。

顓頊的五行聯盟中，總管社會事務的地官是由夏官祝融管轄，也即西周的卿事寮。地官的地指人間，不是土地。後人誤以為地官是指土地，所以把司徒、司事歸入地官。《左傳》說的五官最後，又有土官和農官，其實這是從司事衍生出的官員。

《周禮》的夏官司馬有一個屬官叫司爟：「掌行火之政令，四時變國火，以救時疾。季春出火，民咸從之。季秋內火，民亦如之時則施火令。凡祭祀，則祭爟。凡國失火，野焚萊，則有刑罰焉。」這個司爟夾在一群戰爭官員之中很不突出，其實這才是真正的火官祝融。司爟變成了司馬的屬官，而司馬原來是地官祝融的屬官，這是祝融的降級。這就是司馬遷說的：「當周宣王時，失其守而為司馬氏。」其實是變成了司馬的屬官，這說明《周禮》的成書一定晚於西周末年，司馬遷所說不虛。

雖然《周禮》成書較晚，而且並非古制，但是我們仍然從很多片段之中找到很多真實的史料。比如春官基本都是遠古的句芒系統，祝融雖然降級為司馬的屬官，但是仍然在夏官系統。秋官也基本都是遠古的蓐收繫統，冬官雖然散佚，但是我們不難推測都是工程官員。

我們只要把天官的系統改為春官，把地官的官員還原為司徒、司事，就可以逐漸恢復六官的真相。《周禮》之中的可信部分，為我們研究堯、舜提供了最寶貴的資料，下文還有詳細論證。

顓頊的部落聯盟由五大氏族組成，對應五行之官，木正重兼任天官，所以木官統合天官。此時社、稷兩官還沒有區分，都屬於司事。顓頊的司事之

〔註14〕王鍔：《〈禮記〉成書考》，中華書局（北京），2007 年，第 25～101、172～188 頁。

官是共工氏，而非黃帝氏，後世把黃帝列爲土德及五帝之首，只是因爲黃帝的戰功卓著，其實黃帝部落多數沒有東遷加入顓頊的五行聯盟。

如果不是因爲堯舜時期的大洪水，共工氏應繼任爲帝。但是五行聯盟破裂，共工氏被驅逐出去，所以《淮南子》說共工氏與顓頊爭奪帝位而撞斷天柱，引發大洪水，其實是在堯舜時期，詳見本書第九章第一節。土、火、金、水合稱爲地官，也即社會實際事務的官員，天官是宗教禮樂之官。

從最初的四官發展爲五官，再發展爲六官，再變異爲《周禮》六官的過程，如下表所示：

四官	五官	六官		變異的《周禮》六官	眞實來源
春官	木官	天官	地官	天官冢宰	內官
		司徒		地官司徒	司徒、司事
	土官	司事		春官宗伯	天官
夏官	火官	司馬		夏官司馬	司馬
秋官	金官	司寇		秋官司寇	司寇
冬官	水官	司空		冬官司空	司空

後世的六部來自六官，禮部來自天官，戶部來自司徒和司事，兵部來自司馬，刑部來自司寇，工部來自司空，只有吏部是後來出現的一部。這是因爲上古的官氏世襲，不可能從民間選拔，所以上古不可能有吏部。關於上古的世官制度，前人已有很多論述，這是無可置疑的史實，不需贅述。《左傳》桓公二年（前710年）師服說：「吾聞國、家之立也，本大而末小，是以能固。故天子建國，諸侯立家，卿置側室，大夫有貳宗，士有隸子弟。庶人、工、商各有分親，皆有等衰，是以民服事其上，而下無覬覦。」上古等級森嚴，爵位由長子世襲，平民不可能覬覦貴族職位。

《國語‧楚語下》觀射父說：「民之徹官百，王公之子弟之質能言能聽徹其官者，而物賜之姓，以監其官，是爲百姓。姓有徹品，十於王謂之千品。五物之官，陪屬萬爲萬官。官有十醜，爲億醜。天子之田九畡，以食兆民，王取經入焉，以食萬官。」王公子弟選拔繼任祖先爵位，稱爲百姓，其實是世襲的官氏。所以舜是貴族瞽瞍之子，不是平民子弟，詳見本書第八章。由六官到六部，可以看出中華文明長期穩定。

傳說黃帝時代就有六官，《管子‧五行》說：

昔者黃帝得蚩尤而明於天道，得大常而察於地利，得奢龍而辯於東
方，得祝融而辯於南方，得大封而辯於西方，得后土而辯於北方。
黃帝得六相而天地治，神明至。蚩尤明乎天道，故使爲當時。大常
察乎地利，故使爲廩者。奢龍辯乎東方，故使爲土師。祝融辯乎南
方，故使爲司徒。大封辯於西方，故使爲司馬。后土辯乎北方，故
使爲李。是故春者土師也，夏者司徒也，秋者司馬也，冬者李也。

司馬應是夏官，司寇（李）應是秋官，冬官應是司空，此處全部錯位，
即便是後世傳抄之誤，從六官的結構來看，這也是很晚的傳說。而且黃帝殺
蚩尤，不可能用蚩尤爲天官，天官是最高等級官員。大封即風姓太皞氏，也
不可能對應在西方。但是黃帝確實收編了少皞部落很多族人，《逸周書·嘗麥》
說黃帝殺蚩尤之後：「乃命少昊清司馬鳥師，以正五帝之官，故名曰質。天用
大成，至于今不亂。」此處說黃帝用少昊的鳥師，以正五帝之官，其實是收
編了少皞氏部落的一些氏族，並且與少皞族人融合，組建了新的部落聯盟，
這個任務主要是由顓頊完成。黃帝用蚩尤也不是沒有根據，其實是黃帝收編
了蚩尤部屬。因爲太皞、少皞文化較近，所以後人把黃帝融合太皞、少皞文
化誤解爲黃帝任用蚩尤。

雖然如此，我們從《管子》把六官追溯到黃帝，就可以看出六官之制在
齊地深入人心。從楊向奎的分析可知，《周禮》確實出自齊地，而《左傳》、《管
子》、《禮記》等書都說到五官、六官，可見六官不可能出自漢人僞造，否則
漢人要僞造多少本書啊！疑古學者看到不合己見的說法就說是漢人僞造並竄
入古書，如果是這樣，古書無一處可信，疑古學者也就沒有任何研究的基礎
了。疑古學者看到的考古發掘資料、民族調查資料太少，所以他們的觀點沒
有長足進步。

第四節　萊人改宗良渚文化與九黎亂德

《國語·楚語》說少皞氏之所以衰落是因爲九黎亂德，導致少皞族的平
民自己祭祀，原來壟斷神權的統治者喪失權威。九黎是哪一族呢？

後世的黎族，史書又寫作狸，其實都是音譯，因爲黎族自稱爲 lai，現在
南方還有很多方言的黎讀作 lai，這使我們想到山東半島的萊夷。萊、黎可通
還有兩證：

　　1.今鄭州市北部有一個古地名時來，又作祁黎，可見來與黎可通。《左傳》隱公十一年（前712年）：「夏，公會鄭伯於時來。」《公羊傳》作祁黎，就是《水經注》的釐城，卷七《濟水》：「濟水又東南逕釐城東。《春秋經》書：公會鄭伯於時來，杜預所謂釐也。京相璠曰：今滎陽縣東四十里，有故釐城也。」滎陽古城東四十里，在今鄭州市北部。

　　2.《爾雅·釋草》：「釐，蔓華。」《說文》：「萊，蔓華。」《太平御覽》卷九九八釐引《毛詩義疏》說：「萊，黎也。」

　　《史記·齊太公世家》說：「於是武王已平商而王天下，封師尚父於齊營丘。東就國，道宿行遲……夜衣而行，犁明至國。萊侯來伐，與之爭營丘。營丘邊萊。萊人，夷也，會紂之亂而周初定，未能集遠方，是以與太公爭國。」萊夷與呂尚爭奪齊地，說明萊夷在山東的勢力很大。

　　萊夷分佈在山東半島，漢代的膠東有東萊郡，黃縣（今龍口市東）：「有萊山、松林萊君祠。」弦縣（今龍口市西）：「有百支萊王祠。」

　　擾亂少皞氏的九黎就是膠東的萊人，那麼少皞氏末年的萊人是不是有很強的勢力呢？

　　正是如此！劉莉把山東龍山文化時期的聚落群分爲四組：臨沂、日照、魯北、魯西，魯東南地區從大汶口文化到龍山文化的人口增長很快，日照400平方千米的範圍內，大汶口文化的遺址只有4處，而龍山文化聚落有199處，而且分爲四級。中心是兩城鎮，這也是山東龍山文化的最大遺址。其西北的丹土遺址在大汶口文化時期就有城牆，還至少有龍山文化早期和晚期的兩道城牆。

　　龍山文化時期的日照雖然不是城址最多之地，但是這是因爲其西北有山地作爲天然屏障。其實九黎亂的是德，也就是破壞了少皞氏社會的神權秩序，不是採用武力。其實魯東南的人群正是九黎，正是他們破壞了少皞氏的神權秩序，何以見得呢？

　　因爲龍山文化時期的魯東南出現了大量精美的玉器，上面的複雜紋飾，日本學者林巳奈夫1979、1981年認爲大汶口文化的符號與良渚文化玉器及南京北陰陽營的陶尊符號類似，他還認爲良渚文化的獸面紋向北傳播到龍山文化，向西傳到石家河文化，發展爲夏商周時期的饕餮紋。〔註15〕李學勤認同

〔註15〕〔日〕林巳奈夫著、常耀華、王平、劉曉燕、李環譯：《神與獸的紋樣學——中國古代諸神》，三聯書店，2009年。

　　這種觀點，他又指出大汶口文化的冠形符號、菱形符號、石斧符號都來自良渚文化的玉器，北陰陽營出土的陶尊也有類似符號。〔註16〕

　　1960 年在山東莒縣陵陽河發現的大汶口文化的陶尊上有一個符號，下面是山，上面是日，中間似乎是雲，這個符號在學術界引發熱議，于省吾認為這個字是旦，〔註17〕唐蘭認為這個字是炅。〔註18〕此後在莒縣大朱村遺址也發現了類似的符號，這種符號也見於良渚文化的玉器。

　　有學者認為這種符號也見於廟底溝文化陶器，所以是黃帝和少皞兩大族群的共有徽章。〔註19〕筆者認為黃帝晚於廟底溝文化時期，距離如此遙遠的族群也不可能擁有共同的徽章。大汶口文化陶器上的太陽下面還有山，這和廟底溝文化的符號不同。這種符號其實可以追溯到河姆渡文化，河姆渡文化的兩片象牙器上有鳥日同體圖像，鳥翅正是呈弧形。這種符號繼續簡化，就是太陽下面的抽象弧形。河姆渡文化的年代在廟底溝文化之前，所以我們不能說這種圖像源自廟底溝文化。

廟底溝文化陶器符號（左：華陰西關堡，中，華縣泉護村，右：陝縣廟底溝）

〔註16〕 李學勤：《論新出大汶口文化陶器符號》，《李學勤集》，第 54～67 頁。
〔註17〕 于省吾：《關於古文字研究的若干問題》，《文物》1973 年第 2 期。
〔註18〕 唐蘭：《從大汶口文化的陶器文字看我國最早文化的年代》，《大汶口文化討論文集》，齊魯書社，1981 年。
〔註19〕 韓建業：《以華夏為核心的五帝時代古史體系的考古學觀察》，《五帝時代——以華夏為核心的古史體系的考古學觀察》，第 158～159 頁。

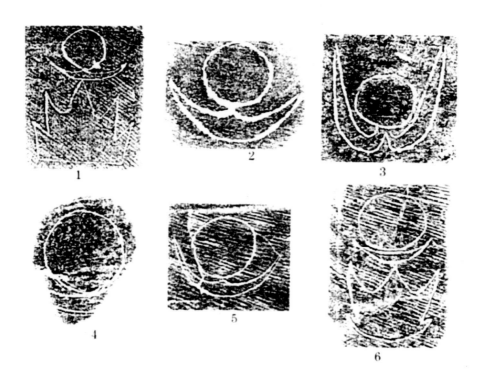

莒縣出土的大汶口文化符號（1～3 莒縣陵陽河出土，4～6 莒縣大朱村出土）

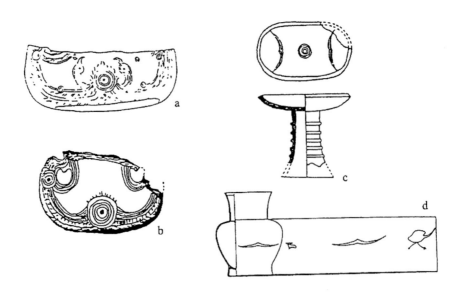

河姆渡文化（a、b）和良渚文化（c、d）陶器上的太陽與鳥形

良渚文化玉器符號（左：美國弗利爾美術館藏，右：中國歷史博物館藏）

　　對比良渚文化的玉器符號，我們才發現，原來太陽下面的山，其實是良渚文化符號中神鳥所在的高臺。

　　莒縣大汶口文化出於的陶器上還有一種高臺符號，對比良渚文化玉器上的符號，我們很容易發現這種符號來自良渚文化。南京北陰陽營遺址出土陶器上也有這種符號，是南北交流的道路所經之地。

莒縣大朱村和陵陽河遺址出土的高臺符號、南京北陰陽營出土陶器上的符號

莒縣大汶口文化高臺符號的變體（1～4：陵陽河，5～6：大朱村）

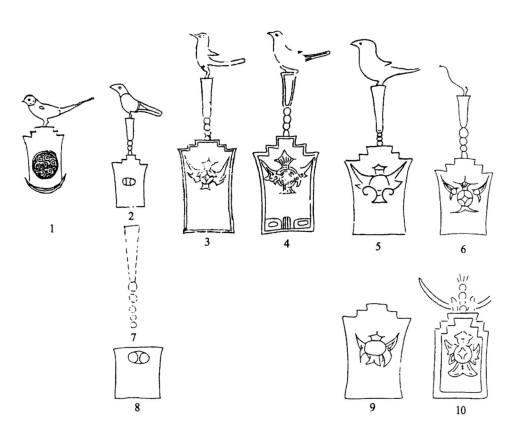

良渚文化玉器符號

1、2、4、8：弗利爾美術館藏璧，3：藍田山房藏璧，5：首都博物館藏琮，
6、7：臺北故宮藏璧、琮，9：安溪出土璧，10：法國吉美博物館藏琮

　　皖北蒙城縣尉遲寺大汶口文化遺址也發現類似的符號，有的極為類似，有的只是細部稍有不同。1989～1995 年春，尉遲寺遺址進行第一階段的 9 次發掘，2001～2003 年進行第二階段的發掘。

　　大汶口文化出現良渚文化符號的地區集中在皖北和魯東南兩個地區，距離遙遠，但是文化上卻有一致之處，欒豐實認為這是太昊氏的文化，其實兩地的這種類似不是出自大汶口文化，而是來自良渚文化，所以我們不能把這兩地稱為太昊文化，第二章已經辨析。

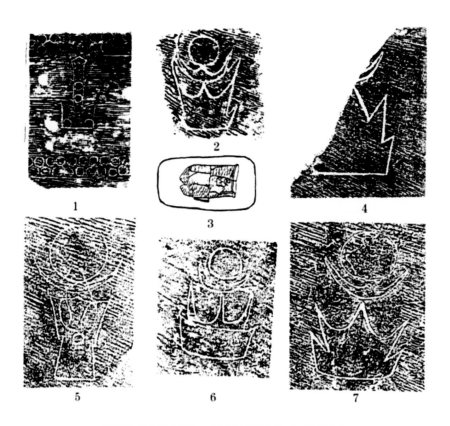

尉遲寺遺址第一階段發掘出土的陶文

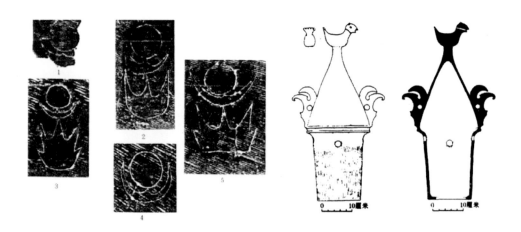

尉遲寺遺址第二階段發掘出土的陶文〔註20〕、蒙城尉遲寺出土的立鳥陶器

〔註20〕 王樹明、劉紅英:《蒙城尉遲寺發現圖像文字及其相關問題研究》,《華夏考古》

　　尉遲寺遺址還出土了一件形狀奇怪的大汶口文化陶器，下部爲空心圓柱形，中部爲空心圓錐形，二者連接部位兩側各伸出兩個捲鬚，上面爲一個實心小鳥塑。這個陶器被發掘報告稱爲神器。〔註21〕有學者雖然發現這種立鳥形器和大口尊上的符號同形，但是誤認爲南京市的北陰陽營遺址上的陶器符號是受大汶口文化影響產生。〔註22〕其實南京市應該是良渚文化北上江淮的通道，正是良渚文化北上江淮後，影響了大汶口文化的南翼，才在大汶口文化的南緣產生了這個神器，而不是反過來。蒙城出土的這個神器實際就是從良渚文化進入大汶口文化的刻畫符號的實體化器物，其源頭符號是良渚文化的鳥壇。

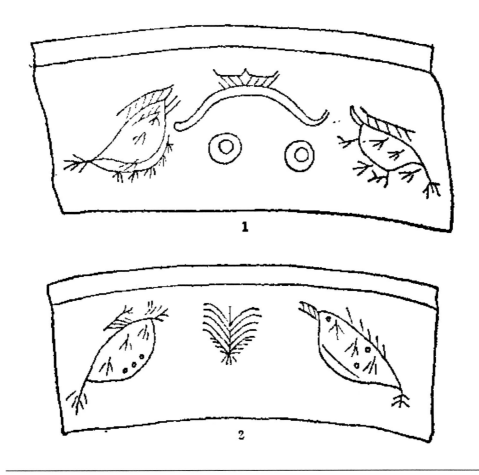

1

2

2012 年第 4 期。

〔註21〕中國科學院考古研究所、安徽省蒙城縣文化局：《蒙城尉遲寺（第二部）》，科學出版社，2007 年，第 148～149 頁。

〔註22〕韓建業、楊新改：《大汶口文化的立鳥陶器和瓶形陶文》，《江漢考古》2008年第 3 期。

　　大汶口文化陶器和良渚文化玉器上都有一個三尖頭的符號，有點類似後世的王冠，這個符號其實是源自江南，在河姆渡文化的陶器上就有這種符號，其下方還有兩個圓圈，似乎是指日月星辰，兩旁還有兩隻鳥，另外一片陶片上還有類似的構圖，只是中間換成了植物。河姆渡文化的骨器和象牙器還有兩鳥和太陽合一的符號，說明這種類似王冠的符號和太陽及宗教有關。良渚文化玉器上的這種符號也和鳥合一，說明這種符號直接來源於河姆渡文化。只不過河姆渡文化的鳥日合一總是兩隻鳥，而良渚文化變成了一隻鳥，其中應有原因。

　　大汶口文化和南部太湖地區文化本來就有很多共同因素：鼎、豆、壺、鬶、盉、大口尊、有附飾的罐等，構成東方沿海史前文化圈獨具一格的陶器共同特徵。二者文化之所以共通，因為東夷人本來就是越人北上形成，《越絕書》卷三《吳內傳》有一段記錄古越語的珍貴文字，是句踐的軍令漢譯，一般稱為《維甲令》，其中說到：「習之於夷。夷，海也。」在古越語中，大海的讀音就是夷。因為東夷是越人從海路北上山東半島的一支，所以得名為夷，就是大海族的意思。《說文》卷一〇下：「夷，平也。從大從弓。東方之人也。」夷字的字形，許慎是象一個人背著弓，其實人字中間的弓不是弓，而是己，即蛇的象形。夷是象形字，畫出夷人身上紋出龍蛇的樣子。先秦時期的山東很多地名以夫、不、句、姑等字開頭，和吳越上古地名也很像，這些都是越語的殘存。〔註 23〕最近的分子人類學家更是通過基因檢測，發現東夷人是北上越人與中原華夏人混合形成。〔註 24〕

　　在大汶口文化前期，山東淮北的文化對江南的崧澤文化影響較大，到大汶口文化後期，江南的良渚文化崛起，北上江淮，在淮河南面形成一個射陽湖小區。再往北，在今新沂市花廳遺址，發現大汶口文化和良渚文化的融合現象。花廳再往北，良渚文化已經沒有強勢。〔註 25〕花廳遺址是大汶口文化中期，約在公元前 3000 年，嚴文明認為是良渚文化在大汶口文化區的殖民地，〔註 26〕而山東的考古學者認為是一種文化兩合現象。〔註 27〕

〔註 23〕周振鶴、游汝傑：《方言與中國文化》，上海人民出版社，2006 年，第 141 頁。

〔註 24〕金力：《寫在基因中的歷史》，韓昇、李輝主編：《我們是誰》，第 85 頁。

〔註 25〕高廣仁、邵望平：《海岱文化與齊魯文明》，山東教育出版社，2005 年，第 104～108 頁。

〔註 26〕嚴文明：《碰撞與征服——花廳墓地埋葬制度的思考》，《文物天地》1990 年第 6 期。

　　江蘇省阜寧縣施莊鎮的東園遺址大致距今 5400～5200 年,「其中有少量來自大汶口文化的因素,但主要因素與太湖地區的良渚文化早期相當一致」。〔註28〕過去學者沒有注意到東園遺址出土一件小口壺(M2：4)中部有一個刻畫符號,下平上彎,兩側弧形,底部有波紋,中間有圈。這個符號由於不很顯著,所以很少有人注意,筆者在鹽城市博物館親眼觀察了這個陶壺,發現上面的這個符號出自良渚文化玉器上的鳥壇符號,後者是良渚文化的顯著標誌之一,被有些學者稱爲「陽鳥祭壇」。〔註29〕東園村的這個符號保留了鳥壇符號的基本要素,但是更加簡單。上面的階梯被簡化爲弧形,兩邊的弧形保留,中間的鳥翼太陽被簡化爲太陽,但是下面多了波紋。

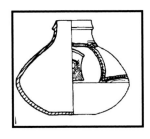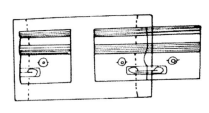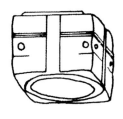

阜寧縣東園村出土的良渚文化陶罐、阜寧縣陸莊、海安縣青墩出土玉琮

　　良渚文化的玉器發現於海安縣的青墩、阜寧縣的陸莊、漣水縣的三里墩、金寨、新沂市的花廳等遺址,這一條沿海線路正是良渚文化人群北上山東的必經之路,良渚文化並非終結於江蘇省最北部,良渚文化的宗教對魯東南的東夷少暤族構成強烈影響,從玉器上的類似紋飾來看,日照等地的少暤族人應該是接受了良渚文化的宗教信仰。考古發現大汶口文化晚期到龍山文化時期的魯東南墓葬,玉器比例上陞,而且作爲貴族的隨葬品,而陶器特別是酒器的比例下降。因爲日照的氏族是萊,也就是黎,所以說是九黎亂德。九黎在少暤氏的社會中,是下層部族,接受來自曲阜的少暤鳳鳥氏的統治。但是九黎自從接受了良渚文化的宗教之後,就不聽命於鳳鳥氏了,少暤氏的社會就禮崩樂壞了。

〔註27〕 高廣仁:《花廳墓地「文化兩合現象」的分析》,《海岱地區先秦考古論集》,科學出版社,2000 年。
〔註28〕 南京博物院、鹽城市博物館、阜寧縣文化局:《江蘇阜寧縣東園新石器時代遺址》,《考古》2004 年第 6 期。
〔註29〕 杜金鵬:《良渚神祗與祭壇》,《考古》1997 年第 2 期。

《左傳》昭公十七年郯子列舉少皞氏屬的各氏族時說：「五雉，爲五工正，利器用、正度量，夷民者也。」五雉是夷民，很可能就是魯東南的九黎。五雉是專門的手工業氏族，所以我們看到大汶口文化中最精美的陶器蛋殼陶就出自臨沂、濰坊地區，蘇秉琦說在此地可以看到大汶口文化與龍山文化的銜接點。〔註30〕顯然，膠東的氏族因爲掌握了最先進的工藝，又改宗良渚文化，導致少皞氏的社會秩序土崩瓦解了。

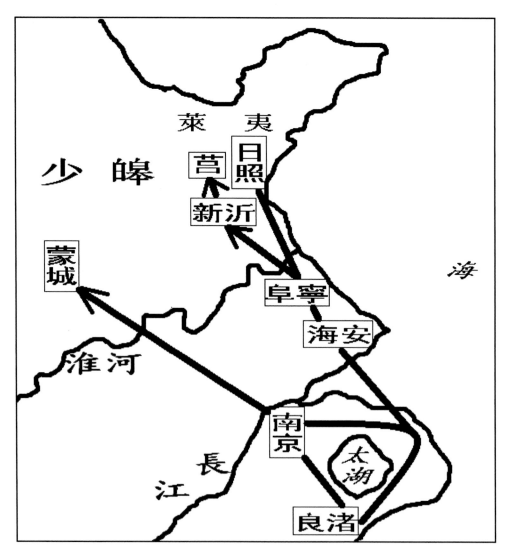

良渚文化北漸示意圖

〔註30〕蘇秉琦：《中國文明起源新探》，第56頁。

　　大汶口文化後期的魯東南地區中心聚落是丹土城，而龍山文化時期的中心聚落是其東南的兩城鎮。龍山文化時期的玉器來源只有來自遼東的岫岩玉，〔註31〕兩城鎮今日到海岸只有 5 千米，古代就在海邊，此時中心聚落向海岸移動反映了魯東南社會的海上交通更加頻繁。兩城鎮的龍山文化遺址雖然面積更大，但是沒有城牆，而丹土的城牆在龍山文化時期還在修築，說明雖然兩城鎮作爲交通及商業中心興起，但是政治中心還在丹土。

　　因爲少暤部落在山東統治的崩潰是從魯東南開始的，所以魯西北還保持著少暤氏的傳統。所以最後投奔顓頊的少暤氏四支氏族重、該、修、熙都出自魯西北，下文有詳細論證。

　　《國語‧楚語下》說：「其後三苗復九黎之德，堯復育重、黎之後。」三苗興起是在堯時，距離顓頊時代已有一段時間。所謂三苗復九黎之德，也即三苗皈依了九黎的信仰，無疑也是受到了良渚文化的影響。考古學印證了這一記載，日本學者林巳奈夫已經指出湖北石家河文化的神面玉器來自良渚文化，石家河文化比龍山文化晚，江西新幹縣的大洋洲商代遺址還出土了類似的神面玉器。〔註32〕江西北部也是三苗的地域，說明良渚文化信仰影響三苗一直到三代時期。

浙江餘杭良渚遺址的玉琮圖像、吳縣澄湖良渚文化黑皮陶刻紋

〔註31〕燕生東、高明奎、蘇賢貞：《丹土與兩城鎮玉器研究——兼論海岱地區史前玉器的幾個問題》，郭公仕主編：《中國丹土——海岱第一古城》，齊魯書社，2012年，第 113～114 頁。

〔註32〕〔日〕林巳奈夫著、常耀華、王平、劉曉燕、李環譯：《神與獸的紋樣學——中國古代諸神》，第 65～70 頁。

美國賽克勒美術館石家河文化神面玉器

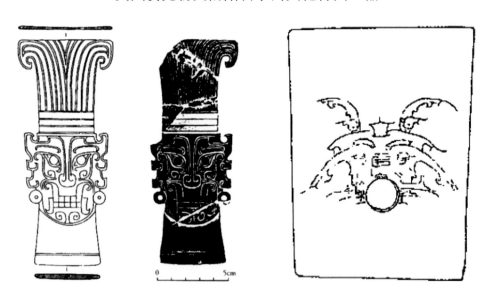

江西新幹縣大洋洲出土神面玉器、賽克勒美術館石家河文化玉斧

在良渚文化玉器上，很少有鷹的圖像，但是在龍山文化玉器上有鷹及鷹攫人首的圖像，這種圖像也出現在石家河文化，說明三苗復九黎之德並非直接受到良渚文化影響，而是受到山東龍山文化的九黎影響，很可能是九黎在中原戰敗之後，南下到江漢地區。所以後世又把蚩尤和苗族聯繫起來，其實融入苗族的蚩尤族人大概很少，所以我們不能說蚩尤是苗族或苗族領袖。

臺北故宮所藏龍山文化玉器紋飾

卜工指出，湖南省西部的洪江市高廟遺址出土的陶器上也有獸面獠牙的圖案，其源頭也是良渚文化，而且這種圖案翻越南嶺，又出現在深圳市咸頭嶺遺址的陶器上。〔註33〕

有學者認爲屈家嶺文化中有來自大汶口文化的因素，說明在公元前 3500 年左右有大汶口文化人群南遷，這就是徐旭生考證出的祝融部族的南遷。〔註34〕筆者認爲公元前 3500 年太早，祝融南遷在夏朝興起之前，詳見本書第九章第二節。

張學海認爲良渚文化已經形成了莫角山古國，莫角山城的大型宮殿建築群居住有最高的君主，都城外的反山、彙觀山、瑤山等帶祭臺的高臺墓地是君主的陵墓。都城以下有邑、村兩級聚落，良渚文化在中期已經進入文明時代，莫角山古國是最強的盟主國，還有雀幕橋、福泉山、趙陵山、草鞋山、寺墩等遺址爲中心的聚落群都是較小的古國。良渚文化後來向北挺進，中心北移。良渚文化的衰落，可能是其南北集團激烈鬥爭的結果。〔註35〕

有學者認爲良渚文化被江河水災、氣候變冷、海侵毀滅，〔註36〕又有學者

〔註33〕卜工：《歷史選擇中國模式》，第 81 頁。

〔註34〕韓建業：《苗蠻集團來源與形成的探索》，《五帝時代——以華夏爲核心的古史體系的考古學觀察》，第 87～95 頁。

〔註35〕張學海：《論莫角山古國》，《良渚文化研究——紀念良渚文化發現六十週年國際學術研討會》，科學出版社，1999 年，第 17～24 頁。

〔註36〕張明華的《良渚文化突然消亡的原因是洪水泛濫》（《江漢考古》1998 年第 1 期）提出良渚文化因爲江河水災而衰亡，良渚人遷徙四方，所以在廣東石峽、陝西延安、江西豐城、山西陶寺、江蘇新沂花廳和阜寧陸莊等地都出現了良渚文化遺物。程鵬、朱誠的《試論良渚文化中斷的原因及其去向》（《東南文化》1999 年第 4 期）提出 4000 多年前是一個自然災害群發的寒冷時期，各種自然災害特別是洪水改變了長江三角洲的環境。良渚文化北遷中原，融入了

認爲良渚文化因爲過度尊崇宗教，建造了大量巨大的祭壇，耗費了太多的人力物力。良渚文化晚期，面對洪水和戰爭，良渚社會原有的結構平衡被打破，宗教衰亡，過分尊崇宗教的社會難以接受新事物，所以沒有進入銅石並用時代。〔註37〕趙輝也認同這種觀點，他認爲良渚文化社會有巫覡階層統治，高臺墓地和精美玉器帶來巨大浪費，厚葬風俗盛行，造成不健康的社會心理，社會生活帶有消極色彩，社會向畸形發展，在天災人禍的打擊下迅速衰亡。〔註38〕

　　筆者認爲良渚文化的宗教禮器之所以見於眾多地區，甚至在很遠的西北、嶺南地區都有，良渚文化的禮器之所以被中原王朝吸收，說明其神職人員非常活躍，良渚文化的禮制具有強大的征服力。正如中國歷代北方以武力征服南方的王朝總要被南方的文化征服一樣，當時的南方人在文化上征服了北方。這些良渚文化的巫覡不知是因爲南方的內亂還是外侵的失敗才進入其他社會，總之不太可能是因爲傳教而遠走他鄉。或許是因爲良渚文化衰落導致其統治階層爲了尋找出路，流亡他鄉。

　　九黎西征少皞，促使少皞部落築城自衛，所以在今章丘、鄒平、壽光一線出現了四座龍山文化時期古城。一些九黎人也西遷到山東西部，後世繼續西遷，使得黎字地名出現在魯西、晉南：

　　（1）巨野澤北部有黎城，即漢代東郡黎縣。《左傳》哀公十年（前485年）說：「趙鞅帥師伐齊，大夫請卜之。趙孟曰：吾卜於此起兵，事不再令，卜不襲吉，行也。於是乎取犁及轅，毀高唐之郭，侵及賴而還。」杜注：「犁，一名隰。濟南有隰陰縣，祝阿縣西有轅城。」祝阿縣西的轅城即漢代的瑗縣，《太平寰宇記》卷十九齊州禹城縣說在縣南一百里。犁應是漢代黎縣，在今鄆城縣西。同書卷十四濟州鄆城縣說：

> 黎丘，在縣西四十五里。黎侯寓於衛，故黎侯諷衛侯詩曰：胡爲乎泥中？蓋惡其卑濕也。

　　　夏文化。4000年前的文化交融和夏朝興起的過程，環境變遷起到了決定作用。趙曄的《良渚文化祭壇、墓地及其反映的社會形態初探》（《良渚文化研究——紀念良渚文化發現六十週年國際學術研討會》，第291～299頁）提出良渚文化的衰亡原因是海侵，海侵由南向北推進，使良渚人群逐漸北遷，所以晚期的大墓分佈在良渚文化的北部地區。

〔註37〕蔣衛東：《淺析良渚文化消亡的原因》，《中國文物報》1998年11月18日第3版。

〔註38〕趙輝：《良渚文化的若干特殊性——論一處中國史前文明的衰落原因》，《良渚文化研究——紀念良渚文化發現六十週年國際學術研討會》，第104～119頁。

黎丘在巨野澤西北，所以比較低濕，黎丘可能是人工所建土臺。

（2）在今河南省濬縣，古有黎陽縣，《水經注‧河水五》：「又東北，過黎陽縣南（經）。黎，侯國也。《詩‧式微》黎侯寓於衛是也（注）。」

（3）在漳水上游有黎國。《太平寰宇記》卷四五潞州黎城縣：「古黎國，《春秋》曰：晉荀林父滅潞，立黎侯而還。今縣東一十八里黎侯城是也。」不過黎、耆可通，所以這個黎也有可能是伊耆氏西遷之後簡化爲耆氏而形成，見第七章第二節。

第六章　水正玄冥高辛氏帝嚳

　　高辛氏帝嚳是五帝之中材料最少的一位，面目非常模糊。徐旭生說：「對於這位人帝，我們沒有好多話可說，因為材料太貧乏了。以羅泌的善於東扯西拉，把他老先生的事迹寫了好多頁，可是他還是不能不說：『帝嚳之治天下，其迹之聞於代者，初無赫赫之功。』又說：『嚳之政亦惟仁柔無苛而已。』足見材料貧乏，就是善於附會的人也沒有大辦法。」〔註1〕

　　《史記・周本紀》：「武王追思先聖王，乃褒封神農之後於焦，黃帝之後於祝，帝堯之後於薊，帝舜之後於陳，大禹之後於杞。」連久遠的神農、黃帝都找出後代，上古的帝王只有帝嚳沒有後代受封。其實這是因為帝嚳一族曾經遭到大災，分遷多處。

　　徐旭生根據《史記》的記載，歸納出帝嚳有四個妃子，一個是姜嫄，生出后稷，即周人的始祖，一個是簡狄，生出契，即商人的始祖。這兩個記載見於《殷本紀》、《周本紀》，而《史記・五帝本紀》則說帝嚳娶陳鋒氏，生堯，又娶娵訾氏，生摯。摯先立，不善，而後立堯。顯然，所謂帝嚳是商人、周人始祖的說法不過是後人附會，所以《五帝本紀》不提商周。

　　帝嚳不是商人、周人的共祖，所謂沒有赫赫之功或許是羅泌的結論，因為羅泌找不到帝嚳的史料。南宋人看到的古書已經很少了，所以《路史》價值不大。但是我們還是通過努力找到不少蛛絲馬迹，從而考察帝嚳的真相。

第一節　帝嚳出自少皞氏

　　還是先來看《史記・五帝本紀》，帝嚳的父親叫蟜極，祖父叫玄囂，曾祖父是黃帝，又說玄囂就是青陽，《索隱》案：「皇甫謐及宋衷皆云，玄囂青陽

〔註 1〕徐旭生：《中國古史的傳說時代》，第 101～102 頁。

即少昊也。」其實帝嚳確實是來自東方少皞氏，有以下六點證據：

第一、玄囂即玄枵，也即玄鳥，《殷本紀》傳說商人的祖先：「殷契，母曰簡狄，有娀氏之女，爲帝嚳次妃。三人行浴，見玄鳥墮其卵，簡狄取吞之，因孕生契。」說明帝嚳與商人的關係密切，屬於東方的部族，不是出自黃帝。

甲骨文和金文有玄鳥，玄鳥不一定是專指玄枵。因爲甲骨文中有專門的字指貓頭鷹，不一定要用玄鳥表示。玄鳥是抽象意義的神鳥，來源於少皞氏部落中的玄鳥氏。商王祖先稱玄王，《國語‧周語下》：「玄王勤商，十有四世而興。」《魯語上》：「自玄王以及主癸。」韋昭注：「玄王，契也。」《荀子‧成相》：「契玄王，生昭明。」《商頌‧長發》：「玄王桓撥。」趙林認爲玄鳥指鳳凰，〔註2〕筆者認爲此說不妥，因爲玄鳥黑色，而鳳凰是五彩繽紛。而且《左傳》昭公十七年少皞氏部落的最高統治者是鳳鳥氏，其下有玄鳥氏，杜預注：「玄鳥，燕也，以春分來，秋分去。」顯然玄鳥不是鳳凰。趙說證據晚出，早期的學者都持燕子說，鳳凰顯係後人的附會。

第二、辛、莘相通，高辛氏、有莘氏相通，《太平寰宇記》卷十三曹州濟陰縣說：「莘仲故城，在縣東南三十里，蓋古之莘國也。《夏本紀》曰：昔鯀納有莘氏女，生禹。《帝王紀》曰：伊尹耕於莘野，湯聞其賢，聘以爲相。即此城。」莘在今山東曹縣西北，其南不遠確實有伊尹墓。

《太平寰宇記》卷十二宋州楚丘縣說：「伊尹墳，在縣西北十四里。按《書》云：沃丁既葬伊尹於亳都。《城冢記》云：濟陰界，梁國有二亳，南亳，穀熟城，北亳，在蒙城西北，屬睢陽郡。今驗墳西十里，有亳城，在東京考城縣界。晉伏滔《北征記》云：望亳、蒙間，成湯、伊尹、箕子之冢。今爲丘墟也。」楚丘縣在今曹縣東南，其西北四十里正是古代的莘國，其西十里有北亳。又有南亳，在穀熟縣，在今河南省商丘市東南。

《太平寰宇記》宋州穀熟縣又說：「故高辛城，在縣西南四十五里。《地理志》云：梁國穀熟縣西南有高辛城。《帝系譜》：帝嚳年十五，佐顓頊有功，封爲諸侯，邑於高辛。即此城也。」即今商丘市高辛鎮。高辛氏的地域與商人的中心商丘完全吻合，這可能就是殷人祖先出自玄鳥的由來。

商人的祖先原來不在商丘，而在亳，《世本‧居篇》說契居蕃，契之子昭明居砥石，《荀子‧成相》說：「契玄王，生昭明，居於砥石遷於商。」蕃即亳，也即湯所居的亳。殷商崇鳥，祖先王亥的亥字在甲骨文中從鳥，後來簡

〔註2〕趙林：《殷契釋親》，第79～80頁。

化爲從佳，《山海經・大荒東經》：「有人曰王亥，兩手操鳥，方食其頭。」王國維發現《山海經》說王亥操鳥與卜辭吻合，〔註3〕而《山海經》多次說到帝俊（帝嚳）之後使四鳥，詳見本書第五章第二節。

第三、嚳字讀音從告，其實就是太皞、少皞的皞，《管子・侈靡》：「倍、堯之時，混吾之美在下。」房注：「倍，帝倍也。《史記・三代世表》作帝倍，太皞的皞，《楚辭・遠遊》作皓，《淮南子・覽冥》作浩，所以帝嚳出自皞族。但是帝嚳不是太皞，有學者認爲帝嚳就是太皞，〔註4〕筆者認爲不確。

在曹縣之東的成武縣境內，還有一個古國就叫郜國，其實也和太昊、少昊、帝嚳有關。《太平寰宇記》卷十四單州成武縣說：「南北兩郜國。《都城記》：文王庶子所封。《左傳》：取郜大鼎於宋，戊申，納於太廟。杜注：成武東南有郜城，宋邑也。漢置郜城縣於此，以北有郜城，故以此爲南郜，實郜城縣也。」所謂的南郜其實是後世的郜城縣，北郜才是古代的郜國。這個郜國原來就有，西周初年被周人征服，改封周文王之庶子。

第四、帝嚳的兩個眞正的妻子，一個叫陳鋒氏，其實就是陳地的風氏，鋒是後人誤寫，《左傳》僖公二十一年子魚說：「任、宿、須句、顓臾，風姓也，實司太皞與有濟之祀。」風姓太皞氏是風姓，同書昭公十七年梓愼說：「陳，大皞之虛也。」太皞氏的故都在陳（今河南淮陽），所以有陳鋒氏之名。陳遠離濟水，但是太皞氏後裔祭祀濟水，可見濟水重要。

第五、帝嚳又有妻爲娵訾氏，生子爲摯，娵訾氏其實在今山東濟寧。因爲鄒國又作邾，有地名邾婁，在今濟寧市，《太平寰宇記》卷十四濟州任城縣說：「邾婁城，在縣南二十里，《春秋》哀公六年，城邾瑕，杜注：任城亢父縣北邾婁城也，邾婁，語訛。」邾國又有訾婁，《左傳》僖公三十三年（前627年）說：「公伐邾，取訾婁。」〔註5〕《公羊傳》作：「公伐邾婁，取叢。」訾婁即叢，當今中國的訾姓主要分佈在山東、河南一帶，而中國的叢姓主要分佈在膠東與東北，原來就是在膠東，東北的叢姓是近代從膠東遷去。〔註6〕

〔註3〕胡厚宣、胡振宇：《殷商史》，上海人民出版社，2003年，131頁。
〔註4〕胡厚宣、胡振宇：《殷商史》，123頁。
〔註5〕河南省長垣縣也有訾樓城，《太平寰宇記》卷二開封府長垣縣說：「訾樓城，在縣西北十六里。《左傳》：邢、狄伐衛，衛侯師於訾婁。杜預注云：訾婁，衛邑。《陳留風俗傳》云長垣西北有訾婁，是也。」偃師東南也有訾城，見本書第十章第三節。
〔註6〕袁義達主編：《中國姓氏・三百大姓》下冊，第8頁、彩圖233。

訾婁合音即叢，而非鄒，鄒是邾婁，不是一地。婁可能是漢譯東夷地名語綴，齊國有袁婁，一作爰婁，在今淄博市北。又有牟婁，一作無婁，在今諸城市。牟婁即牟人之地，袁婁或即袁氏之地，齊有轅固生。婁的本義可能是地方，《三國志》卷三十《東夷傳》記載三韓、倭人的各國之名，最末一字多是路、盧、奴、臘、離、難，音近婁，疑即指地方或國家。〔註7〕

鄒婁、訾婁合爲娵訾氏，正如運奄氏是郓、奄兩氏合成。上文引《左傳》昭公十七年郯子說：「我高祖少皞摯之立也，鳳鳥適至，故紀於鳥，爲鳥師而鳥名。」摯就是少皞氏的始祖，其實就是鷙，也即猛禽。少皞氏當然不可能是帝嚳之後，帝嚳應是少皞氏之後，帝嚳生摯是晚出的傳說。當然，摯也可能是通名，總之表明帝嚳與少皞有關。

第六、高辛氏的正傳是辛氏，當今中國的辛姓主要分佈在吉林、山東、遼寧、黑龍江等地，這五省的辛姓占全國辛姓的 53%，東北的辛姓主要是近代從山東遷去，所以山東一直是辛姓的大本營。〔註8〕高辛氏的後代主要分佈在山東，說明其源出東夷。

帝嚳的祖先玄囂即玄鳥，高辛城在商丘，嚳即皞，妻子陳鋒氏即太皞故都陳地的風氏，妻子娵訾氏來自東方，生子摯又是少皞氏始祖之名，辛姓源自山東，這些證據說明帝嚳肯定來自東方。因爲太皞、少皞是通婚胞族，而帝嚳妻子出自太皞氏，所以帝嚳應是來自少皞部落。

有學者否定帝嚳是商族的祖先，理由是帝嚳有四妃，都是僞託，商族是玄鳥之裔，而非帝嚳之裔，帝嚳是周人把商代的上帝人格化爲昊天的結果。〔註9〕筆者認爲此說大謬，帝嚳四妃不可能都是假託，玄鳥與帝嚳不僅毫無矛盾，而且正相吻合，所謂帝嚳是周人造出的說法更是毫無依據的假想。

至此，帝嚳之謎終於破解。帝嚳不是黃帝的曾孫，但是顓頊要傳位給他，因爲顓頊的五行聯盟中，來自少皞氏的有三大部落，包括掌握禮樂上層文化

〔註7〕三韓 79 國，帶盧的有 10 國，末字爲盧的有咨離牟盧、莫盧、狗盧、駟盧、萬盧、捷盧、弁辰瀆盧、斯盧，又有速盧不斯、牟盧卑離，去掉常見的語綴卑離，也是以盧結尾的地名。另有：舟路、古臘、一難、楚離、弁辰半路、樂奴、甘路。倭人有狗奴國，即三韓的狗盧，倭地有彌奴、姐奴、華奴、蘇奴、鬼奴、烏奴、奴，倭人之奴即三韓之盧。對馬國（在今對馬島）南，渡海有末盧國，在今九州島北部，此地近韓，或是韓人南渡所立之國。

〔註8〕袁義達主編：《中國姓氏・三百大姓》中冊，第 203 頁、彩圖 145。

〔註9〕王震中：《商族起源於先商社會變遷》，中國社會科學出版社，2010 年，第 13 ～16 頁。

的天官重，所以顓頊自然要傳位給少皞族人。

第二節　帝嚳是冬官玄冥

帝嚳即帝夋，也即帝倏，帝嚳的原居地可能不在商丘附近，因為《左傳》昭公元年子產說：

> 昔高辛氏有二子，伯曰閼伯，季曰實沈，居於曠林，不相能也。日尋干戈，以相征討。後帝不臧，遷閼伯於商丘，主辰。商人是因，故辰為商星。遷實沈於大夏，主參，唐人是因，以服事夏、商。其季世曰唐叔虞。

由於堯就在帝嚳高辛氏之後，所以前人一般認為此處所說的後帝就是堯。此時高辛氏後裔被堯分為兩支，一支居住在商丘（今河南商丘），一支西遷到晉國的始封地唐（今山西曲沃、翼城）。則商丘附近的有莘氏很可能是此次遷來的高辛氏族人，高辛氏的原居地不在商丘。高辛氏的原居地在何方呢？

筆者認為高辛氏的原居地在山東西部的莘縣，《元和郡縣圖志》卷十六魏州莘縣：「莘亭，在縣北十三里。《傳》曰：衛宣公使太子伋之齊，使盜待諸莘，將殺之，二子伋、壽爭相為死。即此地也。」莘在今莘縣之北，這是衛國、齊國之間的要道。

上一章說過《左傳》昭公二十九年蔡墨說，來自少皞氏的三個部落擔任了木正句芒、金正蓐收、水正玄冥，重為句芒，該為蓐收，修及熙為玄冥，下兩章將要證明堯是出自金正蓐收，舜是出自木正句芒，則餘下的高辛氏帝嚳最有可能出自水正玄冥。主要有以下五點證據：

第一、古代的莘城在莘縣之北十三里，即今莘亭街道，上文說過發干縣城在堂邑縣城西南，就在莘城的北部，而發干一名源自布穀鳥，即鳲鳩氏，而鳲鳩氏是司空，司空就是冬官玄冥，所以發干附近就是高辛氏，則高辛氏原居地在今莘縣到聊城一帶。

第二、春秋時期，在莘的東南，還有一個地名上鄍，《左傳》成公二年（前589年）：「秋，七月，晉師及齊國佐盟於爰婁，使齊人歸我汶陽之田。公會晉師於上鄍。」這個鄍很可能來自玄冥。

第三、高辛氏很可能是在顓頊五行聯盟中擔任冬官玄冥的修、熙一族，修是維修，正好與冬官司空對應，中國人一般在冬天進行各種工程，所以冬

官主持工程。熙可能是刻的音轉，熙是曉母之部〔xiə〕，刻是溪母職部〔khək〕，施工當然要進行切割，割是見母月部〔kat〕，契是溪母月部〔khat〕，都是同源字。因爲施工要用金屬，所以稱爲高辛氏，辛是會意字，是刀刃劈開物體的樣子。

第五、商朝的始祖稱爲契，其實也就是出自高辛氏的熙。眞正出自高辛氏帝嚳的只有殷商，夏人、周人都不是高辛氏之後。但是後世出現夏、商、周都出自高辛氏的說法，是因爲實沈遷到大夏，所以高辛氏與夏人雜居，所以夏人也有祭祀高辛氏的傳統。至於周人，是很晚才附會到高辛氏名下。夏、商都說自己是帝嚳之後，周人爲了抬高自己身份，自然也要攀龍附鳳。商人的祖先是玄鳥，商王稱玄王，玄即玄冥，所以帝嚳就是玄冥之官。

以上五點證據說明帝嚳高辛氏即來自少皞氏的修、熙一族，在顓頊的五行聯盟內任玄冥之官。

就在莘縣、聊城東南的陽谷縣與茌平縣境內分別有龍山文化時期的景陽岡古城與教場鋪古城，在景陽岡古城周圍還有王莊、皇姑冢兩座小城，在教場鋪古城周圍還有王集、大尉、樂平鋪、尙莊四個小城。景陽岡古城面積達38 萬平方米，城內有兩個巨大的土臺，西臺 9 萬平方米，東臺面積 1 萬平方米，可能是宮殿的基礎。景陽岡古城是中原同時代的第二大古城，僅次於陶寺古城。這兩組八個古城多是東北—西南走向，形狀很像河流之中的沙洲，城牆、臺基都是生黃粉沙土築成。〔註10〕

聊城市的這兩群古城之所以廢棄，就是因爲大洪水，劉莉指出景陽岡古城的沙土覆蓋整個遺址，說明是洪水淹沒。〔註11〕筆者認爲史書記載堯時洪水泛濫，這和高辛氏在堯時分遷商、唐的時間吻合。聊城地區的古城正好在黃河下游的沖積扇地區，容易發生洪水。孫波認爲景陽岡古城有城牆，但是周圍的其他所謂城址其實只是黃淮下游常見的防禦水災而堆起的沙基堌堆。〔註12〕《山海經》末篇《海內經》說：「有九丘，以水絡之：名曰陶唐之丘、有叔得之丘、孟盈之丘、昆吾之丘、黑白之丘、赤望之丘、參衞之丘、武夫之丘、神民之丘。」昆吾之丘在濮陽古城之西，陶唐之丘在定陶縣。

〔註10〕 趙輝：《中國新石器時代城址的發現與研究》，《古代文明》第 1 卷，文物出版社，2002 年。

〔註11〕 劉莉：《中國新石器時代：邁向早期國家之路》，第 189 頁。

〔註12〕 孫波：《黃淮下游地區沙基堌堆遺址辨析》，《考古》2003 年第期。

古代氣候非常暖濕，而且黃河下游河湖密佈，所以古人多居丘。鄭逢原統計古籍中地名作丘、京、許、虛、陵之類者近二百，胡厚宣說這與卜辭地名之作山、泉、麓、鹿、京、坿、阜、丘、土、單者相合。〔註13〕《孟子‧盡心》：「得乎丘民爲天子。」《莊子‧則陽》：「何謂丘里之言？曰：丘裏者，合十姓百民以爲風俗也。」《周禮‧地官‧小司徒》：「四井爲邑，四邑爲丘。」丘作爲一種行政區劃，由古人居丘演化而來。《尚書‧禹貢》說洪水治好：「民乃降丘宅土。」就是從土丘下來到地面生活。〔註14〕顓頊都於帝丘，《史記‧高祖本紀》說項梁攻濮陽，秦軍守濮陽，環水，說明帝丘四周皆水。顧頡剛統計《春秋》與《左傳》的48個丘字地名：宋地11、齊10、魯7、衛6、晉4、曹3、邾3、楚2、莒1、陳1，他認爲古人爲避水而居丘。〔註15〕唐蘭贊成避水，但不贊成釋九丘爲九州，他認爲九丘即《山海經‧海內經》所說的小片地區。〔註16〕

景陽岡古城群與教場鋪古城群之間有一片空白地帶，這個空白區其實是遠古的柯澤，其東就是東阿，因爲在柯澤之東，所以叫東柯，又作東阿。東阿縣的古城在今陽谷縣東部的阿城鎮，其西就是古代的柯澤。柯澤南部是景陽岡，王莊古城在阿城鎮之西，即後世的東阿縣的前身。因爲東阿是景陽岡古國的西北要道，所以築城。景陽岡古城的西北沒有城市，因爲此地原有黃河故道，作爲天然屏障。景陽岡古城的西南有皇姑冢古城，這是西南要衝。東南也沒有築城，因爲東南有濟水。

戰國時期的齊國人說河濟地區是一片沼澤，《管子》卷二四《輕重丁》說齊國：「西方之氓者，帶濟負河，菹澤之萌也。」又說：「南方之萌者，山居谷處，登降之萌也。」又說：「東方之萌，帶山負海，苦處。」又說：「北方萌者，衍處負海，煮沸爲鹽，梁濟取魚之萌也。」齊國西部人被稱爲菹澤之民，他們的居住環境、經濟生活和齊國南方人、北方人不太一樣。

〔註13〕 胡厚宣：《卜辭地名與古人居丘說》，《甲骨學商史論叢初集》，第491～505頁。

〔註14〕 《淮南子‧本經訓》：「舜之時，共工振滔洪水，以薄空桑，民皆上丘陵、赴樹木。」《齊俗訓》：「禹之時，天下大雨，禹令民聚土積薪，擇丘陵而處之。」又：「故江河決，沈一鄉，父子兄弟相遺而走，爭升陵阪，上高丘，輕足先升，不能相顧也。」《說文》：「昔堯遭洪水，民居水中高土，故曰九州。」

〔註15〕 顧頡剛：《說丘》，《禹貢》，第1卷4期，1934年。

〔註16〕 唐蘭：《與顧頡剛先生論九丘書》，《禹貢》第1卷第5期，1934年。

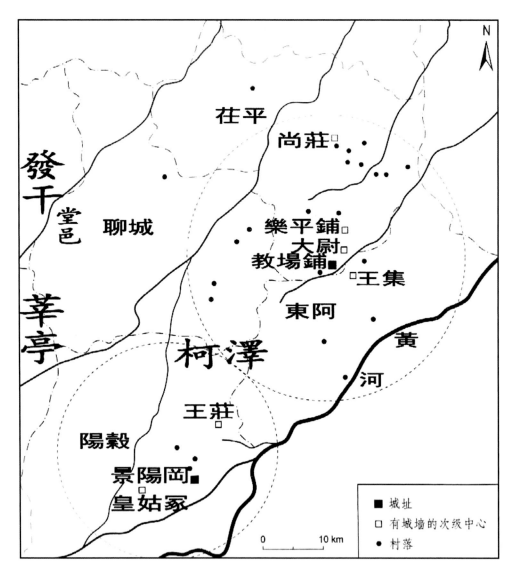

茌平、東阿、陽谷的古城群〔註17〕

第三節　商的由來

　　王國維指出殷商甲骨文中經常祭祀高祖夒，此字音同猱，原字🐒是猿猴形，即帝嚳。《山海經》中出現最多的帝——帝俊就是帝嚳，他的證據有五：

────────────

〔註17〕本圖的底圖引自劉莉：《中國新石器時代：邁向早期國家之路》第189頁，發干、堂邑、莘亭、柯澤四個地名為筆者添加。

一、郭璞說帝俊是帝舜，《山海經》另有帝舜，不應前後不同。

二、《史記・五帝本紀》索隱引皇甫謐說：「帝嚳名夋。」

三、《山海經・大荒東經》：「有中容之國。帝俊生中容。」《大荒南經》：「帝俊生季釐，故曰季釐之國。有緡淵。少昊生倍伐，倍伐降處緡淵。有水四方，名曰俊壇。」帝俊生中容、季釐，《左傳》文公十八年說高辛氏有子仲熊、季狸，二者對應。

四、《詩經・大雅・生民》疏引《大戴禮記・帝系》說：「帝嚳下妃諏訾之女曰常儀，生摯。」《大荒西經》：「有女子方浴月。帝俊妻常羲，生月十有二，此始浴之。」常儀即常羲。

五、甲骨文有祭祀高祖夒，即嚳，帝嚳為殷商始祖，所以帝嚳即帝俊。〔註18〕

徐旭生認為王說未必成立，帝俊屬於華夏集團，因為帝俊後裔有姜、姬、姚三姓，都是華夏集團。〔註19〕其實王國維之說可以成立，徐說不能成立，姚姓有虞氏出自東方的少暤氏，詳見本書第八章。《山海經》說黑齒國姜姓未必可信，黑齒是熱帶的民俗。《山海經》帝俊的記載全部來自《大荒經》五篇，《大荒經》的作者是宋人，〔註20〕屬於東方部族，所以《大荒南經》的俊壇一條表明帝俊和少昊有關。《山海經》末篇《海內經》說：

> 帝俊生禺號，禺號生淫梁，淫梁生番禺，是始為舟。
>
> 少暤生般，般是始為弓矢。帝俊賜羿彤弓素矰，以扶下國，羿是始去恤下地之百艱。
>
> 帝俊生晏龍，晏龍是始為琴瑟。
>
> 帝俊有子八人，是始為歌舞。

這四條都表明帝俊屬於東方部族，因為《大荒北經》說：「有儋耳之國，任姓，禺號子，食穀。北海之渚中，有神，人面鳥身，珥兩青蛇，踐兩赤蛇，名曰禺強。」禺強即禺京，是北海神，禺號也在北海中，所以說其子發明舟船。北海即渤海，少昊、羿都來自東方。琴瑟、歌舞為樂官所掌，樂官來自

〔註18〕王國維：《殷卜辭中所見先王先公考》，《觀堂集林》，第411～413頁。王國維：《古史新證》，清華大學出版社，1994年，第6～9頁。

〔註19〕徐旭生：《中國古史的傳說時代》，第81～83頁。

〔註20〕李川：《〈山海經・荒經〉成書問題謭論》，《中國社會科學院研究生院學報》2009年第1期，筆者另有專書詳細論證。

東方木正句芒，所謂有子八人即《左傳》文公十八年高辛氏之子八元，第五章說過八元是天官，天官是木正所兼。

《大荒南經》：「東南海之外，甘水之間，有羲和之國。有女子名曰羲和，方浴日於甘淵。羲和者，帝俊之妻，生十日。」第一章第五節說過羲和氏來自東方少暤氏部落，此條也可證明帝俊來自東方。至於《大荒西經》說帝俊是西周之祖，這就與後世說帝嚳是夏商周三族一樣是出自後人偽託。

所以我們不能說帝嚳沒有事迹，帝俊在《山海經》出現了 16 次，是出現最多的帝，因為帝嚳一族南遷商丘附近，而且是商人的始祖，所以宋人所作的《大荒經》記載特別多。儒家出自魯地，所以儒家記載的五帝歷史之中，帝嚳的位置不突出。

王暉還提出祭祀帝嚳多在辛日，祭祀王亥、河、嶽也多在辛日。〔註 21〕《說文》卷三上：「從外知內也。從冏，章省聲。」其實商字的上面就是一個辛，這一點已經有學者指出，但是商字的原意眾說紛紜，沒有定論。前人對商字由來的解釋有以下一些說法：

1.源自架物，商承祚說：「象以架置物其間，許慎以為形聲字，非是。」〔註 22〕此說雖然吻合字形，但是未能探究根本。

2.源自商星，阮元說：「古籀文於星名多象形，此商字作□，亦象形也。」朱芳圃說：「商人祭祀時，設燭薪於▽上以象徵大火之星。或增◉◉，象星形，意尤明顯。又增口，附加之形符也。」〔註 23〕其實增加星形的商字是表示商星，但是這不是商的本義，星名都是源自社會，不能反用星名解釋字的起源。

3.源自鳳鳥，王玉哲說：「甲骨文商字的上部，即鳳字上部的鳥冠，大概以此代表他們所崇拜的鳥圖騰。而字的下部的▽，徐中舒說似穴居形。所以商字似乎是商族用以稱呼自己的族名，後人就把商族居住之地也名之為商了。」〔註 24〕羅建中也認為上部是鳥的頭部，但是他認為下部是門樓牌坊的象形，商字是立有鳥圖騰信仰的牌坊。〔註 25〕蔡先金說商是帝的變體，下部

〔註 21〕 王暉：《古史傳說時代新探》，第 134～138 頁。

〔註 22〕 商承祚：《甲骨文字研究》，天津古籍出版社，2008 年，第 252 頁。

〔註 23〕 朱芳圃：《殷周文字釋叢》，第 36 頁。

〔註 24〕 王玉哲：《商族的來源地望試探》，《歷史研究》1984 年第 1 期。

〔註 25〕 羅建中：《商以「辛」為族徽說——兼議郭沫若對「丙」、「妾」、「辛」的考釋》，《郭沫若學刊》1997 年第 1 期。

是鳥尾。〔註 26〕其實鳳凰的原形是孔雀，孔雀頭上的羽冠不是辛形，但是後人寫成辛形，這是文字演化過程中的趨同。但是商字上部可能就是辛，而非出自鳳字的上部。商字不是帝的變體，本書第一章已經說過帝字的由來。

4.源自樂器，姚孝遂懷疑商字象某種樂管之類，卜辭奏商可能指祭祀時奏某種管樂。〔註 27〕此說出於推測，不能確證。

5.源自祭案，張光直說商字的上部是祖先的王冠，下部是供神的几案，商字是置先祖神像於祭案上。〔註 28〕他看出下面類似木構，但是几案比較普遍，不會成為一個族名，所以此說可商。

6.源自陶鬶，呂琪昌認為商字來自大汶口文化和龍山文化的陶鬶，因為在商族中地位重要而被用作族名。〔註 29〕其實商字不像陶鬶，陶鬶自有專名。

7.源自刻漏，商字上部是帶有刻度的木箭，下部是儲水器，商有度量之義，商量、商議是引申義。〔註 30〕一般刻漏都用水筒，不會是尖底儲水器，所以此說不能成立。

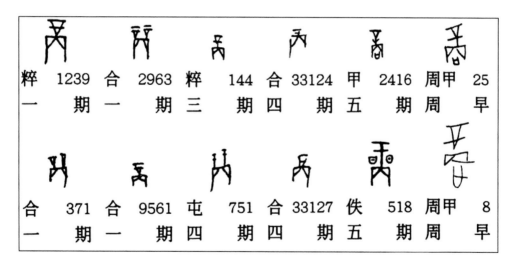

甲骨文的商字

〔註 26〕 蔡先金：《說「商」》，《東南文化》2002 年第 9 期。

〔註 27〕 姚孝遂、肖丁：《小屯南地甲骨考釋》，中華書局（北京），1985 年，第 15 頁。

〔註 28〕 張光直：《商名試釋》，《中國青銅時代》，三聯書店（北京），1999 年，第 281 ～288 頁。

〔註 29〕 呂琪昌：《也說「商」》，《東南文化》2003 年第 9 期。

〔註 30〕 葛英會：《商字形義考》，《古漢字與華夏文明》，上海古籍出版社，2010 年，第 150～155 頁。

　　商字的上面是辛，下面是丙。丙字的來源，前人有很多說法，《說文》卷一四下：「丙，位南方，萬物成，炳然。」吳大澂認爲前人所釋的鬲應是丙，兩旁象火形炳炳然，劉心源認爲丙字從火，其實鬲字不是丙，丙字也不從火。葉玉森認爲是几案形，吳其昌認爲是柄足形，朱奇認爲是殺人宰牲之俎，陳獨秀認爲是擊火的石刀，于省吾認爲是置物的底座。

　　筆者認爲丙是廩、稟的本字，《周禮》地官有廩人：「掌九穀之數，以待國之匪頒、賙賜、稍食。以歲之上下數邦用，以知足否，以詔穀用，以治年之凶豐。」《說文》廩即㐭之重文，即糧倉，《說文》卷五下㐭：「穀所振入宗廟，粢盛倉黃，㐭而取之，故謂之㐭。從入、回，象屋屋，中有戶牖。」其實㐭下面的回是後人誤寫，甲骨文的㐭字下面是兩個支柱，上面是個屋頂，因爲糧倉構造簡單。丙字的下面也是兩個支柱，造型和㐭相同。稟是幫母侵部，丙爲幫母陽部，棚是並母蒸部，糧倉原來是個簡單的棚子，後來又有篷字。雖然侵、蒸不是陽部，但是房字是並母陽部，房就是簡單的房子，也即丙。《說文》卷一二上：「房，室在旁也。」丙也是簡單的棚子。

　　㐭字上面加個口字，則爲啚，此即鄙字由來，啚、鄙是郊野，郊野人煙稀少，地形複雜，所以需要用地圖表示，此字圖字由來。因爲簡易木棚建在郊野，所以從㐭衍生出啚、鄙、圖。

　　丙字是簡單的木構建築，因爲古人早已瞭解三角形的穩定性，所以用兩條斜木固定木架，形成商字下面的兩個三角形。至於最下面的口是後來的增飾，原來沒有意義。商字下面的木構象形，也見於另外一個字，這個字作爲一個人名見於武丁的卜辭，一片（續177）說：「貞令□屎之田。」另一片（續補874）說：「貞勿令□屎之。」〔註31〕這個□字下面和商字完全相同，上面卻和高、享、京等字相同，必然是一種建築的象形。

甲骨文的丙（前7.15.3）、㐭（合584）、下爲丙的建築象形字

〔註31〕胡厚宣、胡振宇：《殷商史》，第268頁。

　　商字上面的辛是金屬器具，下面的丙是木構建築的支架，所以商字的全意就是修建木樓。王國維曾經推測宋就是商的音轉，宋都商丘就是商興起之地，宋國延續商朝，讀音接近。〔註32〕其實宋字的上面是一個屋頂的象形，下面是一個木，原意也是木樓。《說文》卷七下：「宋，居也，從宀，從木。」上古音的商是書母陽部，宋是心母侵部。

　　宋地附近還有徐人，淮河以南還有舒人，在淮河邊上的今蚌埠境內還有塗山，古當塗縣在此。其實徐、舒、塗三個字同源，都與舍、余有關。當今中國的余姓主要分佈在河南、江西、湖北、四川、廣東、安徽、浙江、重慶、湖南、雲南等地，皖贛鄂豫交界處為最密之處。〔註33〕舒姓南遷江西，而後有江西填湖廣，湖廣填四川，所以當今中國的舒姓主要分佈在重慶、湖南、湖北、四川、江西五地，占全國舒姓 71%，除了西南地區，皖贛鄂豫交界處就是最密之處。〔註34〕余姓與舒姓的分佈區接近，《陳書》卷二九說到新吳縣（今江西奉新縣）洞主余孝頃，說明余姓很早就遷入江西北部。奉新縣鄰近的靖安縣、高安市發現了徐王青銅器，因為公元前 512 年，吳國滅徐，徐人南逃到吳國的敵國楚國，〔註35〕則余姓也有可能出自南遷的徐人。

　　舍的原意就是屋舍，上面是屋頂的象形，中面是木，下面是口。舍的讀音也接近宋、商，其原意都是木樓。《說文》卷五下：「舍，市居曰舍。從亼、屮，象屋也。口象築也。」徐中舒說：「以舍之義訓，定余所象為屋頂及梁柱形，當無大誤。舍復從口者，《說文》云，象築也，當謂築地為基址。余之與舍，有屋頂、梁柱、基址，而無四周的牆壁，是僅能適合於淮水流域。」〔註36〕

　　其實舍就是榭的本字，上古音的舍是書母魚部〔ɕya〕，榭是邪母鐸部〔zyak〕，音近。《說文》卷六上：「榭，臺有屋也。」《爾雅·釋宮》：「闍謂之臺，有木者謂之榭。」榭就是木樓，所以就是舍。

　　後人經常以為木樓僅見於華南，其實上古的中原也有很多干欄建築。商代的氣候非常暖濕，胡厚宣根據甲骨文記載指出商代終年可雨，冬季降雪不大，黍和稻可種兩季，最多的農產是稻，犀牛、大象、貘、獐、竹鼠等南方

〔註32〕王國維：《說商》，《觀堂集林》，第 518 頁。
〔註33〕袁義達主編：《中國姓氏·三百大姓》上冊，第 154 頁、彩圖 40。
〔註34〕袁義達主編：《中國姓氏·三百大姓》中冊，第 256 頁、彩圖 164。
〔註35〕李學勤：《東周與秦代文明》，上海人民出版社，2007 年，第 117 頁。
〔註36〕徐中舒：《黃河流域穴居遺俗考》，《先秦史十講》，第 142 頁。

動物很多，相當於現在的南方氣候。〔註37〕所以《呂氏春秋》卷五《古樂》說：「商人服象，爲虐於東夷。」商人乘象，可見當時氣候暖濕。而商人活動的東方大平原湖沼密佈，河道縱橫，草木茂密，蟲蛇出沒，所以商人需要居住在木樓上。樓字與干欄是同源字，干欄是漢譯越語，原爲複輔音。《太平寰宇記》卷八八昌州（今四川大足）風俗說：「有夏風，有獠風。〔獠〕悉住叢菁，懸虛構屋，號閣蘭。男即蓬頭跣足，女即椎髻穿耳，以生處山水爲姓名。以殺爲能事，父母喪，不立几筵。」此處說獠人住在懸空的屋子，稱爲閣蘭，即今所謂干欄建築。此書另外有四處提到干欄建築，其中卷一六三又稱高欄，都是異譯。

《韓非子・五蠹》說：「上古之世，人民少而禽獸眾，人民不勝禽獸蟲蛇，有聖人作，構木爲巢以避群害，而民悅之，使王天下，號曰有巢氏。」韓非是韓國人，韓國在今河南省中部。商代之前河南省東南部還有干欄建築，也即構木爲巢。但是周代之後，氣候變冷，所以這種建築消失了。後世傳言此地原來是構木爲巢，所以出現了有巢氏的傳說。

我們還要注意商的原意不是木樓，而是修建木樓，這是因爲商人源自高辛氏，而高辛氏是冬官司空。第一章說過，古人都是在冬季農閒時節修建工程，所以冬官是司空。可惜《周禮》的冬官散佚，現在補入的是《考工記》，其中就有建築的官氏。

自古以來，工商一體，商業源自剩餘產品的交換，手工業者最依賴商業，所以後世把貿易者稱爲商人，因爲商這個氏族原來是工人。由此我們還想到，諸子百家中最講究科學技術的是墨家，其創始人墨翟就是宋國人，也即商人。墨家的工業技藝高超，恐怕也是來自商人的老本行。另有說墨翟是魯人，魯國鄰近宋國，原來是商朝的盟國奄國。魯國人的工藝也很精巧，公輸班就是魯班。

商量、商談、商榷等義是從商業引申而出，《尚書・費誓》魯侯說：「我商賚汝。」僞《孔傳》及蔡沈釋爲商度，其實以魯侯之尊，不可能有與臣屬商討的可能。于省吾說金文賞每作商，所以商賚即賞賜，〔註38〕此說更近。商指商人出現很早，《左傳》宣公十二年：「商農工賈，不敗其業。」《周禮・地官・司市》：「以商賈阜貨而行布。」鄭玄注：「通物曰商，居賣物曰賈。」

〔註37〕 胡厚宣：《氣候變遷與殷代氣候之檢討》，《甲骨學商史論叢二集》，河北教育出版社，2002年，第857～906頁。

〔註38〕 于省吾：《雙劍誃尚書新證》，中華書局（北京），2009年，第305頁。

第七章　金正蓐收高唐氏帝堯

　　帝嚳傳位給堯，後人把說堯是帝嚳的兒子，其實這是附會。堯是陶唐氏，帝嚳是高辛氏，不是一氏。前人從來沒有發現，陶唐氏原來屬於五行聯盟中的秋官蓐收，我們先從伊祁、放勳、陶唐等名號入手，循名責實，考鏡源流。

第一節　伊祁、放勳、伊耆、陶唐、丹朱的真相

　　筆者提出堯出自秋官司寇之族，前人未曾說過，但這並非信口雌黃，而是有以下四大鐵證：

一、伊耆氏與伊祁放勳

　　首先，我們先來看堯的姓名和氏族，按《堯典》開頭說：「曰若稽古帝堯，曰放勳，欽明文思安安。」《孔傳》：「勳，功。欽，敬也。言堯放上世之功，化而以敬明文思之四德，安天下之當安者。」《孔疏》：「經言放勳，放其功而已。」此處把放勳解釋為施政綱領，也有很多學者解釋為堯的名號，馬融云：「放勳，堯名。」《釋文》說：「一云堯之字。」江聲《音疏》說是放勳堯之氏，沈彤《尚書小疏》與劉逢祿《集解》說是堯的帝號，《孟子·滕文公上》說：「放勳曰：勞之，來之。」《萬章上》說：「放勳乃徂落。」古史辨派的學者認為先秦古書就把放勳當成堯的名字，但是這些傳說中的歷史人物的名號可能是很早之前的誤傳，可隨文獻使用，不必認真計較。〔註1〕

　　筆者認為古史辨派此說殊為不妥，古人必有所本。今按戰國楚簡《子羔》

〔註1〕顧頡剛、劉起釪：《尚書校釋譯論》，中華書局（北京），2005年，第9頁。

簡 2 稱堯爲伊堯，伊即伊祁之簡化。

其實放勳一名和堯的氏有關，堯爲伊祁氏，其實此氏即《周禮》秋官大司寇的屬官伊耆氏，祁、耆皆爲群母脂部〔giei〕，雙聲疊韻，可通。《周禮》說：「伊耆氏掌國之大祭祀，共其杖咸，軍旅，授有爵者杖。共王之齒杖。」注：「別吏卒，且以扶尊者。將軍杖鉞。」伊耆氏的職責是在祭祀典禮時，發放權杖給有爵位的人。其實就是發放勳位，所以堯名放勳就是從此而來。

伊字的左邊是一個人，右邊是尹，尹字即一隻手持杖，所以伊即發放勳杖。尹即管理，尹加上口則爲君，口指發令。伊耆即向老年人發放勳杖，祁是通假，耆是本字，耆即耆老，伊耆的意思就是管理耆老，《周禮》伊耆氏注：

> 王之所以賜老者之杖。鄭司農云：「謂年七十當以王命受杖者，今時亦命之爲王杖。」玄謂《王制》曰：「五十杖於家，六十杖於鄉，七十杖於國，八十杖於朝。」

因爲發放對象包括耆老，即部落長老，所以稱爲伊耆氏。又注：「咸讀爲函。老臣雖杖於朝，事鬼神尙敬，去之。有司以此函藏之，既事乃授之。」此處把咸讀爲函，是牽強附會。其實咸就是鉞的形訛，所以下一句注說：「將軍杖鉞。」將軍的權杖是鉞，這樣才能顯示威嚴。

二、丹朱即司寇蓐收

堯出自秋官的第二大鐵證，是虢國滅亡之前的神降事件異說。此事見於《國語》的《周語上》和《晉語二》，但是在同一本書裏，記載同一件事，居然有所出入。

《周語上》說：

> 惠王三年，邊伯、石速、蒍國出王而立子頹。王處於鄭三年。王子頹飲三大夫酒，子國爲客，樂及遍儛。鄭厲公見虢叔，曰：「吾聞之，司寇行戮，君爲之不舉，而況敢樂禍乎！……禍必及之，盍納王乎？」虢叔許諾。鄭伯將王自圉門入，虢叔自北門入，殺子頹及三大夫，王乃入也。

> 十五年，有神降於莘，王問於內史過……對曰：「昔昭王娶於房，曰房后，實有爽德，協于丹朱，丹朱憑身以儀之，生穆王焉。是實臨照周之子孫而禍福之。夫神壹不遠徙遷，若由是觀之，其丹朱之神乎？」王曰：「其誰受之？」對曰：「在虢土。」……王曰：「虢其幾

何？」對曰：「昔堯臨民以五，今其胄見，神之見也，不過其物。若由是觀之，不過五年。」……十九年，晉取虢。

《晉語二》說：

虢公夢在廟，有神人面白毛虎爪，執鉞立於西阿，公懼而走。神曰：「無走！帝命曰：使晉襲於爾門。」公拜稽首，覺，召史嚚占之，對曰：「如君之言，則蓐收也，天之刑神也。」……六年，虢乃亡。

同樣一件事，《周語》記載的是虢國滅亡之前，堯的後裔丹朱降臨，預示虢國的滅亡。《晉語》說的是蓐收降臨在虢國，預示虢國滅亡。可見堯就是秋官蓐收，蓐收的樣子是白毛虎爪，其實就是五行西方的白虎。

而且鄭厲公明確稱虢叔爲司寇，虢氏在西周世代爲師（軍官），1974 年陝西扶風縣強家村發現 7 件青銅器，3 件屬虢季氏，原文寫作享，即郭，通虢，《春秋》昭公元年的虢，在《左傳》是虢，《公羊傳》是潹，《穀梁傳》是郭。〔註2〕

虢字左邊從爪從攴，是抓捕之象，右邊是虎，虎是白虎，俘虜是司寇所管。《周禮》秋官大司寇的屬官有掌囚，俘虜一般當成奴隸，所以其後又有司隸、罪隸、蠻隸、閩隸、夷隸、貉隸。《說文》卷五上：「虢，虎所攫畫明文也。」許慎說虢是老虎爪子畫出的痕跡，其實虢的本義是殺戮，虢音近割、契、虔等字，都是割殺之義。還有一個讀音很近的聝字，《左傳》僖公二十二年（前 638 年）：「楚子使師縉示之俘聝。」杜預注：「俘，所得囚，聝，所截耳。」《詩經‧大雅‧皇矣》：「聝，獲也。不服者，殺而獻其左耳曰聝。」聝字是割耳之象，也與殺戮有關。《說文》卷三下：「鞹，去毛皮也，《論語》曰虎豹之鞹。從革，郭聲。」剝皮是鞹，也讀作郭。此字其實與刮、刷、剠同源，也是虢的同源字。

三、丹朱好訟、好遊與司寇

堯的兒子丹朱的兩大缺點，可以證明堯出自司寇之族：

1.丹朱囂訟，《堯典》說：「放齊曰：胤子朱啓明。帝曰：吁！囂訟，可乎？」《說文》卷三上：「訟，爭也。」堯的兒子喜歡和人爭訟，古人多解釋爲品德問題。其實這是儒家對眞實歷史的改造，堯的兒子出自司寇之族，本來就是管理法律的職官，當然有爭訟之名，這和道德無關。

〔註2〕楊寬：《西周史》，第 366 頁。

2.丹朱好遊，《尚書‧益稷》禹說：「無若丹朱傲，惟慢遊是好，傲虐是作，罔晝夜頟頟。罔水行舟，朋淫於家，用殄厥世。」此處又說丹朱整日旅遊，呼朋喚友，爲何又說丹朱有這種愛好呢？其實原因也是因爲堯是秋官，請看《周禮》秋官大司寇之下，有一系列管理外交的官員，比如大行人、小行人、司儀、行夫、環人、象胥、掌客、掌訝、掌交等。因爲堯所在的秋官就是管理外交的，所以當然要整日出遊，呼朋喚友。後世把訴訟和交遊都當成了丹朱的罪行，眞是冤枉了恪盡職守的丹朱！

丹朱喜好旅遊的說法很早就有了，《周語》說周穆王的母親是因爲與丹朱交合，才生了周穆王，周穆王是中國古代最喜好旅行的君主，後世傳說他西遊到崑崙山，編造了《穆天子傳》。《穆天子傳》雖然是戰國人編造，但是其中有一些可信內容，其原型其實是周穆王西征犬戎，此處不能展開論證。〔註3〕

《尚書》說丹朱傲，其實應該是敖，《說文》卷六上：「敖，遊也。」此字即遨，原來應是指丹朱好遨遊，所以稱爲敖。正所謂成王敗寇，丹朱沒有成爲帝，就被後世人曲解爲傲慢。

楊樹達說，《堯典》可乎的乎用作語助詞在《尚書》之中絕少，說明此篇晚出，〔註4〕這是此篇故事爲後人敷衍改動的證據。

四、庚、唐與建鼓、諫鼓

堯是陶唐氏，唐字的由來可以證明堯是司寇之族。唐字的原形是一根木杆上有一個鼓形，上面的庚就是鼓。

關於庚字的來源，前人有很多說法，《說文》卷一四下：「位西方，象秋時萬物庚庚有實也。」但是何爲庚庚，不能解釋。李陽冰說庚字象人兩手把干，戴侗說：「庚蓋鍾類，故庸從之。」周伯琦說：「庚，鍾虡也，象形。」薛尚功認爲庚是秋季草木果實下垂之象，林義光認爲是車前橫木之形，郭沫若認爲庚原指一種可搖的樂器，以聲類求之，當是鉦，《說文》：「鉦，鐃也，似鈴，柄中，上下通。」又：「鐃，小鉦也。」《周禮‧地官‧鼓人》：「以金鐃止鼓。」鄭注：「鐃如鈴，無舌有秉，執而鳴之，以止擊鼓。」李孝定認爲庚原指貨郎鼓，也即撥浪鼓。唐健垣認爲庚的原意是鼗鼓或建鼓，鼗鼓即後世所謂撥浪鼓，《商頌‧那》：「置我鞉鼓，奏鼓簡簡。」可見殷人祭祀用鼓。

〔註3〕周運中：《〈穆天子傳〉所記的中西交通路線考》，待刊。

〔註4〕楊樹達：《積微居小學述林全編》，第93頁。

〔註5〕姚孝遂認爲撥浪鼓之說無據，商代未見此器，郭沫若之說正確，商代未見鍾，鍾由鉦發展而來。

又有學者認爲庚是米穀的象形，所以康是糠的本字。〔註6〕米穀之說最不可信，因爲實在不像。而且糠得名於米穀已空，康、空音近，現在東南地區很多方言還把空讀爲康，《爾雅・釋詁》：「塈、阬、滕、徵、隍、漮，虛也。」《方言》卷十三：「漮，空也。」所以康絕非來自米穀之形。今按：鉦是舌音，庚是牙音，讀音較遠。郭沫若雖然看出了庚是一種樂器，而且指出其形狀是中間有柄，但是解釋有誤。鼗鼓較小，建鼓很大，庚是原意應是建鼓。

建鼓是豎立在木杆上的大鼓，《漢書》卷七七《何並傳》：「（王）林卿既去，北度涇橋，令騎奴還至寺門，拔刀剝其建鼓。」顏師古注：「建鼓，一名植鼓。建，立也，謂植木而懸鼓焉。縣有此鼓者，所以召集號令，爲開閉之時。」建鼓既是官府門口的號令之鼓，也是戰時號令之鼓，《國語・吳語》：「載常建鼓，挾經秉枹，萬人以爲方陣。」韋昭注：「鼓，晉鼓也，《周禮》：將軍執晉鼓。建，謂爲楹而樹之。」《禮記・明堂位》：「殷，楹鼓。周，縣鼓」。注：「楹，貫之以柱也。」《隋書・音樂志》：「建鼓，夏后氏加足，謂之足鼓。殷人柱貫之，謂之楹鼓。周人懸之，謂之懸鼓。近代相承，植而貫之，謂之建鼓，蓋殷所作也。」

1978 年，湖北隨州曾侯乙墓出土了建鼓，鼓身長約 100 釐米，兩面蒙皮，鼓面直徑 80 釐米，鼓身中間垂直貫穿一根直徑 7 釐米的木柱，並牢固植於一個青銅盤龍鼓座上。河南方城縣漢墓畫像石中也出現了建鼓，〔註7〕山東沂南縣漢墓畫像石上也有建鼓，兩邊有人手持鼓槌敲鼓，章丘市危山漢代兵馬俑陪葬坑也出土了建鼓。徐衛民說，漢代的樂舞畫像石中，鼗、鼙可以同時有幾架，而建鼓往往僅有一架，建鼓高大，可知建鼓有領導地位。〔註8〕筆者認爲徐說精闢，建鼓確實有崇高地位。

〔註 5〕 唐健垣：《釋唐》，《金祥恒教授逝世週年紀念論文集》，1990 年，轉引自《古文字詁林》第 3 冊，第 757～758 頁。

〔註 6〕 林小安：《甲骨文「庚」字說解》，《古文字研究》第二十五輯，中華書局（北京），2004 年，第 11～13 頁。

〔註 7〕 魏仁華、劉玉生：《河南方城東關漢畫像石墓》，《文物》1980 年第 3 期。

〔註 8〕 徐衛民：《漢代樂舞百戲研究》，漢陽陵博物館編：《漢陽陵與漢文化研究》第二輯，三秦出版社，2012 年，第 39 頁。

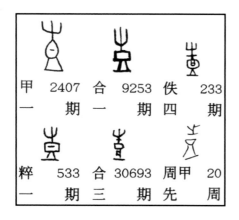

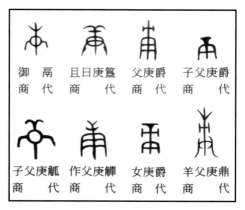

甲骨文的豈（鼓）、金文的庚

曾侯乙墓出土的建鼓復原圖、方城縣、沂南縣漢畫像石上的建鼓

漢畫像石樂舞圖中的建鼓

　　建鼓也是老百姓告狀之鼓，戰國楚簡《容成氏》簡 31 說：「禹乃建鼓於廷，以爲民之有欲告者鼓焉。撞鼓，禹必速出，冬不敢以滄辭，夏不敢以暑辭。」所以又名諫鼓，《淮南子‧主術》說：「堯置敢諫之鼓，舜立誹謗之木，湯有司直之人，武王立戒愼之鼗。」後世的登聞鼓就是由此而來，其實這是因爲堯本來就是出自司法之官氏。

　　上古音諫〔kean〕、建〔kian〕都是見母元部，唐字上面的庚的上古音是見母陽部〔keang〕，讀音很近，庚就是建鼓、諫鼓。鼓字左邊的豈，就是鼓的象形，對比庚字，可以發現二字的上部很像，只有下面不同，因爲庚是建鼓，所以下面是木杆，而豈的下面是鼓座。

　　豈的原意是鼓，引申爲得勝歸來的凱歌，《說文》卷五上：「豈，還師振旅樂也。」段玉裁注：「經傳皆作愷。」《左傳》僖公二十八年（前 532 年）：「振旅愷以入於晉。」愷歌擊鼓，所以稱爲凱歌。愷加心旁，表示歡樂。

　　如果下面加上四點，就是康，康是鼓聲，所以康是康樂之意。因爲庚是高懸的鼓，所以表示聲音的四點是在康的下方，而同樣表示鼓聲的彭字的三點就是在旁邊，因爲彭是一般的鼓發出的聲音。《詩經‧唐風‧蟋蟀》：「無已大康，職思其居。好樂無荒，良士瞿瞿……無已大康，職思其外。好樂無荒，良士蹶蹶……無已大康，職思其憂。好樂無荒，良士休休。」前一句說無已大康，後一句說好樂無荒，說明康即樂。

　　庚字下面加上用字，就是庸字，有些學者認爲庸的本義是指樂器甬鍾，筆者認爲甬字的本義是甬鍾，庸也是編鍾，但是庚字本義不是編鍾。還有學者認爲中字的本義是建鼓，〔註9〕筆者認爲不確，中字中間的圓圈原來是對中間位置的指示，並不是鼓形。如果是表示建鼓，中間的圓圈應該很大，但是中字中間的圓圈很小。黃德寬認爲中的本義是檢測風向的器具，〔註10〕筆者認爲此說較爲合理。

　　建鼓或是正名，建字本義是豎立木杆。〔註11〕唐堯出自司寇之族，司法是其本職，司法要用大鼓顯示威儀，故名唐氏。後人不明遠古的五行聯盟真相，把帝堯當成後世的一般君主，所以用後世的臣下進諫來思度古人，稱爲諫鼓。

　　《禮記‧明堂位》：「土鼓蕢桴葦籥，伊耆氏之樂也。」這是此篇唯一提

〔註 9〕蕭兵：《中庸的文化省察：一個字的思想史》，湖北人民出版社，1997 年。
〔註10〕黃德寬：《卜辭所見「中」字本義試說》，《開啓中華文明的管鑰：漢字的釋讀與探索》，北京師範大學出版社，2011 年，第 147～154 頁。
〔註11〕裘錫圭：《古文字論集》，第 354 頁。

到的伊耆氏樂器，可見後世記住伊耆氏最重要的樂器是鼓。

陶唐氏在今山東西部時，已有陶唐氏之名，其後向西北擴展，才把陶唐氏之名帶到西北，所以《左傳》哀公六年孔子引《夏書》曰：「惟彼陶唐，帥彼天常，有此冀方。今失其行，亂其紀綱，乃滅而亡。」說明在陶唐氏擴張到冀州之前，已有陶唐之名。

後世有很多學者認爲陶唐氏居住在陶丘，即今山東定陶縣。陶丘是陶唐之丘的簡稱，《山海經》末篇《海內經》說：「有九丘，以水絡之：名曰陶唐之丘、有叔得之丘、孟盈之丘、昆吾之丘、黑白之丘、赤望之丘、參衛之丘、武夫之丘、神民之丘。」昆吾之丘在濮陽古城之西，這九丘其實都在定陶附近。不過這是陶唐氏的遷居地，不是原居地。

陶唐氏的初居地不應是陶丘，因爲《左傳》、《逸周書》都稱爲唐人、唐氏，後世簡稱爲唐堯，又有唐虞之稱，《漢書·律曆志》的《世經》說：「《帝系》曰：帝嚳四妃，陳豐生帝堯，封於唐。」唐是原初族名，筆者認爲陶唐氏的原居地就是高唐，高唐與高陽、高辛一樣都是在族名之前加上高字。高是宮殿，表示宗主地位。

古高唐縣城在今山東高唐縣東部的固河鎮，《太平寰宇記》卷十九齊州禹城縣引闞駰《十三州志》說漢代的古高唐縣在平原郡南五十里，《史記·田敬仲完世家》齊威王說：「吾臣有盼子者，使守高唐，則趙人不敢東漁於河。」高唐是齊國西界，其南不遠就是教場鋪古城群，所以教場鋪古城群很可能就是唐堯一族的原居地。張學海先認爲教場鋪古城群屬虞舜一族，〔註 12〕又認爲景陽岡古城群屬虞舜一族。〔註 13〕今按景陽岡古城群確屬堯舜一族，詳見下一章，但是他仍然沒有發現教場鋪古城群屬唐堯一族。

山東臨沂銀雀山漢簡《孫臏兵法·見威王》說：「故堯伐負海之國，而後北方民得不苟。」這說明堯所居之地北方是大海，高唐之北不遠在當時正是海灘，戰國之前還沒有城邑，這說明堯所居在高唐附近。

投奔顓頊的四支少皞氏族有三支出自景陽岡、教場鋪古城群，唐堯出自少皞司寇，《左傳》昭公十七年郯子說：「爽鳩氏，司寇也。」《爾雅·釋鳥》：「鷹，鶆鳩。」郭璞曰：「鶆當爲爽，字之誤耳。《左傳》作爽鳩，是也。」

〔註 12〕 張學海：《魯西兩組龍山文化城址的發現及對幾個古史問題的思考》，《華夏考古》1995 年第 4 期。

〔註 13〕 張學海：《東土古國探索》，《華夏考古》1997 年第 1 期。

唐氏的圖騰原來應是鷹，這和司寇的身份相符。揚雄《方言》卷二說：「攔，梗，爽，猛也。晉魏之間曰攔，韓趙之間曰梗，齊晉曰爽。」〔註14〕齊國人把猛叫爽，所以爽鳩很可能就是猛鳩之意。

《左傳》昭公二十年晏子說爽鳩氏始居齊都（在今淄博市），爽鳩氏之地不太可能從淄博一直延伸到高唐，所以很可能是在九黎西侵之後西遷到荏平、高唐一帶。龍山文化時期在山東泰沂山地北麓出現了一線排開的四座古城，鄒平縣丁公古城、章丘市城子崖古城、淄博田旺古城、壽光市邊線王古城，反映此地戰爭激烈，很可能是因為面對來自東南九黎與西北炎帝兩方面的壓力。

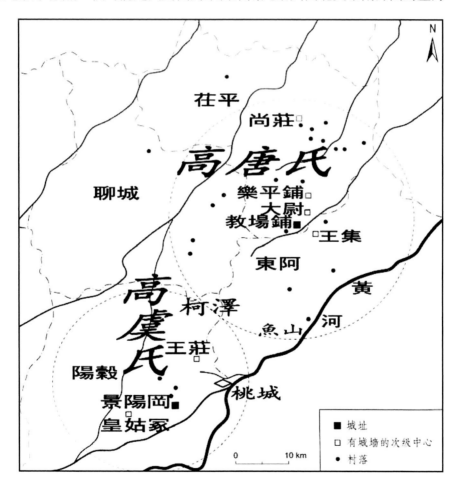

高唐氏與高虞氏地域〔註15〕

〔註14〕　〔漢〕揚雄著、周祖謨校箋：《方言校箋》，第15頁。
〔註15〕　本圖的底圖引自劉莉：《中國新石器時代：邁向早期國家之路》第189頁，桃

第二節　羲和四子分遷與堯、舜西征

《堯典》在介紹堯之後的第一個故事是羲和四子分遷四方，原文說：

乃命羲和，欽若昊天，曆象日月星辰，敬授人時。

分命羲仲，宅嵎夷，曰暘谷。寅賓出日，平秩東作。日中、星鳥，以殷仲春。厥民析。鳥獸孳尾。

申命羲叔，宅南交。平秩南訛。敬致。日永、星火，以正仲夏。厥民因。鳥獸希革。

分命和仲，宅西，曰昧谷。寅餞納日，平秩西成；宵中、星虛，以殷仲秋。厥民夷；鳥獸毛毨。

申命和叔，宅朔方，曰幽都。平在朔易；日短、星昴，以正仲冬。厥民隩；鳥獸氄毛。

帝曰：咨！汝羲暨和，朞三百有六旬有六日，以閏月定四時成歲。

允釐百工，庶績咸熙。

羲和氏分遷的歷史原型其實就是堯時部族大遷徙，因為發生了大洪水，聊城地區受到大災，所以高辛氏、虞氏、唐氏等大舉遷徙，古籍之中記載很多：

一、高辛氏的分遷

《左傳》昭公元年子產說：

昔高辛氏有二子，伯曰閼伯，季曰實沈，居於曠林，不相能也。日尋干戈，以相征討。後帝不臧，遷閼伯於商丘，主辰。商人是因，故辰為商星。遷實沈於大夏，主參，唐人是因，以服事夏、商。其季世曰唐叔虞。

由於堯就在帝嚳高辛氏之後，所以前人一般認為此處所說的後帝就是堯。此時高辛氏後裔分為兩支，一支在商丘（今河南商丘），一支西遷到晉國的始封地唐（今山西曲沃、翼城）。而且兩支分別主司天上的東宮、西宮，顯然和《堯典》羲和氏四子在各地管理天文故事吻合。當然，當時分離的部族很多，不止高辛氏一支。

高辛氏西遷，在陝西省合陽縣也留下了一個莘，隔河就是山西，所以很

城、魚山、高唐氏、高虞氏四個地名為筆者添加。

可能是汾水下游的高辛氏西遷所建。

二、堯西征崇、鄶、敖

其實《莊子》裏也記載了堯時東方部族大舉西征之事，只不過被後世人忽視了，《齊物論》說：

> 故昔者堯問於舜曰：「我欲伐宗、膾、胥敖，南面而不釋然。其故何也？」舜曰：「夫三子者，猶存乎蓬艾之間。若不釋然，何哉？昔者十日並出，萬物皆照，而況德之進乎日者乎！」

《人間世》說：

> 且昔者堯攻叢、枝、胥敖，禹攻有扈，國爲虛厲，身爲刑戮。其用兵不止，其求實無已。

前一處說堯攻宗、膾、胥敖，後一處說堯攻叢、枝、胥敖，顯然是一事，這三地在何處呢？

1.宗就是叢，其實宗就是崇，也即《國語·周語》有崇伯鯀的崇，即嵩山的嵩，《詩經·大雅·嵩高》：「嵩高維岳，駿極於天。」崇是鯀的氏族名，夏是部族名。至此我們才明白，所謂堯舜殺鯀其實是一場部族戰爭。

2.枝應是桂之形訛，桂是鄶的音訛，桂、鄶音近，膾也即鄶。鄶國在今新密，堯要攻崇，必須先要攻打鄶。

3.胥敖應是囂隞，省作囂，又省作隞。《史記·殷本紀》：「帝中丁遷於隞。」《集解》引皇甫謐曰：「或云河南敖倉是也。」《索隱》說「隞亦作囂。」《正義》引《括地志》云：「滎陽故城在鄭州滎澤縣西南十七里，殷時敖地也。」《水經注》卷七《濟水》：「濟水又東，逕敖山北，《詩》所謂薄狩於敖者也。其山上有城，即殷帝仲丁之所遷也。皇甫謐《帝王世紀》曰：仲丁自亳，徙囂於河上者也，或曰敖矣。秦置倉於其中，故亦曰敖倉城也。」敖在今滎陽市北部，據說已經被黃河沖毀。〔註16〕

莊子說堯攻打這三地，損失很大，說明堯開始很可能是想遷往這三地，但是沒有成功，於是西遷山西南部。所以《逸周書·史記》說唐氏滅共工、西夏，上文在第四章第三節已有提到，下文在大禹西征部分還會提到。

《呂氏春秋》卷二十《行論》說：

〔註16〕陳隆文：《鄭州歷史地理研究》，中國社會科學出版社，2011 年，第 54～56 頁。

堯以天下讓舜。鯀爲諸侯，怒於堯曰：「得天之道者爲帝，得地之道者爲三公。今我得地之道，而不以我爲三公。」以堯爲失論。欲得三公。怒甚猛獸，欲以爲亂。比獸之角，能以爲城。舉其尾，能以爲旌。召之不來，仿佯於野，以患帝。舜於是殛之於羽山，副之以吳刀。禹不敢怨，而反事之，官爲司空，以通水潦，顏色黎黑，步不相過，竅氣不通，以中帝心。

此處說鯀想當三公不成，所以反抗堯，舜殺鯀，但是禹臣服於舜，得任司空，治理洪水。說明有崇氏歸附堯、舜，但還有勢力。

鯀反抗堯、舜的歷史記載在《山海經》中，《大荒北經》說：「有鯀攻程州之山。」此條在此篇前面，上文有肅慎、大人，下文又有河、濟、北海（即渤海）之渚，說明此地在中原東北的河北平原。鯀向東北進攻，可能就是與其反抗堯、舜有關。

三、有虞氏的西遷

《堯典》講述羲和四子分遷時說：「分命和仲，宅西，曰昧谷。」這個昧谷可能不是虛指，因爲在平陸縣有郟城，郟、昧可通，《太平寰宇記》卷六陝州平陸縣：「郟城，在縣東北二十里。《左傳》僖公二年（前 658 年），晉荀息曰：冀爲不道，入自顚，伐郟、三門。杜注：河東大陽縣東有。又注云：冀伐虞至郟，郟，虞邑也。其城周四里。」

《水經注》卷四《河水》說：

河水又東，逕大陽縣故城南……河水又東，沙澗水注之。水北出虞山，東南逕傅岩……傅岩東北十餘里，即巔軨阪也，《春秋左傳》所謂入自巔軨者也。有東西絕澗，左右幽空，窮深地壑，中則築以成道，指南北之路，謂之爲軨橋也。傳說傅隱，止息於此，高宗求夢得之是矣。橋之東北有虞原，原上道東有虞城，堯妻舜以嬪於虞者也。周武王以封太伯後虞仲於此，是爲虞公。《晉太康地記》所謂北虞也……其城（虞城）北對長阪二十許里，謂之虞阪。戴延之曰：自上及下，七山相重。《戰國策》曰：「昔騏驥駕鹽，東上於虞阪，遷延負轅而不能進。」此蓋其困處也。橋之東北出溪中，有小水，西南流注沙澗，亂流逕大陽城東，河北郡治也。澗水南流注於河。河水又東，左合積石、土柱二溪，並北發大陽之山，南流入於河。

是山也，亦通謂之爲薄山矣。故《穆天子傳》曰：「天子自鹽。己丑，南登於薄山竇軨之隥，乃宿於虞。」是也。又東過砥柱間。砥柱，山名也。昔禹治洪水，山陵當水者鑿之，故破山以通河。河水分流，包山而過，山見水中，若柱然，故曰砥柱也。三穿既決，水流疏分，指狀表目，亦謂之三門矣。山在虢城東北，大陽城東也。

　　虞城是虞舜一族西遷之地，所以郔可能就是昧谷所在。因爲虞舜從此地西遷到河東，所以在河東留下了很多虞舜的傳說遺蹟，其實都是東方的虞舜傳說的西移，《水經注》卷四《河水》說：

又南過蒲坂縣西……皇甫謐曰：舜所都也。或言蒲坂，或言平陽及潘者也。今城中有舜廟……郡南有歷山，謂之歷觀，舜所耕處也。有舜井。嬀、汭二水出焉。南曰嬀水，北曰汭水。西逕歷山下，上有舜廟。周處《風土記》曰：舊說，舜葬上虞。又記云：耕於歷山，而始寧、剡二縣界上，舜所耕田於山下，多柞樹，吳越之間名柞爲櫪，故曰歷山。余案：周處此《志》爲不近情，傳疑則可，證實非矣。安可假木異名，附山殊稱，強引大舜，即比寧壞。更爲失志記之本體，差實錄之常經矣。歷山、嬀汭言是，則安於彼乖矣。《尚書》所謂釐降二女於嬀汭也。孔安國曰：居嬀水之內。王肅曰：嬀汭，虞地名。皇甫謐曰：納二女於嬀水之汭。馬季長曰：水所入曰汭。然則汭似非水名。而今見有二水，異源同歸，渾流西注入於河。河水南逕雷首山西。山臨大河，北去蒲坂三十里。《尚書》所謂壺口、雷首者也。俗亦謂之堯山。山上有故城，世又曰堯城。闞駰曰：蒲坂，堯都。按《地理志》曰：縣有堯山、首山祠，雷首山在南。事有似而非，非而是，千載眇邈，非所詳耳。又南，涑水注之。水出河北縣雷首山……其水西南流，亦曰雷水。《穆天子傳》曰：壬戌，天子至於雷首。犬戎胡觴天子於雷首之阿，乃獻良馬四六，天子使孔牙受之於雷水之干是也。

　　後世的虞舜遺蹟太多，周處《風土記》說浙江的上虞是舜的葬處，自從秦漢之後上虞被附會爲虞舜所居，連歷山都出現了。酈道元說上虞不是虞舜所居，是後人牽強附會。他說河東蒲坂縣的歷山才是，其實酈道元不知道此地的歷山也是虞舜後裔西遷之後形成的地名。河東又有雷水，其實是濮陽東南的雷澤西遷的地名。又有堯城，也是堯族西遷形成的地名。

　　晉國假道伐虢，又伐虞，到郟，又到三門，說明從虢，渡過三門峽，到
郟、虞是一條交通要道。這條交通要道還是河東鹽池的鹽南運的要道，所以
《戰國策》說：「昔騏驥駕鹽，東上於虞阪，遷延負轅而不能進。」鹽是人類
生活中最重要的資源，控制了鹽池，也就能成為中原的霸主。神農、炎帝、
蚩尤就是因為佔據了鹽池，才成為中原的領袖。因此大禹治河前後，東方的
堯舜、祝融等族西遷，佔據了河東地區，東方部族與共工氏等西方部族在山
西南部戰爭，兩敗俱傷。夏所在的地區不僅沒有受災，而且增加了很多人口，
夏朝趁機向其西北擴張，於是成為中原霸主，建立了夏朝。

　　虞舜西征到中條山，路過今河南省西北部，所以在今濟源縣、垣曲縣都
有虞舜傳說，垣曲縣有歷山和舜王坪。

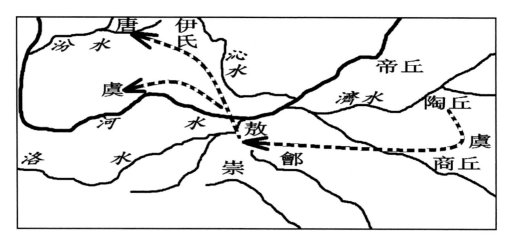

高辛氏、陶唐氏、有虞氏西遷示意圖

　　可見堯的時代，高辛氏、陶唐氏、有虞氏從山東西部向山西南部擴張，
攻滅共工氏、西夏氏等西北部落。

　　近代學者開始嘗試利用《堯典》記載的星象來確定此事的時間，但是爭
論很多，關於四方星象是在一地測出還是在四地測出有爭論，如果是在一地
或四地測量，這一地或四地在何處也無法確定，觀察時間也無法確定。所以
筆者認為通過天文學來確定《堯典》此事的時間是很難的，前人的結論有公
元前 2250 年、2357 年、2300 年、距今 4000 年前、4900 到 3410 年前等，無
法取得共識。〔註17〕

<hr>

〔註17〕徐鳳先：《十九世紀以來關於中國天文學起源的研究》，江林昌、朱漢民、楊

五、堯與陶寺晚期文化

　　山西襄汾縣的陶寺遺址被很多學者認爲是堯的都城，筆者認爲陶唐氏是從山東西遷到此，所以陶寺中晚期遺址是陶唐氏西遷之後的都城。在陶寺中期城址東南部發現了約在公元前 2100 年的大型夯土臺，原形的土臺有三層臺基，原來有三道土牆，最上層臺東部有一組弧形排列的夯土柱，其間的縫隙用於觀測天象。〔註18〕在公元前 2100 年左右，太陽升起一半時，夏至日太陽位於 E12 縫右部，冬至日太陽位於 E2 縫正中。〔註19〕十二個縫隙是一年日出方向，類似英國的巨石陣等設施，以方位均分的建築來觀測日出方向。〔註20〕

　　陶寺晚期遺址發現了朱書背壺，上面有兩個字，一個字顯然是文，另一個字有爭論，羅琨釋爲易，〔註21〕馮時釋爲邑，他認爲文邑是夏都，此時已是夏朝。〔註22〕葛英會釋爲堯，堯字上面是土，下面是人。〔註23〕

　　因爲堯的西遷，所以後世出現堯北教八狄的傳說，《墨子·節葬下》說：「昔者堯北教乎八狄，道死，葬蛩山之陰……舜西教乎七戎，道死，葬南己之市……禹東教乎九夷，道死，葬會稽之山。」墨子說堯到北方教育狄人，死在路上，葬在蛩山，所謂的蛩山，其實就是恒山，讀音相近。後世的河北省唐縣附近出現了很多和堯有關的地名及傳說，其實這是堯族向晉地遷徙的結果。所謂舜到西方教育戎人的傳說也是因爲有虞氏西遷而產生，大禹當然不可能到會稽山，但是大禹曾經向東南，到淮河邊的塗山會盟。塗山在當時來說，已經是中原的極東南方了。隨著越人的漢化及徐人的南遷越地，又出

朝明、宮長爲、趙平安、黃懷信主編：《中國古代文明研究與學術史：李學勤教授伉儷七十壽慶紀念文集》，第 298～304 頁。

〔註18〕中國社會科學院考古研究所山西隊、山西省考古研究所、山西臨汾市文物局：《山西襄汾縣陶寺城址發現陶寺文化大型建築基址》，《考古》2004 年第 2 期。中國社會科學院考古研究所山西隊、山西省考古研究所、山西臨汾市文物局：《山西襄汾縣陶寺城址祭祀區大型建築基址 2003 年發掘簡報》，《考古》2004 年第 7 期。

〔註19〕武家璧、陳美東、劉次沅：《陶寺觀象臺遺址的天文功能與年代》，《中國科學》2008 年第 9 期。

〔註20〕劉次沅：《陶寺觀象臺遺址的天文學分析》，《天文學報》2009 年第 1 期。

〔註21〕羅琨：《陶寺陶文考釋》，《中國社科院古代文明研究中心通訊》第 2 期，2001年。

〔註22〕馮時：《文邑考》，《考古學報》2008 年第 3 期。

〔註23〕葛英會：《破譯帝堯名號，推進文明探源》，《古文字與華夏文明》，上海古籍出版社，2010 年，第 141～146 頁。

現了大禹到會稽的傳說。

春秋時期的中山國是白翟所建，唐縣還在白翟之北，當然更是狄地。但是堯北到狄地不一定要等到唐人北遷唐縣才出現，因爲山西南部原來也都是戎狄之地，《左傳》昭公十五年（前627年），晉大夫籍談說：「諸侯之封也，皆受明器於王室，以鎮撫其社稷，故能薦彝器於王。晉居深山，戎狄之與鄰，而遠於王室。王靈不及，拜戎不暇，其何以獻器？」他說晉國初封之時，周圍全是戎狄。周景王因而批評他說：「叔氏，而忘諸乎？叔父唐叔，成王之母弟也，其反無分乎？密須之鼓，與其大路，文所以大蒐也。闕鞏之甲，武所以克商也。唐叔受之以處參虛，匡有戎狄。」籍談的祖先是史官，所以周景王說：「籍父其無後乎！數典而忘其祖。」《左傳》定公四年（前506年）子魚說：「分唐叔以大路，密須之鼓，闕鞏，沽洗，懷姓九宗，職官五正。命以《唐誥》，而封於夏虛，啓以夏政，疆以戎索。」因爲山西南部原來是戎狄之地，所以說疆以戎索。所以堯死於去狄地路上的說法，其實就是唐堯西遷的反映。

堯有後代居住在河南北部，《魏書》卷七《高祖紀》說北魏孝文帝拓跋宏太和元年（477年）十月：「丁亥，懷州民伊祁苟初，自稱堯後應王，聚眾於重山，洛州刺史馮熙討滅之。」懷州在今河南省西北部，治今沁陽縣。可能因爲堯、舜族人西征，有一支經過今河南省北部，所以在今衛輝留下陶水（今百泉河）之名，見《水經注》卷九《清水》，涿鹿城南的沼澤叫吳澤，可能即虞澤。

河南西北部的伊祁氏，也有可能源自晉人的東遷。《史記·周本紀》說周武王滅商之後封：「黃帝之後於祝，帝堯之後於薊。」但是《呂氏春秋》卷十五《慎大》說：「封黃帝之後於祝鑄，帝堯之後於黎。」薊音近耆，耆即黎，所以堯之後在黎，即今山西長子縣。上文說過，山西的黎可能是山東的九黎西遷形成。耆即伊耆氏之省，耆又通祁，所以山西有祁縣。

伊耆氏（伊祁氏）可簡稱伊氏，見於楚簡《子羔》。今山西安澤縣在先秦有地名伊氏，或即伊耆氏（伊祁氏）西遷形成，其東就是長子縣。漢代爲猗氏縣，由此我們又想到今山西臨猗縣南部原來的古縣猗氏縣可能也是伊氏。猗氏縣西即蒲坂，有虞氏西遷到蒲坂時，還有唐堯之族比鄰而居。

第八章　木正句芒高虞氏帝舜

　　在司馬遷的《史記‧五帝本紀》記載的故事裏，舜是一個從草根奮鬥到最高領導人的傳奇人物，他在年輕時候非常窘迫，但是無比孝順，於是堯把女兒嫁給他，舜終於當官並成為堯的繼承人。這個故事固然十分傳奇，也非常富有儒家的教育意義。但是一個老百姓通過選舉變成最高領導人的故事只能發生在現代，絕不可能發生在遠古時代。正像很多奇妙的故事一樣，這個故事是假的，是後人逐漸編造出來，又被儒家正式改造成為經典。

　　《史記‧五帝本紀》說：

　　　　虞舜者，名曰重華。重華父曰瞽叟，瞽叟父曰橋牛，橋牛父曰句望，
　　　　句望父曰敬康，敬康父曰窮蟬，窮蟬父曰帝顓頊，顓頊父曰昌意：
　　　　以至舜七世矣。自從窮蟬以至帝舜，皆微為庶人。

　　　　舜父瞽叟，盲，而舜母死，瞽叟更娶妻而生象，象傲。瞽叟愛後妻
　　　　子，常欲殺舜，舜避逃。及有小過，則受罪。順事父及後母與弟，
　　　　日以篤謹，匪有解……舜父瞽叟頑，母嚚，弟象傲，皆欲殺舜。舜
　　　　順適不失子道，兄弟孝慈。欲殺，不可得；即求，嘗在側。舜年二
　　　　十以孝聞……瞽叟尚復欲殺之，使舜上塗廩，瞽叟從下縱火焚廩。
　　　　舜乃以兩笠自扞而下，去，得不死。後瞽叟又使舜穿井，舜穿井為
　　　　匿空旁出。舜既入深，瞽叟與象共下土實井，舜從匿空出，去。瞽
　　　　叟、象喜，以舜為已死。象曰：「本謀者象。」象與其父母分，於是
　　　　曰：「舜妻堯二女，與琴，象取之。牛羊倉廩予父母。」象乃止舜宮
　　　　居，鼓其琴。舜往見之。象鄂不懌，曰：「我思舜正鬱陶！」舜曰：
　　　　「然，爾其庶矣！」舜復事瞽叟愛弟彌謹。

　　照此記載，舜是七世平民，舜的媽媽死了，他的爸爸瞽叟是個盲人，又娶一妻，生了舜的弟弟象。瞽叟愛他的後妻，要殺舜，舜就逃跑。舜有小過錯，就受到瞽叟的懲罰。舜卻對他的爸爸和後媽反而一天比一天孝順，看似不可思議，當然也是文學的情節需要。即使有一個人拼命要殺自己兒子，這個兒子也不可能一天比一天還要孝順。即使這個兒子如此恩將仇報地對待自己的生父，他怎麼可能對待要殺自己的後媽更好呢？瞽叟有一次要舜去糧倉上去修補頂蓋，自己在下面放火，舜把斗笠夾在腋下跳下來。瞽叟又叫舜去挖井，瞽和象從上面填土，舜從井底挖地道逃出來。象以爲舜死了，還霸佔了舜的妻子。經過這件事，舜反而更愛象，這當然都不合情理。既然舜的妻子是帝堯的女兒，哪能說被霸佔就被霸佔？因爲這個故事是儒家爲宣揚孝道而改編，所以破綻很多。馬森指出，這個故事中的瞽瞍已是一個謀殺親子的惡人，居然不受到譴責，因此不可能發生在遠古時期，只能產自父權至上的周文化。〔註1〕古人也有懷疑，《淮南子・泰族》說：「故舜放弟，周公殺兄，猶之爲仁也。」說明古人曾經認爲舜報復了弟弟象。

　　其實除去其中荒誕不經、敷衍枝蔓的細節，後母完全是爲了象和舜的鬥爭而製造出來，而象和舜的鬥爭又是來自舜的姓氏嬀，嬀字從爲，爲的原型就是以手牽象，也就是制服大象，所以才編造出了舜制服象的傳說。其實原來不過是因爲舜的部族中有一支馴象的氏族而已，詳見下文。

第一節　舜父瞽叟爲天官樂正

　　舜的父親是瞽叟，絕非一個普通盲人，而是高貴的樂官，舜的祖先世代都是樂官。清代揚州學派奇才汪中著有《瞽瞍說》，寥寥數語，道破天機：

> 舜之父，見於《堯典》者曰瞽而已。《左氏傳》、《孟子》、《呂氏春秋》、《韓非子》則皆曰瞽瞍，此非其名，乃官也！
>
> 《春官》瞽矇有上瞽、中瞽、下瞽，《周頌》謂之矇瞍，《周語》曰：「瞽告協風至。」《左氏傳》師曠曰：「吾驟歌北風，又歌南風。」
>
> 《鄭語》曰：「虞幕能聽協風，以成樂物生者也。」《左氏傳》曰：「自幕至于瞽瞍，無違命。」然則瞽之掌樂，固世官而宿其業，若虞夏

〔註1〕 馬森：《中國文化的基層架構》，聯經出版事業股份有限公司，2012年，第36頁。

之后夔矣，不必其父子祖孫皆有廢疾也。

《呂氏春秋》古樂篇曰：「帝堯立，乃命質爲樂。質乃效山林溪谷之
音以歌，乃以麋軲置缶而鼓之，乃拊石擊石，以象上帝玉磬之音，
以致舞百獸。瞽叟乃拌五弦之瑟，作以爲十五弦之瑟。命之曰《大
章》，以祭上帝。舜立，仰延，乃拌瞽叟之所爲瑟，益之八弦，以爲
二十三弦之瑟。」是其據也。

唐虞之際，官而不名者三：四嶽也，共工也，瞽也。司馬子長易其
文曰盲者子，失之矣！

　　汪中說舜的父名瞽，不是人名，而是樂官名，舜家世代都是樂官。他的
證據很多，完全可以成立，所以他最後批評司馬遷把瞽當成一個盲人，是寫
錯了。﹝註2﹞支持此說的論據還有很多，下面我們再作補充。汪中說的《周頌》
矇瞍，應是《大雅・靈臺》所說：「於論鼓鐘，於樂辟廱。鼉鼓逢逢，矇瞍奏
公。」公讀爲頌，即奏頌。汪中誤記的是《周頌・有瞽》：

有瞽有瞽，在周之庭。設業設虡，崇牙豎羽，應田縣鼓，鞉磬柷圉。

既備乃奏，簫管並舉。喤喤厥聲，肅雝和鳴，先祖是聽。

周人祭祀先祖，瞽要準備各種樂器，還要演奏。

　　舜的父親是樂官，已爲出土文獻證明。上海博物館藏戰國楚竹書《子羔》
開頭說：

以又（有）吳（虞）是（氏）之樂正□□之子。子羔曰：可（何）
古（故）以得爲帝？

　　從下文可知，此處說有虞氏的舜爲帝，是樂正之子。簡文樂正之名，馬
承源釋爲父子二人，前一字釋爲質，後一字未釋，《呂氏春秋・古樂》說堯的
樂官名爲質，高誘注：「質當爲夔。」夔即質之音轉，質是夔指子。﹝註3﹞陳
劍以爲二字是一人之名，曹建國釋後一字爲夔，連讀爲質夔。﹝註4﹞周鳳五釋
前一字爲兔，釋後一字爲変之形訛，即瞽叟。﹝註5﹞王暉釋爲古寏之形訛，即

﹝註2﹞　﹝清﹞汪中：《新編汪中集》，廣陵書社，2005 年，第 352 頁。
﹝註3﹞　馬承源主編：《上海博物館藏戰國楚竹書（二）》，上海古籍出版社，2002 年，
　　　　第 184～185 頁。
﹝註4﹞　曹建國：《讀上博簡〈子羔〉札記》，簡帛研究網 2003 年 1 月 12 日。
﹝註5﹞　周鳳五：《楚簡文字零釋》，苗栗育達商業技術學院應用中文系第一屆應用出
　　　　土資料國際學術研討會，2003 年 4 月 26 日。見季旭升主編、陳美蘭、蘇建洲、
　　　　陳嘉淩合撰：《上海博物館藏戰國楚竹書（二）讀本》，萬卷樓圖書股份有限

瞽矇。〔註6〕楊澤生釋爲貴叟之形訛，即夔叟，又誤以爲文獻之中沒有舜父爲樂正的記載。〔註7〕蘇建洲釋爲古叜之形訛，即瞽叟，〔註8〕此說可從，瞽叟是樂正。其實瞽爲樂正在先秦文獻之中多有記載，而且瞽的地位很高。

即使沒有出土文獻，各種傳世文獻也可確證瞽是樂官。遠古的生產不發達，爲了不給社會增加負擔，要儘量利用一切人力，於是各種殘疾人也被安排相應工作，《國語・晉語四》胥臣說：

> 蘧蒢不可使俯，戚施不可使仰，僬僥不可使舉，侏儒不可使援，矇瞍不可使視，嚚瘖不可使言，聾聵不可使聽，童昏不可使謀……官師之所材也，戚施直鎛，蘧蒢蒙璆，侏儒扶盧，矇瞍修聲，聾聵司火。童昏、嚚瘖、僬僥，官師之所不材也，以實裔土，夫教者，因體能質而利之者也。

矇瞍即盲人，盲、矇、冥、蒙、夢等字音近義通，是同源字，〔註9〕《周禮》瞽矇的矇就是蒙。盲人對聲音很敏感，所以被安排做音樂官，修聲就是管理音樂音官。至今還有很多盲人以音樂爲生，阿炳（華彥鈞）就是盲人音樂家。後來把樂官都稱爲瞽矇，不一定都是盲人。

《國語・周語上》說：

> 宣王即位，不籍千畝。虢文公諫曰：「不可。夫民之大事在農，上帝之粢盛於是乎出，民之蕃庶於是乎生，事之供給於是乎在，和協輯睦於是乎興，財用蕃殖於是乎始，敦厖純固於是乎成，是故稷爲大官。古者，太史順時脈土，陽癉憤盈，土氣震發，農祥晨正，日月底於天廟，土乃脈發……先時五日，瞽告有協風至，王即齋宮，百官御事，各即其齋三日……是日也，瞽帥音官以風土。

籍禮是古代的一項重要典禮，由周天子親自領銜出席，象徵一年農事的開始。作爲樂官的瞽，也要參與典禮。而且禮儀五日之前，瞽就要預告協風的到來，以便天子和百官沐浴齋戒，並且準備各種器具。在典禮那天，瞽還要帶領一群音官從事風土的活動，音官大概是《周禮》中瞽蒙前後的那批音

公司，2003年，第29頁。

〔註6〕王暉：《出土文獻資料與五帝新證》，《考古學報》2007年第1期。

〔註7〕楊澤生：《戰國竹書研究》，中山大學出版社，2009年，第160～163頁。

〔註8〕蘇建洲：《上海博物館藏戰國楚竹書（二）校釋》，花木蘭文化出版社，2006年，第319頁。

〔註9〕王力：《同源字典》，第245～248頁。

樂官員，風土可能是通過音樂來模擬自然的風，達到鬆動土壤、開啓農業的
目的。

《國語·晉語八》說：

> （晉）平公說新聲，師曠曰：「公室其將卑乎！君之明兆於衰矣。夫
> 樂以開山川之風也，以耀德於廣遠也。風德以廣之，風山川以遠之，
> 風物以聽之，修詩以詠之，修禮以節之。夫德廣遠而有時節，是以
> 遠服而邇不遷。」

晉平公歡喜聽新式音樂，樂師曠說樂的作用是開山川之風的，開山川似
乎比風土的活動範圍要大，性質差不多。風德以廣之、風山川以遠之、風物
以聽之的風指音樂，最後的修詩以詠之指創作詩歌。

奏樂和誦詩最初都是瞽矇的職能，矇實際是從瞽分化出的職官，瞽成爲
音樂官員的主管，誦的具體職責就由矇來承擔。矇誦的是配樂的詩，這是《詩
經》的源頭。

古代的瞽、矇、瞍等音樂官員還參與中央政治，《楚語上》說：

> 左史倚相廷見申公子亹，子亹不出，左史謗之，舉伯以告。子亹怒
> 而出，曰：「女無亦謂我老耄而舍我，而又謗我！」左史倚相曰：「……
> 昔衛武公年數九十有五矣……在輿有旅賁之規，位寧有官師之典，
> 倚几有誦訓之諫，居寢有褻御之箴，臨事有瞽、史之導，宴居有師
> 工之誦。史不失書，矇不失誦，以訓御之，於是乎作《懿》戒以自
> 儆也。及其沒也，謂之睿聖武公……」子亹懼，曰：「老之過也。」
> 乃驟見左史。

申公子亹不在朝廷上會見楚國左史倚相，倚相就把自己的崇高地位講述
了一番，他說到君主臨事有瞽、史的教導，宴會和休閒有樂師和樂工的唱誦。

《國語·周語上》的《邵公諫厲王止謗》說周厲王暴虐，於是國人謗王。
邵公勸厲王曰：

> 防民之口，甚於防川……故天子聽政，使公卿至於列士獻詩，瞽獻
> 曲，史獻書，師箴，瞍賦，矇誦，百工諫，庶人傳語，近臣盡規，
> 親戚補察，瞽、史教誨，耆、艾修之，而後王斟酌焉，是以事行而
> 不悖。

周厲王暴虐的時候，邵公勸告他，說到周天子聽政，讓公卿以下到列士
來獻詩，瞽獻曲，史獻書，師箴，瞍賦，矇誦，百工諫。這些曲、賦、誦都

是和政治有關的，不是純音樂。

《楚語》說負責誦的官員是師工和矇，注：「師，樂師也。工，瞽矇也。」但是《周語》說誦是矇的職責。師工的工應該是樂工，師工也即《周禮》樂師、大師及其屬官大胥、小胥和小師的合稱。《春官·瞽矇》說：

> 瞽矇掌播鼗、柷、敔、塤、簫、管、弦、歌。諷誦詩，世奠繫，鼓琴瑟。掌九德六詩之歌，以役大師。

《春官·大司樂》說：

> 大司樂掌成均之法，以治建國之學政，而合國之子弟焉。凡有道有德者，使教焉，死則以為樂祖，祭於瞽宗。以樂德教國子：中、和、祇、庸、孝、友。以樂語教國子，興、道、諷、誦、言、語。以樂舞教國子：舞《雲門》、《大卷》、《大咸》、《大磬》、《大夏》、《大濩》、《大武》。

古代的樂官還要教育貴族子弟，所以儒家非常重視音樂教育，所以《論語·泰伯》說：

> 子曰：「興於詩，立於禮，成於樂。」

孔子說，貴族教育從《詩經》開始，成長於禮制教育，但是最後完成於音樂教育。儒家六經原來有一部《樂》，後來只有這一部樂經失傳，秦漢以後，就只有五經。《樂》的失傳不能說明戰國秦漢之際的儒家不重視音樂文獻，而且因為以下兩點原因：

1.音樂的傳承需要專門的人員和器具，音樂的分工十分瑣碎，單靠幾個人無法掌握全部的儀式。春秋時已經是所謂的「禮崩樂壞」時期，《論語·微子》說：

> 大師摯適齊，亞飯干適楚，三飯繚適蔡，四飯缺適秦，鼓方叔入於河，播鼗武入於漢，少師陽、擊磬襄入於海。

春秋時期，天子的樂師都四散逃亡了，古樂也就很難傳下來。

2.音樂在古人看來，事關風土和農業，關乎天地之道，所以貴族的教育是不可能讓民眾知曉，而音樂相比於其他教育又更加保守。比如騎馬、射箭、算術，這些都是不好壟斷的教育，民眾自己就可以掌握。但是涉及文字、音樂、世系的教育，傳承非常神秘，僅限於貴族。

瞽在上古的參政不限於顧問，而且是天官的崇高的位置，《國語·周語下》：

（單子）對曰：「吾非瞽、史，焉知天道？

瞽因此又名神瞽，《周語下》又說周景王二十五年：「王崩，鍾不和。王將鑄無射，問律于伶州鳩。對曰：律所以立均出度也。古之神瞽，考中聲而量之以制，度律均鍾，百官軌儀，紀之以三，平之以六，成於十二，天之道也。」

《周禮》說大司樂死後要祭於瞽宗，說明瞽是樂官之鼻祖，《周禮》的瞽矇已經是大司樂的屬官，大司樂顯然是後起的長官。

孔子對瞽很尊重，《論語‧子罕》：

> 子見齊衰者、冕衣裳者與瞽者，見之，雖少，必作。過之，必趨。

孔子見到穿著麻布縫製喪服的人、穿著禮服的祭祀人員和瞽，必定會站立，如果路過，必定會小步快走，以示敬意。《論語‧鄉黨》：

> 見齊衰者，雖狎，必變。見冕者與瞽者，雖褻，必以貌。凶服者式
> 之，式負版者。

孔子見到穿著喪服的人，即使和他很熟悉，也要嚴肅地改變臉色，表示哀痛嚴肅。見到穿著禮服的人和瞽，即使平時和他很親近，也要表示禮貌。見到穿喪服或戎服的人，見到政府官員，〔註10〕要手扶車前橫木，俯身致意。

第二節　有虞氏出自木正句芒

舜的祖父是橋牛，上古音的牛是疑母之部〔ngiuə〕，疑即高虞之訛，上古音的橋是群母宵部〔giô〕，高是見母宵部〔kô〕，虞是疑母魚部〔ngiua〕，所以橋牛和高虞讀音很近。

舜的曾祖父叫句望，其實就是五官中屬於東方的木正句芒，上古音望、芒都是明母陽部〔miuang〕，所以句望就是句芒。

句芒就是瞽矇，因為上古音瞽是見母魚部〔ka〕，句是見母侯部〔ko〕，魚、侯旁轉，蒙是明母東部〔mong〕，所以句芒（句望）實即瞽矇。

舜的高祖父是敬康，疑即句望之訛，敬、句形音皆近，康是溪母陽部，音近句望。古人為了把舜說成是顓頊之後，又偽造出敬康之父窮蟬，第一章

〔註10〕負版者，指政府官員。版指寫字的木板，又指戶籍。俞樾懷疑是「負販者」（俞樾：《群經平議》，見程樹德：《論語集釋》第二冊，北京中華書局，1990年，第726頁），負販者就是商人，孔子不可能對商人如此尊敬，和上下文也不相稱。

第五節已經說過窮蟬就是窮桑。

《左傳》昭公二十九年蔡墨說：「故有五行之官，是謂五官。實列受氏姓，封為上公，祀為貴神。社稷五祀，是尊是奉。木正曰句芒，火正曰祝融，金正曰蓐收，水正曰玄冥，土正曰后土……少皞氏有四叔，曰重、曰該、曰修、曰熙，實能金、木及水。使重為句芒，該為蓐收，修及熙為玄冥，世不失職，遂濟窮桑，此其三祀也。」少皞氏的重就是瞽矇（句芒），又在顓頊的五行聯盟裏做了天官，舜就是天官之後。舜的名字重華，其實也和重有關。

上海博物館藏楚簡《容成氏》告訴我們很多未聞之古史，何琳儀首先提出竹書中兩次出現的「又吳迵」應當讀為「有虞迵」，郭永秉進而提出有虞迵是有虞部族的一位古代帝王之名，在大一統帝王世系編撰中被淘汰。他又認為舜出自有虞氏卑微的支系，有虞迵出自高貴的支系，堯所在的陶唐氏也屬於有虞氏部落聯盟，堯也是虞代帝王。〔註11〕筆者認為，重（童）為有虞氏先祖，童又可通同，〔註12〕所以有虞迵即重（童），這不是一個新出現的古人。所以舜出自有虞氏卑微支系之說不能成立，有虞迵是舜的祖先。有虞氏是一個氏族，不是一個部落聯盟，沒有多少支系。古代的氏族本有貴賤之別，內部不可能有懸殊地位。唐堯、虞舜是兩個時代，這是幾千年來中國人的常識，不可能被推翻。陶唐氏不可能屬於有虞氏，堯不是虞代帝王。

《容成氏》說：「有虞迵匡天下之政十有九年而王天下，三十有七年而終。」下文說到堯，說明其在堯之前。但是根據傳世文獻，重沒有為帝，而郭永秉根據《容成氏》認為「有虞迵」為堯之前的古帝。其實重是五行部落聯盟中的天官，所以享有很高的政治地位，並非為帝。所以《容成氏》所說未必可信，這僅是戰國諸多傳說的一種，不能當成唯一信史，但是其中還有一些寶貴資料，也不是完全無據。

根據胡厚宣對甲骨文四方風名的研究，甲骨文中的「東方曰析，風曰協」，對應《山海經》裏的「東方曰折，來風曰俊」，而有虞氏世代為樂官，聽協風，即東風。協、同二字義通，所以迵（同、重、童）也和東風有關。

同即《周禮》春官的典同：「掌六律六同之和，以辨天地四方陰陽之聲，以為樂器。」典同的職責是根據天地之氣，製作樂器，這是所有樂官的工作

〔註11〕郭永秉：《帝系新研——楚地出土戰國文獻中的傳說時代古帝王系統研究》，北京大學出版社，2008年，第53～79頁。

〔註12〕王力等編：《王力古漢語字典》，中華書局（北京），2000年，第867頁。

基礎，所有非常重要。《禮記‧樂記》說：「樂者爲同……樂由中出……大樂與天地同和。」樂原來是對自然聲音的模倣，所以儒家也承認偉大的音樂要與天地同和，這和莊子所說的天籟吻合。

《淮南子‧主術》：「堯置敢諫之鼓，舜立誹謗之木，湯有司直之人，武王立戒愼之鞀。」《管子‧輕重戊》：「有虞之王，燒曾藪，斬群害，以爲民利，封土爲社，置木爲閭，始民知禮。」崔豹《古今注‧問答釋義》：「程雅問曰：堯設誹謗之木，何也？答曰：今之華表木也，以橫木交柱頭，狀若花也，形似桔槔，大路交衢悉試焉。或謂之表木，以表王者納諫，亦以表識路也。秦乃除之，漢始復修焉。今西京謂之交午木。」所謂表木，第一章第六節已經說過是測量天象的柱子，因爲舜出自木正，兼任天官，所以舜有此木。華表的華，就是指太陽，這就是舜名重華的由來。表木的表，其實應是標。表的原意是衣服外面的毛，這和表木當然無關。標木即標杆，也即測量的坐標。後世宮殿門口的華表，就是源自這種華表木。

舜還有個祖先叫做幕，《國語‧鄭語》史伯對鄭桓公說：

夫成天地之大功者，其子孫未嘗不章，虞、夏、商、周是也。虞幕能聽協風，以成樂物生者也。夏禹能單平水土，以品處庶類者也。商契能和合五教，以保於百姓者也。周棄能播殖百穀蔬，以衣食民人者也。其後皆爲王公侯伯。

《左傳》昭公八年史趙說：

陳，顓頊之族也。歲在鶉火，是以卒滅，陳將如之。今在析木之津，猶將復由。且陳氏得政於齊而後陳卒亡。自幕至于瞽瞍，無違命。舜重之以明德，置德於遂，遂世守之。及胡公不淫，胡周賜之姓，使祀虞帝。臣聞盛德必百世祀，虞之世數未也。

虞幕聽協風，成樂，其實就是瞽，這也說明有虞氏是世襲樂官。其實幕這個名字也就是矇，幕字上古音是明母鐸部〔mak〕，蒙、矇、幪是〔mong〕，鐸、東旁對轉，《說文》卷七下說：「蒙，覆也。」又：「幪，蓋衣也。」又：「幕，帷在上曰幕。」〔註13〕幪、幕都是覆蓋的織品。郭店楚簡《唐虞之道》：「古者吳（虞）舜篤事瞽寞，乃弋其孝。」瞽寞即瞽矇，前一字形似楚竹書《子羔》古爻（瞽叟）的前一字，可能也是形訛。

中國古代把主持婚姻的神稱爲高禖，這就是後世媒人的由來。高禖就是

〔註13〕王力：《同源字典》，第246頁、第293頁。

句芒的音轉，因為古代的婚姻必須在仲春之時，屬於句芒所司。《禮記·月令》說仲春之月：「玄鳥至，至之日，以大牢祠於高禖，天子親往，后妃帥九嬪御。乃禮天子所御，帶以弓韣，授以弓矢於高禖之前。」

上文說過《周禮》地官司徒包括兩類官員，一類是戶口官員，一類是農業官員，戶口官員之中的媒氏即高禖，也即句芒，不僅戶口官員源自木正句芒，農業官員其實也源自木正，因為其中管理山、澤的官員叫山虞、澤虞，此即有虞氏分化出的氏族。《史記·五帝本紀》說益為舜的虞官，其屬下有朱、虎、熊、羆，之所以有四種野獸，就是因為虞人本來是管理山林之官，所以也管馴養野獸。因為有虞氏本來有此職責，所以才有舜服象之說，像是一種體型巨大但是可以馴服的野獸。

徐中舒指出舜的弟弟之所以叫象，因為有虞氏是媯姓，為字的原形就是用手牽象，從馴服野象產生了舜服象的傳說。《論衡》：「傳書言舜葬蒼梧下，象為之耕。」《孟子·萬章上》孟軻說舜封象於有庳，其實就是有鼻，由舜服象之事附會而起。《呂氏春秋》卷五《古樂》說：「商人服象，為虐於東夷，周公遂以師逐之，至於江南。」商人來自東方，商丘的北面就是虞城。商人乘象，西周初年被周人驅至長江以南。甲骨文有獲象、來象記載，豫州之名源自象。〔註14〕其實所謂象耕的傳說源自南方熱帶地區的開墾，侵佔了大象的活動空間，所以大象進入農田，南朝劉敬叔的《異苑》說始興郡陽山縣（今廣東省陽山縣）：「田稼常為象所困。」此地距離九嶷山不遠，六朝正是南方開發的一個高潮期。同樣的情況也出現在戰國時期，於是在南方附會了舜服象的遺迹。

〔註14〕 徐中舒：《殷人服象及象之南遷》，《中研院歷史語言研究所集刊》第 2 本第 1 分，1930 年，收入《徐中舒論先秦史》，上海科學技術文獻出版社，2008 年，第 67～92 頁。

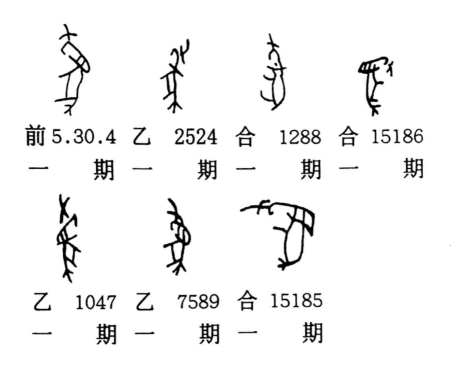

甲骨文的爲字

第三節　舜的音樂工作

　　《禮記‧樂記》：「舜作五弦之琴，以歌南風。」《世本‧作篇》：「舜造簫，其形參差，象鳳翼，長二尺。」舜作琴、造簫也說明舜的本業是樂官，簫之所以像鳳凰的翅膀，因爲重本來是出自少皥鳳鳥氏。

　　《呂氏春秋》卷五《古樂》說：

　　　帝嚳命咸黑作爲《聲歌》：《九招》、《六列》、《六英》。有倕作爲鼙、鼓、鍾、磬、吹苓、管、塤、簾、鼗、椎、鍾。帝嚳乃令人抃，或鼓鼙，擊鍾磬、吹苓、展管簾。因令鳳鳥、天翟舞之。帝嚳大喜，乃以康帝德。

　　　帝堯立，乃命質爲樂。質乃效山林溪谷之音以歌，乃以麋䘞置缶而鼓之，乃拊石擊石，以象上帝玉磬之音，以致舞百獸。瞽叟乃拌五弦之瑟，作以爲十五弦之瑟。命之曰《大章》，以祭上帝。

　　　舜立，仰延，乃拌瞽叟之所爲瑟，益之八弦，以爲二十三弦之瑟。

　　　帝舜乃令質修《九招》、《六列》、《六英》，以明帝德。

此處說舜對瑟作了重大改進,把五弦改爲二十三弦。《禮記》說是五弦,這是傳說不同。《呂氏春秋》的傳說更加豐富,應該比較可信,舜改進樂器,因爲他本來是樂官。

帝嚳作《九招》,所以《呂氏春秋》卷四《尊師》說:「帝嚳師伯招。」伯招可能與《九招》有關。舜完善了帝嚳的樂章《九招》,後世又寫成《韶》,《說文》卷三上:「韶,虞舜樂也。《書》曰:簫韶九成,鳳凰來儀。從音,召聲。」

韶樂也即《周禮》大司樂的《大磬》,注:「舜樂也,言其德能紹堯之道也。」這當然是後世儒生的牽強附會,韶的產生與舜紹繼堯無關。五帝都是紹繼,不可能只有舜之樂因此名爲韶。韶之名可能來自樂器,《說文》卷三下:「䩦,或作䩦,或作鼗,籀文作磬。」或與招神有關,《周禮》大司樂:「乃奏大蔟,歌應鍾,舞咸池,以祭地示。乃奏姑洗,歌南呂,舞大磬,以祀四望。」大磬,即大招、大韶。因爲是望祭遠方的山川,所以要召神前來。召字的原形是上面有一個勺,下面有一個口,可能就是以祭祀的飲品,召神前來享用。《周禮·春官·男巫》說:「掌望祀望衍,授號,旁招以茅。」男巫掌管望祭,所以用茅旁招。

舜姓姚,可能來自韶樂,招是章母宵部,韶是襌母宵部,姚是以母宵部,讀音接近。姚也有可能來自春官的祭祀類官員,與兆有關,兆的原形是龜甲裂紋。春官的屬官有守祧:「掌守先王先公之廟祧。」

舜有姚姓、嬀姓兩說,其實都成立,姚姓出自掌管禮樂制度的木官,嬀姓即虞人,出自掌管農業生產的土官。木官、土官都出自春官,分化不久,所以有二姓之說。

《周禮》是周人的職官制度,但是在春官掌管樂器的四個官員磬師、鍾師、笙師、鎛師之後是韎師,韎師:「掌教韎樂。祭祀,則帥其屬而舞之;大饗,亦如之。」《禮記·明堂位》:「昧,東夷之樂也。」所以《周禮》注:「舞之以東夷之舞。」其後的是旄人:「掌教舞散樂、舞夷樂。凡四方之以舞仕者屬焉。凡祭祀、賓客,舞其燕樂。」其後是籥師、籥章、鞮鞻氏,鞮鞻氏:「掌四夷之樂與其聲歌。」《周禮》首先提到並且唯一提到的四夷之樂是來自東夷的音樂,這是因爲三代的禮樂制度來自東夷。

正因爲有虞氏是樂官,所以《逸周書·史記》說:

樂專於君者,權專於臣,權專於臣則刑專於民。君娛於樂,臣爭於

權，民盡於刑，有虞氏以亡。

此處說音樂被有虞氏的君主壟斷，所以有虞氏滅亡。其實這是後人誤會，有虞氏本來就是樂官氏族，而禮樂在上古本來就是爲上層社會專有，即上文所說的顓頊「絕地天通」。虞、娛在虞樂（娛樂）的意義上原是一個字，〔註15〕有虞氏這個名字已經表明這個家族是樂官世族。吳是娛的本字，其下是矢，是一個人搖頭之象，其上是口，表示唱歌時有動作。《墨子・魯問》：「魯之南鄙人有吳慮者，冬陶夏耕，自比於舜。」這個吳慮很可能就是有虞氏之後，所以自比於舜。

《尚書大傳》還記載了舜的卿雲歌，《北堂書鈔》卷一百六引《尚書大傳》云：「舜爲賓客，禹爲主人，於時俊乂，百官相和，而歌節云，帝乃唱之曰：卿雲爛兮，糺縵縵兮，日月光華，旦復旦兮。」《宋書・符瑞志》：

> 舜在位十有四年，奏鍾石笙筦未罷，而天大雷雨，疾風發屋拔木，桴鼓播地，鍾磬亂行，舞人頓伏，樂正狂走。舜乃擁璿持衡而笑曰：「明哉！夫天下非一人之天下也，亦乃見於鍾石笙筦乎！」乃薦禹於天，使行天子事。於時和氣普應，慶雲興焉，若煙非煙，若雲非雲，郁郁紛紛，蕭索輪囷，百工相和而歌《慶雲》。帝乃倡之曰：「慶雲爛兮，糾縵縵兮。日月光華，旦復旦兮。」群臣咸進，稽首曰：「明明上天，爛然星陳。日月光華，弘予一人。」帝乃再歌曰：「日月有常，星辰有行。四時從經，萬姓允誠。於予論樂，配天之靈。遷於聖賢，莫不咸聽。鼗乎鼓之，軒乎舞之。精華以竭，褰裳去之。」於是八風修通，慶雲業聚，蟠龍奮迅於其藏，蛟魚踴躍於其淵，龜鱉咸出其穴，遷虞而事夏。

《尚書大傳》傳說是伏勝之作，其實很多人認爲是西漢學者合撰，或許出自伏勝弟子張生、歐陽生之手。慶雲即卿雲，傳說舜禪讓給禹時唱了卿雲之歌，所以說天下非一人之天下。〔註16〕

《史記・五帝本紀》說：

> 舜曰：「嗟！四嶽，有能典朕三禮？」皆曰伯夷可。舜曰：「嗟！伯

〔註15〕王力：《同源字典》，第141頁。
〔註16〕此即1905年馬相伯創辦復旦大學校名由來，其中的光華與光復中華恰好相合。1913年，袁世凱居然把卿雲歌譜曲，定爲國歌，後爲南京國民政府廢除。所謂日月光華，每天更新，其實是比喻禪讓制下的首領輪職。舜的名字是重華，本來是指陽光，後人因此附會出日月光華，旦復旦兮。

夷，以汝爲秩宗，夙夜維敬，直哉維靜絜。」伯夷讓夔、龍。舜曰：
「然。以夔爲典樂，教稺子，直而溫，寬而栗，剛而毋虐，簡而毋
傲。詩言意，歌長言，聲依永，律和聲，八音能諧，毋相奪倫，神
人以和。」夔曰：「於！予擊石拊石，百獸率舞。」舜曰：「龍，朕
畏忌讒說殄僞，振驚朕眾，命汝爲納言，夙夜出入朕命，惟信。」

《呂氏春秋》卷二二《察傳》：

魯哀公問於孔子曰：「樂正夔一足，信乎？」孔子曰：「昔者舜欲以
樂傳教於天下，乃令重黎舉夔於草莽之中而進之，舜以爲樂正。夔
於是正六律，和五聲，以通八風，而天下大服。重黎又欲益求人，
舜曰：夫樂，天地之精也，得失之節也，故唯聖人爲能和。樂之本
也。夔能和之，以平天下。若夔者一而足矣。故曰夔一足，非一足
也。」

孔子說夔一足不是指夔一隻腳，而是指用夔一個人就足矣，《韓非子‧外
儲說左下》也有類似記載，其實這是儒家對傳說的改造。《山海經》反而保留
了歷史的眞相，《大荒東經》說：

東海中有流波山，入海七千里。其上有獸，狀如牛，蒼身而無角，
一足，出入水則必風雨，其光如日月，其聲如雷，其名曰夔。黃帝
得之，以其皮爲鼓，橛以雷獸之骨，聲聞五百里，以威天下。

此處說，東海中有流波山，在海中七千里，上面有野獸，像牛，青黑色
的身體，但是沒有角，身長一尺，出入水中必有風雨，名字叫夔。黃帝得
到了這種野獸，剝下皮來做鼓，聲音傳到五百里外。顯然，東海裏的夔也是
海牛，即今海豹。北宋樂史《太平寰宇記》卷二十文登縣說：

海牛島，《郡國志》云：不夜城北有海牛島，無角，紫色，足似龜，
長丈餘，尾若鮎魚，性捷疾，見人則飛赴水。皮堪弓鞬，脂可燃燈。

海驢島，島上多海驢，常以八九月於此島乳產，皮毛可長二分，其
皮水不能潤，可以禦雨，時有獲者可貴。

此處文登縣北部的海島，在今威海、榮成北部。現在漢語裏的海牛是海
牛目儒艮科的動物，在美洲與西非熱帶海域，海牛島上的海牛不是現代所說
的海牛。中國古代海牛指海豹，海豹沒有角，腳已退化，背部藍灰色，所以
《太平寰宇記》說無角、紫色。海豹的前肢雖然是魚鰭狀，但是都有五趾，
趾間有蹼。但是海豹的後肢不能像海獅、海像那樣行走，《太平寰宇記》說尾

像鮎魚，其實是海豹退化的後肢。海豹皮堅固有彈性，所以可以做弓韄，即盛弓箭的袋子。海豹生活多生活在兩極地區，海水寒冷，所以海豹的皮下有一層厚厚的脂肪，提供食物儲備，保暖，並且產生浮力，所以《太平寰宇記》說脂肪可以燃燈。分佈在中國渤海和黃海的是斑海豹，長 1.5 到 2 米，所以《太平寰宇記》說長丈餘。〔註 17〕

　　因爲人們用夔（海豹）的皮來做鼓，所以產生了夔爲樂正的說法。中原的鼓主要用龍（鼉魚）的皮來做，所以夔的副手是龍。

第四節　虞舜出自東夷

　　《孟子》說：

　　　孟子曰：「舜生於諸馮，遷於負夏，卒於鳴條，東夷之人也。」

　　孟子爲了美化最高統治者，否認周武王伐商時血流漂杵，不承認《尚書·武成》的記載，居然狡辯：「盡信書不如無書。」但是他說舜是東夷之人還是可信，儒家很強調夷夏之分，孟子絕不可能把華夏的聖王舜亂說成是夷人。《荀子·成相》：「帝舜短。」《淮南子·修務》：「舜黴黑。」因爲舜是東夷，東夷有越人血統，所以舜又矮又黑。舜確實來自東方，我們發現舜的子孫多數在東方。

　　先說諸馮，後世或有人附會在山西，其實這個諸馮就是馮諸的倒誤，馮諸無疑就是孟諸澤的孟諸，第一章第五節說過孟諸是個通名，原形即扶桑，所以不必限定在後世的孟諸澤。因爲舜出自東方的春官，所以自然說來自扶桑之地。扶桑也是帝都的代稱，所以這也象徵舜的出身高貴。

　　張學海先認爲虞舜對應教場鋪古城群，又認爲對應景陽岡古城群。筆者上文提出：帝嚳高辛氏在今莘縣、聊城一帶，茌平縣的教場鋪古城群是唐堯祖居地，所以虞舜的原居地很可能就是景陽岡古城群。

〔註 17〕 司馬相如《上林賦》：「禺禺鱋魶。」《集解》引徐廣曰：「禺禺，魚牛也。」如果真是魚牛，那麼應該是海豹。因爲《逸周書·王會》說：「揚州：禺禺，魚名。」據上下文可知，這個揚州族在東北方，不是後世的江蘇揚州。《太平寰宇記》說的海驢即今海獅，因雄性海獅的頸部生有漂亮的鬃毛，故名海獅，雌獸沒有鬃毛。海獅的毛粗硬無絨毛，可做成防水工具。海獅平時沒有固定的棲息地，但是在繁殖季節，海獅群集，展開爭奪配偶的激烈競爭。所以《太平寰宇記》說在海驢島，每年八九月，有海驢聚集生產。這條的描寫也很準確，說明這兩條記載比較可信。

就在陽谷縣東南有桃丘和魚山，《水經注》卷八《濟水》：

> 濟水又北，逕魚山東，左合馬頰水。水首受濟，西北流，歷安民山
> 北，又西流，趙溝出焉，東北注於濟。馬頰水又逕桃城東。《春秋》
> 桓公十年經書，公會衛侯於桃丘，衛地也。杜預曰：濟北東阿縣東
> 南有桃城，即桃丘矣。馬頰水又東北流，逕魚山南，山即吾山也。

魚山在今東阿縣南，很可能是虞山，其西南的桃城在今陽谷縣東南的陶城鋪，桃城很可能來自虞舜的姚姓，所以景陽岡古城群很可能屬於虞舜一族。

在鄆城縣西北還有一個高魚城，《左傳》襄公二十六年（前547年）：「齊烏餘以廩丘奔晉，襲衛羊角，取之。遂襲我高魚。」《水經注》卷二六《瓠子河》：「（廩丘）縣南瓠北，有羊角城，《春秋傳》曰：烏餘取衛羊角，遂襲我高魚，天大雨，自竇入，介於其庫。登其克城而取之者也。京相璠曰：衛邑也。今東郡廩丘縣南有羊角城。高魚，魯邑也，今廩丘東北有故高魚城。俗謂之交魚城，謂羊角為角逐城，皆非也。」高魚城在鄆城縣北，可能是高虞城，類似高辛、高陽、高唐。

這個高魚城出現在甲骨文中兩次，一次說到：「戊寅□，王獸（狩）膏魚，禽（擒）。」于省吾指出膏魚就是高魚，也即《資治通鑒》卷二百六十唐昭宗乾寧二年（895年）的兗州、鄆州之間的高梧。〔註18〕高梧位置符合，高魚既然可通高梧，則也可通高虞。

在今濮陽市東南，還有一個桃城，又名洮城，《水經注》說：「瓠子故瀆，又東逕桃城南。《春秋傳》曰：分曹地，自洮以南，東傳於濟，盡曹地也。今鄆城西南五十里有桃城，或謂之洮也。」桃、洮通姚，可能是姚姓有虞氏所居。

再看負夏。鄭張尚芳提出，上古山東和吳越的地名開頭的夫是山：

1.夫椒（夫湫），即椒丘，《左傳》哀公元年夫椒，杜預注：「吳郡吳縣西南太湖中椒山。」

2.《左傳》昭公四年夫於，杜預注在濟南於陵縣西北，說明夫即陵

3.《左傳》桓公十一年夫鍾，在今山東寧陽縣北，有鬷丘〔註19〕

第三章第四節說過上古地名的父、甫其實是阜，負可同阜，負是奉母之

〔註18〕于省吾：《釋膏魚》，《甲骨文字釋林》，第134～135頁。
〔註19〕鄭張尚芳：《古吳越地名中的侗臺語成分》，《鄭張尚芳語言學論文集》，第637～638頁。

部，阜是奉母幽部，之幽旁轉。所以負夏即夏丘，東夷是由越人和華夏融合而成，所以夷語受到越語影響，中心詞在修飾詞之前。越語即今侗臺語系，其中心詞就在修飾詞之前，類似的夷語地名還有城濮（在今鄄城縣西南臨濮鎮）、城鉏（在今濮陽市西南），其實城濮是濮城，此城在濮水岸邊。濮水早已湮沒，只有臨濮鎮之名留存。還有負瑕在今山東省兗州市，即漢代的瑕丘縣，《史記·儒林列傳》有瑕丘江生、瑕丘蕭奮。

《水經注》卷二五《泗水》：「（泗水）又西過瑕邱縣東，屈從縣東南流，漷水從東來注之。瑕丘，魯邑，《春秋》之負瑕矣。哀公七年季康子伐邾，囚諸負瑕是也。應劭曰：瑕邱在縣西南。昔衛大夫公叔文子陞於瑕邱，蘧伯玉從。文子曰：樂哉斯邱！死則我欲葬焉。伯玉曰：吾子樂之，則瑗請前。刺其欲害民良田也。瑕丘之名，蓋因斯以表稱矣。曾子弔諸負夏，鄭玄、皇甫謐並言衛地，魯、衛雖殊，土則一也。」酈道元說瑕丘縣（負瑕）就是負夏，但是負夏在衛，不在魯，酈道元說魯、衛為一，陳隆文認為不對，他認為負夏不是負瑕。〔註20〕《太平寰宇記》卷五七澶州濮陽縣說：「瑕丘在縣東南三十里，高三丈。」瑕、夏都是匣母魚部，雙聲疊韻，所以負夏也有可能是瑕丘。但是舜活動的雷澤、黃河都在濮陽附近，所以濮陽的負夏更有可能。

上海博物館戰國楚竹書《容成氏》說：

昔舜耕於鬲丘，陶於河濱，漁於雷澤。

《墨子·尚賢下》說：

舜耕於歷山，陶於河瀕，漁於雷澤，灰於常陽，堯得之服澤之陽，立為天子，使接天下之政，而治天下之民。〔註21〕

《管子·版法解》說：

舜耕歷山，陶河濱，漁雷澤，不取其利，以教百姓，百姓舉利之。此所謂能以所不利利人者也。

《呂氏春秋》卷十四《慎人》說：

舜耕於歷山，陶於河濱，釣於雷澤，天下說之，秀士從之，人也。

《淮南子·原道訓》說：

昔舜耕於歷山，期年而田者爭處墝埆，以封壤肥饒相讓。釣於河濱，

〔註20〕陳隆文：《負夏方足布地望考辨》，《古文字研究》第二十七輯，中華書局（北京），2008年，第352～355頁。

〔註21〕孫詒讓《墨子間詁》卷二引洪頤煊語，以為灰是販之形訛，此說可從。

期年而漁者爭處湍瀨，以曲隈深潭相予。

《史記・五帝本紀》說：

> 舜耕歷山，漁雷澤，陶河濱，作什器於壽丘，就時於負夏……舜耕
> 歷山，歷山之人皆讓畔。漁雷澤，雷澤上人皆讓居。陶河濱，河濱
> 器皆不苦窳。一年而所居成聚，二年成邑，三年成都。

有學者認爲歷山在濟南，古名歷城縣，[註22] 但是《水經注》說歷山在雷澤邊，此點存疑。雷澤、河濱、歷山應該不遠，所以歷山應是雷澤和黃河之間的歷山，即《水經注》瓠子河邊的歷山，在今山東鄄城縣。濟南歷山較遠，而且舜有在大麓不迷的傳說，《史記・五帝本紀》說：

> 堯使舜入山林川澤，暴風雷雨，舜行不迷。堯以爲聖。

司馬遷把古文的大麓解釋爲山林川澤，其實大麓應該是大陸澤，大陸澤在今河北省中部或河南省西北部，如果是巨野澤（大野澤）的訛誤或通假，則離雷澤、歷山、黃河更近。

服澤又見於《墨子・尚賢上》：「古者堯舉舜於服澤之陽，授之政，天下平。」其實服澤就濮澤，即濮水之澤，也即雷澤。上古音的服是並母職部〔biək〕，濮是幫母屋部〔pok〕，音近。

所謂舜遷居之地三年成都的說法可能是訛傳，因爲雷澤東北有一個地名就叫郕都，所以這個傳說的原型應該是舜遷居到郕都之地，後人簡化爲舜遷成都，訛傳爲舜遷徙之地很快從荒野成爲都市，誇大舜的能力。《呂氏春秋》卷十五《貴因》：「舜一徙成邑，再徙成都，三徙成國。」再徙成都本來是指第二次遷徙到了成都這個地方，《太平寰宇記》卷十四濮州雷澤縣：「郕都故城，在縣北三十里，即郕伯初封之地。」郕國一般認爲在今山東省寧陽縣，郕都在今山東鄄城縣，這個郕都由來不詳。

《水經注》卷二四《瓠子河》說：

> 瓠河又右逕雷澤北，其澤藪在大城陽縣故城西北一十餘里，昔華胥
> 履大迹處也。其陂東西二十餘里，南北一十五里，即舜所漁也。澤
> 之東南即成陽縣，故《史記》曰：武王封弟叔武於成，應劭曰：其
> 後乃遷於成之陽，故曰成陽也。《地理志》曰：成陽有堯冢、靈臺，
> 今成陽城西二里有堯陵……按郭緣生《述征記》：自漢迄晉，二千石

〔註22〕張華松：《我國文明社會肇始於虞代——兼論濟水中下游爲有虞氏「龍興之地」》，《齊地歷史與濟南文化》，齊魯書社，2010年。

及丞、尉多刊石，述敘堯即位至永嘉三年，二千七百二十有一載，記於《堯碑》，見漢建寧五年五月成陽令管遵所立碑……雷澤西南十許里，有小山，孤立峻上，亭亭佳峙，謂之歷山。山北有小阜，南屬迆澤之東北。有陶墟，緣生言舜耕陶所在，墟阜聯屬，濱帶邾河也。鄭玄曰：歷山在河東，今有舜井。皇甫謐或言，今濟陰曆山是也。與雷澤相比，余謂鄭玄之言爲然。故揚雄《河東賦》曰：登歷觀而遙望兮，聊浮游於河之巖。今雷首山西枕大河，校之園緯，於事爲允。士安又云：定陶西南陶丘，舜所陶也。不言在此，緣生爲失。

雷澤東南有成陽縣，西南有歷山，有堯陵，漢代的遺迹很多。但是酈道元認爲歷山在河東，不在此處。其實酈道元等人錯了，雷澤東南是定陶，就是堯的原居地。酈道元不知道堯、舜都出自東方的少皞氏，沒有想到顓頊的故墟濮陽、帝嚳的故地就在附近，在大洪水之前的五帝都住在這附近的大平原。

雷澤東南有成陽縣，北面有成都縣，雷澤的原名很可能就是成澤，也即震澤，震、成音近。八卦之中的震，就是雷。有學者認爲舜活動在濮水流域，此地是舜的老家。〔註 23〕但是筆者認爲雷澤附近只是舜遷居之處，不是舜的原居地。舜在大洪水之後，遷居濮水流域的雷澤、歷山等地，能夠團結百姓，所以後世傳說較多，不能證明此地是舜的老家。

《莊子・徐?鬼》：「卷婁者，舜也。羊肉不慕蟻，蟻慕羊肉，羊肉羶也。舜有羶行，百姓悅之，故三徙成都，至鄧之虛而十有萬家。堯聞舜之賢，舉之童土之地，曰：冀得其來之澤。」卷婁即佝僂，對應荀子說舜身短。舜又遷到鄧虛，虛、丘是同源字，音義皆近，〔註 24〕《說文》：「虛，大丘也，崑崙丘謂之崑崙虛。」崑崙虛見《山海經》，所以鄧虛是鄧丘。登、乘是同源字，音義皆近，〔註 25〕所以鄧虛即乘丘，見《春秋》莊公十年，漢爲乘氏縣，在今巨野縣西南。舜出自童土，其實就是重土，因爲舜的祖先是重。

舜一路南遷，葬在己市或紀市，《墨子・節葬下》說：「舜西教乎七戎，道死，葬南己之市。」《呂氏春秋》卷十《安死》說：「舜葬於紀市，不變其

〔註 23〕馬世之：《濮水流域虞舜史迹探索》，《中州學刊》2001 年第 3 期。
〔註 24〕王力：《同源字典》，第 85 頁。
〔註 25〕王力：《同源字典》，第 253 頁。

肆。」古代的市場還很不發達，舜不可能死在市場。此處的己市、紀市應是己氏之訛，市、氏音近。漢代己氏縣在今山東曹縣東南，其南就是虞城，虞城無疑是有虞氏南遷之地。《太平寰宇記》卷十二楚丘縣說：「古之戎州，即己氏之邑城也。《九州記》云：己氏本戎君之姓，蓋昆吾之後，別居戎翟中。周衰入中國，故此有己氏之邑焉。漢爲己氏縣。」可能是舜南遷到虞城附近，後來因爲己氏戎人東遷到此，所以戰國時出現了舜死在戎人之地己氏的說法。

　　第七章說過虞舜的一支西遷到山西南部，建立了虞國，還西遷到蒲?，所以出現了舜都蒲?的說法。孟軻說舜葬鳴條，《史記·夏本紀》說：「湯遂率兵以伐夏桀。桀走鳴條。」《集解》引孔安國曰：「地在安邑之西。」《殷本紀》：「桀奔於鳴條。」《正義》引《括地志》云：「高涯原在蒲州安邑縣北三十里南阪口，即古鳴條陌也。鳴條戰地，在安邑西。」山西南部的這個鳴條其實是從東方西遷的地名，原來的鳴條就是孟諸澤。上古音的鳴是明母耕部〔mieng〕，孟是明母陽部〔meang〕，條是定母幽部〔dyu〕，諸是章母魚部〔tɕya〕，讀音很近。孟諸澤南部就是虞城縣，北部就是己氏縣，所以鳴條應在孟諸澤附近。

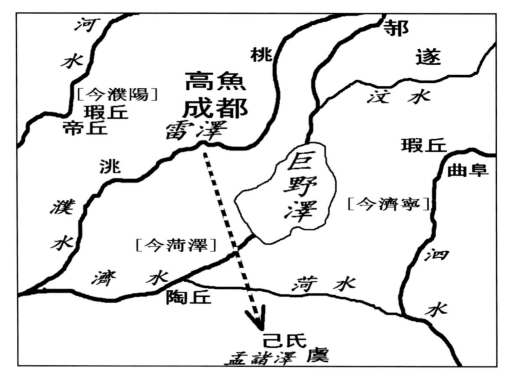

虞舜遷徙地名圖

　　舜的子孫主要在東方，《左傳》昭公八年史趙說：「舜重之以明德，置德於遂，遂世守之。」這個遂國就在今山東省肥城市南部。還有鄒國，《水經注》卷五《河水五》說：「濼水又東，逕鄒平縣故城北，古鄒侯國，舜後，姚姓也。」邾國也是舜的後代。長清萬德鎮出土的西周晚期郙國銅簠上的「郙中媵孟嬀寶簠」銘文，可證郙國是嬀姓。〔註26〕

　　漢代出現了舜來自會稽郡上虞、餘姚之說，《太平御覽》卷八一《皇王部》引《風土記》說：「舊說言舜上虞人也，虞即會稽縣，距餘姚七十里。」《史記‧五帝本紀》正義引會稽舊記說：「舜上虞人，去虞三十里有姚丘，即舜所生也。」此說恐出自附會，或是因為虞舜子孫南遷。有學者認為此說符合孟軻說舜為東夷之人，虞舜出自良渚文化人群，從浙江北遷山東。〔註27〕其實浙江東部不是東夷而越地，所以這與孟軻所言不合。筆者在第五章已經說過，良渚文化北影響山東對應史書中的九黎亂德而非舜的北遷，而且良渚文化北遷人群主要出自浙北而非浙東。

　　現在中國的虞姓主要分佈在浙江、安徽、江蘇、江西、上海，長江下游是分佈密集區。〔註28〕但是姚姓的分佈則很散漫，主要分佈在安徽、廣東、江蘇、浙江、河南、四川，有長江下游、西南、華南等多個分佈密集區，〔註29〕其中兩湖、西南、華南密集區都與虞舜在上古時期的南遷有關。至於西北的姚姓，可能主要是羌族在魏晉南北朝時的改姓，與東方的虞舜無關。戰國時期楚國才佔領湖南，所以虞舜故事很晚才附會到洞庭湖和九嶷山，關於此點筆者另有專文。

　　總之，有虞氏部族分佈在濟水沿線，原居地很可能在陽谷縣，後來不斷南遷，一支向西南遷到雷澤和濮陽附近，又有人從濟水流域東遷山東丘陵地區及河南省的虞城縣，還有人跟隨陶唐氏西遷到山西南部，這是因為大洪水時期的濟水流域是主要受災地區。

〔註26〕昌芳：《山東長清石都莊出土周代銅器》，《文物》2003年第4期。
〔註27〕王暉：《古史傳說時代新探》，第48頁。
〔註28〕袁義達主編：《中國姓氏‧三百大姓》下冊，第163頁、彩圖244。
〔註29〕袁義達主編：《中國姓氏‧三百大姓》上冊，第233頁、彩圖62。

第九章 大洪水與大禹治水

　　風水輪流轉，大洪水摧毀了東方大平原上的五行聯盟，夏朝在河南中部的丘陵崛起了。

　　《墨子·兼愛中》墨子說：「古者禹治天下，西爲西河、漁竇，以泄渠孫皇之水。北爲防原、泒，注后之邸，嘑池之竇，洒爲底柱，鑿爲龍門，以利燕、代、胡、貉與西河之民。東方漏之陸，防孟諸之澤，灑爲九澮，以楗東土之水，以利冀州之民。南爲江、漢、淮、汝，東流之，注五湖之處，以利荊、楚、干、越與南夷之民。此言禹之事，吾今行兼矣。」墨子說大禹在西河、滹沱河、龍門、砥柱、孟諸澤、江、漢、淮、汝等地治水。雖然誇大很多，仍比《禹貢》九州的範圍小很多。

　　《莊子·天下》墨子稱道曰：「昔者禹之堙洪水，決江河而通四夷、九州也，名川三百，支川三千，小者無數。禹親自操槖耜而九雜天下之川。腓無胈，脛無毛，沐甚雨，櫛疾風，置萬國。禹大聖也，而形勞天下也如此。」莊周喜歡寓言，所以墨子所說的具體地名在此全部隱去，變成了名川三百，支流三千，小河無數，顯然誇大其辭。楊樹達說九雜是鳩集之形訛，〔註1〕若是，則是誤解疏導河流爲彙集河流了。

　　《孟子·滕文公上》孟軻說：「當堯之時，天下猶未平，洪水橫流，泛濫於天下，草木暢茂，禽獸繁殖，五穀不登，禽獸逼人，獸蹄鳥迹之道交於中國。堯獨憂之，舉舜而敷治焉。舜使益掌火，益烈山澤而焚之，禽獸逃匿。禹疏九河，瀹濟、漯而注諸海，決汝、漢，排淮、泗而注之江，然後中國可

〔註1〕楊樹達：《積微居讀書記》，第 176 頁。

得而食也。當是時也，禹八年於外，三過其門而不入。」孟軻說大禹治水在九河、濟、漯、汝、漢、淮、泗，比墨子所說的還小，特別是中原地區只有黃河下游，沒有西北及滹沱河等地。《滕文公下》說：「當堯之時，水逆行，泛濫於中國，蛇龍居之，民無所定，下者爲巢，上者爲營窟。《書》曰：『洚水警余。』洚水者，洪水也。使禹治之，禹掘地而注之海，驅蛇龍而放之菹。水由地中行，江、淮、河、漢是也。險阻既遠，鳥獸之害人者消，然後人得平土而居之。」

《荀子・成相》說：「禹有功，抑下鴻，辟除民害，逐共工。北決九河，通十二渚，疏三江。」此處和之前諸條相比，最大的變化是加上了三江，這是因爲戰國時期吳越提高，大禹治水當然不可能到江東。

奇怪的是，這些講述大禹治水的故事，都沒有提到劃分天下爲九州，看來大禹治水的早期故事沒有九州。西周的遂公盨銘文說：「天命禹敷土，隨山濬川，乃任地設徵。」隨字左邊是山阜，右邊象兩隻手把土從山上扒下來，《說文》卷一四下：「敗城阜曰隋」。隋即墮，指削山，這個字後世誤爲隨，於是原來的削山變成了隨著山脈行走，《禹貢》開頭說：「禹敷土，隨山刊木，奠高山大川。」〔註2〕其實禹隨山濬川之說的真相還保留在《管子》中，卷二十《形勢解》說：「禹身決瀆，斬高喬下。」此處就說大禹治水，斬平高處，墊高低地。

東周時期的九州說很多，內容各不相同，因爲九州說是晚出的傳說，所以各地人編出的九州不同，這是因爲他們對世界的認識不同。〔註3〕各種九州說之中，以《禹貢》、《容成氏》講述治水最詳。戰國楚簡《容成氏》說：「禹親執畚耜，以陂明都之澤，決九河之阻，於是乎夾州、塗州始可處。禹通淮與沂，東注之海，於是乎競州、莒州始可處也。禹乃通蔞與易，東注之海，於是乎藕州始可處也。禹乃通三江、五湖，東注之海，於是乎荊州、陽州始可處也。禹乃通伊、洛、并瀍、澗，東注之河，於是乎敘州始可處也。禹乃通涇與渭，北注之河，於是乎盧州始可處也。」

這些大禹治水的誇張說法當然都不是歷史真相，大禹治水原來不僅局限

〔註2〕李學勤：《論遂公盨及其重要意義》，《中國歷史文物》2002年第6期。裘錫圭：《中國出土古文獻十論》，復旦大學出版社，2004年。師玉梅：《說「隨山濬川」之隨》，《古文字研究》第二十五輯，2004年。

〔註3〕周運中：《論九州異說的地域背景》，《北大史學》第15輯，北京大學出版社，2010年。

在中原，而且局限在黃河中游，下面我們來探尋大禹治水的眞相。

第一節　共工象恭滔天的眞相與大禹治水

《堯典》記載的第二個故事是洪水和治水，原文說：

> 帝曰：「疇咨若予採？」驩兜曰：「都！共工方鳩僝功。」帝曰：「吁！靜言庸違，象恭滔天。」帝曰：「咨！四嶽。湯湯洪水方割，蕩蕩懷山襄陵，浩浩滔天。下民其咨，有能俾乂？」僉曰：「於，鯀哉！」帝曰：「吁！咈哉！方命圮族。」嶽曰：「異哉，試可，乃已。」帝曰：「往，欽哉！」九載，績用弗成。

先秦史書中最詳細的洪水故事是《國語・周語下》太子晉說：

> 昔共工棄此道也，虞於湛樂，淫失其身，欲壅防百川，墮高堙庳，以害天下。皇天弗福，庶民弗助，禍亂並興，共工用滅。其在有虞，有崇伯鯀，播其淫心，稱遂共工之過，堯用殛之於羽山。其後伯禹念前之非度，釐改制量，象物天地，比類百則，儀之於民，而度之於群生，共之從孫四嶽佐之，高高下下，疏川導滯，鍾水豐物，封崇九山，決汨九川，陂鄣九澤，豐殖九藪，汨越九原，宅居九隩，合通四海。故天無伏陰，地無散陽，水無沈氣，火無災燀，神無閒行，民無淫心，時無逆數，物無害生。帥象禹之功，度之於軌儀，莫非嘉績，克厭帝心。皇天嘉之，祚以天下，賜姓曰姒、氏曰有夏，謂其能以嘉祉殷富生物也。祚四嶽國，命以侯伯，賜姓曰姜、氏曰有呂，謂其能爲禹股肱心膂，以養物豐民人也。

此處說共工氏和鯀要壅防百川，於是被滅。但是堯仍然要他們的後代四嶽和禹來治水，最終成功。《淮南子・本經訓》說：

> 舜之時，共工振滔洪水，以薄空桑，龍門未開，呂梁未發，江、淮通流，四海溟涬，民皆上丘陵，赴樹木。舜乃使禹疏三江五湖，闢開伊闕，導廛澗，平通溝陸，流注東海，鴻水漏，九州乾，萬民皆寧其性，是以稱堯舜以爲聖。

《天文訓》說：

> 昔者共工與顓頊爭爲帝，怒而觸不周之山。天柱折，地維絕。天傾西北，故日月星辰移焉。地不滿東南，故水潦塵埃歸焉。

　　此處也說是共工氏製造了洪水，但是《國語》更為真實，說共工氏製造洪水的根源是要堵塞河流。

　　《堯典》說共工象恭滔天，這四個字頗令人費解，《史記・五帝本紀》改譯為「似恭漫天」，前二字無疑是指表面恭敬，漫天不可解釋。孫星衍《注疏》釋為：「貌似恭敬而漫其天性。」宋代人懷疑是下文有洪水浩浩滔天，因而上文的滔天二字是衍文。此說有一定道理，但是把滔天二字去除，只有象恭，此句不合全篇文風。孫詒讓《尚書駢枝》說：「史遷所見已有此二字，則必非衍文。今考滔當為謟……象恭滔天亦可謂貌為恭敬而不信天命。」顧頡剛、劉起釪認為滔天可能和下文的洪水滔天是同源故事，原來可能是共工氏治水故事的殘文。〔註4〕

　　盧文弨說：

　　　堯謂共工「象恭滔天」，《孔傳》說甚牽強。後來釋《書》者皆未詳，或以為脫誤，或以滔天為衍文。唯當塗徐位山解曰：「《竹書紀年》帝堯十九年，命共工治河，六十一年命伯鯀治河。則鯀未命以前四十一年中，治河者皆共工也。時帝問誰順予事，而驩兜美共工之功，帝謂其貌若恭順，而洪水仍致滔天。與下文「浩浩滔天」同一義。」文弨按徐解「滔天」甚切當。〔註5〕

　　他說徐文靖《管城碩記》所解正確，說共工氏貌似恭順，其實治河不成，致使洪水依然滔天。此說注意到了古史傳說中共工治河一事，也注意和下文衔接，但是象恭滔天本身不可能結合，因為滔天指的是洪水，還不是共工氏引發的洪水，而是共工氏沒有平息的洪水，而象恭指的是共工，所以二者不可能連為一個詞，所以此說仍然不能成立。

　　象恭滔天實在無法解釋，古人為了維護帝王的一貫正確性，總是貶損共工，一定要把滔天解釋為道德問題，實在是牽強附會。原文必然有誤，滔天應該和洪水有關。

　　筆者認為：

　　1.象恭滔天的象字是為字的壞字，為字的下面是象，上面是手，上面筆畫較少，若上面抄漏，很容易誤為象字。

〔註4〕顧頡剛、劉起釪：《尚書校釋譯論》，第76頁。
〔註5〕〔清〕盧文弨撰、楊曉春點校：《龍城札記》，中華書局（北京），2010年，第123～124頁。

2.恭字是洪字之形訛，洪字左邊的水寫在下面，又誤為形近的心字，於是變成了恭字。

所以象恭滔天這四個字的原文應該是「為洪滔天」，這樣就和《國語》、《淮南子》完全對應，也和下文洪水連貫。

《堯典》裏從羲和四子轉而討論丹朱、共工二人本已突兀，下文又突然講到洪水，很不自然。如果我們把「象恭滔天」還原為「為洪水滔天」，就會明白原來都是洪水故事的一部分。

關於大禹治水，前人有不少新解，徐旭生認為洪水最初不是通名，而是專名，洪水是今河南輝縣境內的一條小河，因為輝縣舊名共，所以叫共水，洪字的水旁是後加。因為它流入黃河後，黃河開始為患，所以當時人用洪水表示黃河下游的水患。洪水發生區域主要是在兗州，其次在豫州、徐州，其他地方沒有洪水，大禹治水遍及九州的說法是後人把真實的歷史誇張而成。鯀所築的堤防不過是圍繞村莊的堤壩，後來發展為城。主持治水的是華夏集團的禹與四嶽，與他們密切合作的是東夷集團的皋陶及伯益。禹鑿龍門的傳說可能最初在夏后氏的舊地伊闕發生，逐漸挪到山西、陝西之間的龍門。〔註6〕

徐旭生的說法很新穎，給我們很多啟發，其中有一些觀點是合理的，比如洪水發生之地確實應該以兗州為主，因為《禹貢》的兗州說：「桑土既蠶，是降丘宅土⋯⋯作十有三載，乃同。」《夏本紀》司馬遷譯為：「於是民得下丘居土。」就是說洪水退去，百姓才從高丘走下，居住在平地。又耕作了十三年，兗州才和其他地方一同入賦。

他說禹鑿龍門的最初傳說是開鑿伊闕，因為伊闕不高，有施工的可能，而龍門的石質太硬。筆者認為此說有一定道理，但是細想則不可能，因為伊水是洛水的支流，是一條小河，而大禹治水的傳說是大禹治理黃河，伊水和黃河相差太大。伊水沒有大洪水，不需治理。而如果治理黃河，不會以伊闕為主。所以禹鑿龍門的原型是開鑿伊闕不能成立，但是這啟發我們作其他思考。

徐旭生又說《禹貢》導河積石的積石山也不是專名，而是通名，大禹治水時，順黃河上溯，走到某一地方，覺得考察結束，於是堆一些石頭，類似現在蒙古人所堆的鄂博一樣，以幫助將來對此地的記憶。後人就把這一帶叫積石山，地點在今山西、陝西、內蒙古、甘肅，均不可知，但是一定在龍門

〔註6〕徐旭生：《中國古史的傳說時代》，第187頁。

上游。筆者認為此說也有一定道理，他啓發人們追尋積石山的本源，但是既然大禹治水主要治理兗州的洪水，而禹鑿龍門又是開鑿伊闕的變形，那麼大禹當然沒有必要跑到黃河上游去。所以徐說自相矛盾，筆者下文對積石山的眞相有新的解釋。

徐旭生的觀點，遭到陳夢家的批評，陳夢家認爲洪水、洚水都是通名，《孟子》用洪水來解釋洚水，說明洪水是當時的口語。他說大禹所治的洪水是山西絳縣的洚水，夏的故墟在安邑，安邑、絳縣、平陽是最初的太原，最初的治水故事是在此地發生。因爲《左傳》昭公元年子產說：「昔金天氏有裔子日昧，爲玄冥師，生允格、臺駘。臺駘能業其官，宣汾、洮，障大澤，以處大原。」則此地水患在大澤，古代當有洚水泛濫成災之事。〔註7〕陳夢家是洪水、洚水是通名，這是正確的，洪、鴻、宏等字都是大的意思，徐旭生忽視了漢語本身訓詁，也曲解了共水。徐說認爲共水注入淇水，注入黃河，可是史書之中沒有共水之名，只有淇水最有名，可見此說不能成立。

陳夢家雖然批判了徐說，居然犯了和徐旭生類似的錯誤，他把洚水指爲山西的一條很小的河，這條小河當然不可能是大禹治水的重點。陳夢家的立論根基是安邑是夏墟，但是大禹崛起於嵩山附近，安邑只是夏朝後來擴展的地域。現在考古學已經發現，二里頭文化的原始地域是河南中部，後來擴張到山西南部，所以陳夢家的說法也不能成立。還有學者認爲夏朝建立之前的大洪水發生在 3500 年前，此說不確。〔註8〕

上文說過，《國語》、《淮南子》等書都說是共工氏引發洪水，兩書記載其實可以對應，《國語》說共工氏欲壅防百川，墮高堙庳，共工氏想堵塞河道，使高處降低，堵塞地處。《淮南子》說龍門不開，也就是黃河被堵塞。又說天柱折，地維絕，天柱一般來說是山，高山折斷，與《國語》所說的墮高堙庳

〔註7〕陳夢家：《尚書通論》，河北教育出版社，2000 年，第 390～395 頁。
〔註8〕夏正楷的《豫西～晉南地區華夏文明形成過程的環境背景研究》（北京大學中國考古學研究中心、北京大學震旦古代文明研究中心編《古代文明》第 3 卷，文物出版社，2004 年，第 112～113 頁）河南新寨的決口扇形成於 3850～3500 年前，青海民和縣的洪水在 3650～2750 年前，這些洪水出現在龍山晚期到二里頭早期之間，和 4000 年前的全球降溫有關。此說不能成立，因爲 3500 年前是商代，商代是氣候溫暖期，降水較多，易發洪水。這個多水期的年代和夏朝之前的堯舜大洪水的年代不合，4000 多年前的降溫確實是全球性的，但是一般降溫時期的降水變少，不易發生山洪。其實前人早已指出大禹治水的洪水不是遍佈各地，而是集中在黃河下游。

吻合。則地維絕應該是指河道堵塞，那麼地維是何物？

《史記・天官書》說：

　　故中國山川東北流，其維，首在隴、蜀，尾沒於勃、碣。

此處說中原的河流向東北流，發源地在隴、蜀，尾閭在渤海、碣石，無疑是指黃河。維的本義是維繫事物的大繩，黃河從高山落下，注入最低的大海，就像一條繫在天柱上的大繩子，拉住大地，好像是現在的懸索橋。地維即黃河，地維絕指黃河斷流。《詩經・小雅・四月》：「滔滔江漢，南國之紀。」此處說長江和漢水是南土的綱紀，如同說黃河是中原之維。

天柱折，地維絕，就是高山折斷，堵塞了黃河。顯然是發生了一場大地震，山體崩塌，堵塞了黃河。

這種現象在歷史上經常發生，《春秋》魯成公五年（前586年）說：「夏，梁山崩」。《穀梁傳》曰：「梁山崩，雍遏河，三日不流。」晉國的梁山緊鄰黃河，梁山在地震中崩塌，形成了巨大的堰塞湖，致使黃河斷流三天。因為梁山在晉國的望山，所以梁山崩塌，堵塞黃河，被認為是上天對晉國的警告。因此晉國的國君率領群臣在梁山下痛哭，據說這樣才使得黃河重新暢通。按照現代的觀點，當然是堰塞湖潰壩，才使黃河暢通。這條記載告訴我們在古人眼中，山崩堵塞大河是一件極其重要的事情，甚至有些時候需要國君率領群臣在災害現場向上天請罪。

除了這一條記載之外，史書中也多次記載了山崩雍河，比如《史記・魏世家》和《六國年表》說：「（魏文侯）二十六年（前420年），虢山崩，雍河。」〔註9〕虢在今河南省三門峽市，此地在地震帶，所以隋代居然在同一地方又發生了類似事件，《隋書・五行志下》：「大業七年（611年），砥柱山崩，雍河，逆流數十里。」〔註10〕因為山崩雍河是很嚴重的災害，所以古人都會有詳細的記載或類編，《文獻通考・物異考八》說：「周威烈王十三年（前413年），晉河岸崩，雍龍門至於底柱」，此條不知出處。《新唐書・五行志二》：「大曆九年（774年）十一月戊戌，同州夏陽有山徙於河上，聲如雷。」夏陽在今陝西合陽縣東，所謂山徙於河，也即上文所說的山崩入河。

所以堯舜時代的大洪水，其實是因為一場大地震，導致山崩，堵塞黃河，形成了巨大的堰塞湖。堰塞湖潰決，又導致黃河發生了大洪水，導致黃河泛

〔註9〕《史記》卷44《魏世家》，中華書局（北京），第1841頁。
〔註10〕《隋書》卷23《五行志下》，中華書局（北京），1973年，第665頁。

濫，沖毀了五帝時代繁華的大平原。大禹治水的任務就是疏導地震形成的堰塞湖，所以傳說其父鯀用堵的方法沒有奏效，大禹採取疏導之法。

大禹的兒子之所以叫啓，就是因爲啓的意思的開通，大禹治水一心要疏導堰塞湖口的積石，所以給兒子起名爲啓。

山崩塞河在何處呢？《淮南子》說龍門不開，是不是龍門呢？其實不是，這是後人誤記。最有可能堵塞黃河的地方就是三門峽附近，在戰國與隋代此地發生了兩次山崩塞河的事情，三門峽一名來自黃河中間的兩個巨大的山體，這就是歷史上崩塌入河的山體。

還有一個證據，那就是大禹治水最著名的地點積石山其實不在青海省，而在山西省南部。《水經注》卷四《河水》說：

> 河水又東，逕大陽縣故城南……河水又東，左合積石、土柱二溪，並北發大陽之山，南流入於河。是山也，亦通謂之爲薄山矣。故《穆天子傳》曰：天子自盬。己丑，南登於薄山竇軨之隥，乃宿於虞，是也。又東過砥柱間。砥柱，山名也。昔禹治洪水，山陵當水者鑿之，故破山以通河。河水分流，包山而過，山見水中，若柱然，故曰砥柱也。三穿既決，水流疏分，指狀表目，亦謂之三門矣。山在虢城東北，大陽城東也。

黃河在大陽縣東，有積石溪注入，積石溪所出的山其實就是積石山，就在三門峽對面。傳說三門峽是大禹治河時鑿開，位置吻合，而且與戰國、隋代此地山崩塞河的類似現象吻合。我們不難推測，因爲大地震，致使三門峽附近的山崩，堵塞黃河，堰塞湖潰決又形成大洪水。所以大禹治河的積石山其實就是在三門峽附近。所謂積石山，其實是泥石流形成的積石。

大禹治水的積石山真實位置示意圖

　　《山海經・大荒北經》：「有山名曰先檻大逢之山，河、濟所入，海北注焉，其西有山名曰禹所積石。」黃河、濟水注入渤海，此地應在今華北大平原，其西的積石山應靠近太行山。此條在此篇的前列，也說明在中原的東北，因為此篇各條是從東北到西北。《山海經》所據的原圖因為比例尺很小，所以把積石山與渤海畫得比較近，這也說明積石山不可能在西北，而只能在中原。

　　因為晉西南是共工氏居地，在堯、舜居地的上游，此處發生地震，堵塞黃河，引發洪水，所以堯、舜認為是共工引發洪水。

　　任美鍔也認為是一場太行山東部的大地震引發了大洪水，他把地震的時間推測在夏朝建立之前的 200 年，大概是 4280 年前。〔註11〕筆者認為這個時間推測太早，大洪水不可能在夏朝建立之前 200 年，最多不超過 50 年。因為大洪水沒有持續很久，大禹治水成功與夏朝建立也不會相隔很久。

　　這場大地震危機的範圍當然不止三門峽一地，太行山等地都發生了山崩或泥石流、洪水，所以河南輝縣孟莊古城很可能也毀於此次地震引發的次生災害。孟莊古城所在的輝縣原有共國，很可能就是共工氏，對應文獻所說共

〔註11〕任美鍔：《4280a B.P.太行山大地震與大禹治水後（4070a B.P.）的黃河下游河道》，《地理科學》2002 年第 5 期。

工氏因為洪水而亡。有學者認為孟莊古城毀於公元前 2100 年的大禹治水末期，〔註12〕筆者認為由於測年總是存在誤差，所以也有可能是在大洪水的初期，文獻說到鯀、禹治水還在其後。孟莊古城究竟是毀於涿鹿之戰的洪水，還是堯舜禹時期的洪水，還有待進一步確定。〔註13〕

第二節 祝融八姓避水南遷與新砦文化

因為發生了大洪水，河南、山東、河北、安徽交界處的大平原一片澤國，於是原來的五行部落聯盟各族紛紛遷出，主要遷出方向是東西兩個方向，也即到豫西、山西與山東丘陵地區。上文說過堯時高辛氏與堯族的分遷，其實還有很多部族參與了此次大遷徙，其中有著名的祝融八姓。

一、祝融八姓

《史記·楚世家》說：

> 共工氏作亂，帝嚳使重黎誅之而不盡。帝乃以庚寅日誅重黎，而以其弟吳回為重黎後，復居火正，為祝融。吳回生陸終。陸終生子六人，坼剖而產焉。其長一曰昆吾，二曰參胡，三曰彭祖，四曰會人，五曰曹姓，六曰季連，羋姓，楚其後也。昆吾氏，夏之時嘗為侯伯，桀之時湯滅之。彭祖氏，殷之時嘗為侯伯，殷之末世滅彭祖氏。

祝融八姓在《世本》有詳細記載：

1.昆吾。《索隱》引虞翻：「昆吾名樊，為己姓，封昆吾。「又引《系本》：「陸終娶鬼方氏妹，曰女嬇。」又：「其一曰樊，是為昆吾。昆吾者，衛是。」

〔註12〕袁廣闊：《關於孟莊龍山城址毀因的思考》，《考古》2000 年第 3 期。

〔註13〕王若柏《黃河北流河道變遷與史前的災害事件》（《地理科學》2005 年第 3 期）認為太行山前不具備發生大地震的構造背景，歷史上從未有巨震形成一條容納大河的溝谷。他認為黃河原來北流，女媧補天和共工觸倒不周山的傳說源自一場隕石雨，這次隕石雨形成了白洋淀，淤塞了黃河北流入海通道，造成了大洪水。筆者認為即使有此事，也不是堯、舜時期的大洪水，或者不是大洪水的主因，因為黃河下游受阻引發的洪水不會持久。上古時期的黃河下游本來是分為多條河道入海，不會因為其中一條河道受阻而出現大洪水。如果白洋淀附近的河道受阻，可以改道流向滄州一帶，也不會引發黃河改道衝擊聊城附近。如果大洪水與河南無關，則不會出現大禹治水，大禹治水的傳說也不會出現在山西、陝西及更西北之地。大洪水主要發生在河南、山東一帶，不會遠到河北中部。

又引《左傳》：「收侯夢見披髮登昆吾之觀。」按：「今濮陽城中有昆吾臺。」《正義》引《括地志》：「濮陽縣，古昆吾國也。昆吾故城在縣西三十里，臺在縣西百步，即昆吾墟也。」《左傳》哀公十七年：「衛侯夢於北宮，見人登昆吾之觀。」昆吾故地在濮陽附近，南遷之後在許昌附近，《左傳》昭公十二年楚靈王：「昔我皇祖伯父昆吾，舊許是宅。」

2.參胡。《集解》引《世本》：「參胡者，韓是也。」《索隱》引《系本》：「二曰惠連，是爲參胡。參胡者，韓是。」又引宋忠：「參胡，國名，斟姓，無後。」

3.彭祖。《集解》引虞翻：「名翦，爲彭姓，封於大彭。」引《世本》：「彭祖者，彭城是也。」《索隱》引《系本》：「三曰籛鏗，是爲彭祖。彭祖者，彭城是。」《正義》引《括地志》：「彭城，古彭祖國也。」

4.會人。《集解》引《世本》：「會人者，鄭是也。」《索隱》引《系本》：「四曰求言，是爲鄶人。鄶人者，鄭是。」宋忠：「求言，名也。妘姓所出，鄶國也。」《正義》引《括地志》：「故鄶城在鄭州新鄭縣東北二十二里。」引《毛詩譜》：「昔高辛之土，祝融之墟，歷唐至周，重黎之後妘姓處其地，是爲鄶國，爲鄭武公所滅也。」《水經注》卷二二《洧水》引《世本》：「陸終娶於鬼方氏之妹，謂之女嬇，是生六子，孕三年，啓其左脅，三人出焉，破其右脅，三人出焉。其四曰求言，是爲鄶人，鄶人者，鄭是也。」

5.曹姓。《集解》引《世本》：「曹姓者，邾是也。」《索隱》引《系本》：「五曰安，是爲曹姓。曹姓，邾是。」

6.《索隱》引《系本》：「六曰季連，是爲芈姓。季連者，楚是。」

其實還有兩個姓，只不過因爲沒有後代，所以《史記》略去，《國語・鄭語》史伯對鄭桓公說：

> 祝融亦能昭顯天地之光明，以生柔嘉材者也，其後八姓於周未有侯伯。佐制物於前代者，昆吾爲夏伯矣，大彭、豕韋爲商伯矣。當周未有。己姓昆吾、蘇、顧、溫、董，董姓鬷夷、豢龍，則夏滅之矣。彭姓彭祖、豕韋、諸稽，則商滅之矣，禿姓舟人，則周滅之矣。妘姓鄔、鄶、路、偪陽，曹姓鄒、莒，皆爲采衛，或在王室，或在夷、狄，莫之數也。而又無令聞，必不興矣。斟姓無後。融之興者，其在芈姓乎？芈姓夔越不足命也。蠻芈，蠻矣，唯荊實有昭德，若周衰，其必興矣。

此處多出禿姓、董姓，董姓在夏朝被滅，《左傳》昭公二十九年蔡墨說：

> 昔有飂叔安，有裔子曰董父，實甚好龍，能求其者欲以飲食之，龍
> 多歸之，乃擾畜龍，以服事帝舜，帝賜之姓曰董，氏曰豢龍，封諸
> 鬷川，鬷夷氏其後也。故帝舜氏世有畜龍。及有夏孔甲，擾於有帝，
> 帝賜之乘龍，河、漢各二，各有雌雄。孔甲不能食，而未獲豢龍氏。
> 有陶唐氏既衰，其後有劉累，學擾龍於豢龍氏，以事孔甲，能飲食
> 之。夏后嘉之，賜氏曰御龍，以更豕韋之後。龍一雌死，潛醢以食
> 夏后。夏后饗之，既而使求之。懼而遷於魯縣，范氏其後也。

董姓在夏朝時沒有養好龍（鱷魚），所以南逃到魯縣（今河南省魯山縣），其後又有范氏，《左傳》襄公二十四年范宣子說：

> 昔匃之祖，自虞以上爲陶唐氏，在夏爲御龍氏，在商爲豕韋氏，在
> 周爲唐杜氏，晉主夏盟爲范氏，其是之謂乎？

范宣子的祖先在夏朝爲御龍氏，在商朝爲豕韋氏，與昭公二十九年「以更豕韋之後」吻合。

己姓最後的董，即董姓的董，李零指出董姓是己姓的分支，韋昭說禿姓、斟姓都是彭姓之別，彭祖也是由氏得姓，筆者認爲參胡讀音接近籛鏗，所以斟姓可能確實是彭姓的分支。李零製作的祝融八姓表，把董姓始祖寫作惠連，把董姓的故墟寫成韓，筆者認爲董姓的始祖應是董父，惠連是斟姓始祖。董姓的故地是鬷川，鬷的上古音是精母東部〔tsong〕，董的上古音是〔tong〕，所以鬷就是董。李零曾對祝融八姓有詳細考證，在其製作的祝融八姓表基礎上，〔註14〕經過筆者修正的祝融八姓表如下：

族姓	始祖	後裔國家	故墟
己姓	樊	昆吾、蘇、顧、溫	衛
董姓	董父	鬷夷、豢龍	董
彭姓	籛鏗	彭祖、豕韋、諸稽	彭
禿姓		舟人	
妘姓	求言	鄔、鄶、路、偪陽	鄶
曹姓		鄒、莒	鄒（邾）
斟姓	惠連	參胡	韓
芉姓	季連	夔越、蠻芉、荊	楚

〔註14〕李零：《楚國族源、世系的文字學證明》，《李零自選集》，第 216 頁。

李零認為鄭是祝融集團的中心，濮陽是顓頊集團的中心，所以各姓的分佈大抵都在中心四周。筆者認為此說不確，首先，祝融就是顓頊氏，其次，我們看到後世的祝融八姓其實已經從濮陽分遷四方，羋姓都在江漢地區，可能是後來攀附。即使是中原，也極為分散：

1.昆吾在濮陽縣西三十里，蘇在今河南溫縣，蘇公盤可以證明蘇國是己（妃）姓，〔註15〕顧在今山東鄄城縣，《太平寰宇記》卷十四濮州范縣：「故顧城，在縣東南二十八里。夏之顧國也。《詩》曰：韋、顧既伐，昆吾、夏桀。注云：三國黨於桀，皆為湯所誅。」

2.董原在今山東定陶縣東北，《元和郡縣圖志》卷十一曹州定陶縣：「三鬷亭，古國也，在縣東北四十九里。湯伐桀，遂伐三鬷，俘厥寶玉。注曰：三鬷，國名，今定陶是也。」這個鬷從鬲，說明是來自西北的部族，因為祝融來自北方。其實三鬷就是戎，定陶縣西南原有戎國。《水經注》卷七《濟水》：「（南濟）東逕戎城北，《春秋》隱公二年，公會戎於潛。杜預曰：陳留濟陽縣東南有戎城是也。」濟陽縣在今蘭考縣北，《元和郡縣圖志》卷十一曹州冤句縣：「濟陽故城，在縣西南五十里。」戎也即有娀，前引《史記·殷本紀》、《呂氏春秋·音初》、楚簡《子羔》都說殷人先祖契之母為有娀氏之女，《商頌·長發》：「有娀方將，帝立子生商。」其南不遠就是商丘。因為來自西北，所以稱為戎。

董姓之所以出現在晉國，因為上文說過堯、舜時期東方部族大舉西遷到山西南部。《水經注》卷四《河水》引汲冢《竹書紀年》曰：「晉武公元年，尚一軍。芮人乘京，荀人、董伯皆叛。」《水經注》卷六《涑水》：「西過周陽邑南……涑水西逕董池陂南，即古董澤，東西四里，南北三里。《春秋》文公六年，蒐於董，即斯澤也。」

3.彭城即今徐州市，豕韋在今河南省滑縣東南，《太平寰宇記》卷九滑州韋城縣：「古殷伯豕韋之地也。」《國語·吳語》有越人諸稽郢，陳夢家認為越國銅劍上的者旨就是諸稽，〔註16〕1979年江西省靖安縣出土徐令尹者旨荊爐盤，李學勤認為是諸稽氏。〔註17〕諸稽應源出徐地，吳滅徐，徐人南逃吳

〔註15〕張懋鎔：《蘇公盤鑒賞》，《古文字與青銅器論文集（第三輯）》，科學出版社，2010年，第69～71頁。
〔註16〕陳夢家：《六國紀年》，上海人民出版社，1957年。
〔註17〕李學勤：《從新出青銅器看長江下游文化的發展》，《文物》1980年第8期。

之敵國越、楚，所以諸稽氏名為郢、荊。因為徐人南遷，所以當今中國的徐姓主要分佈在江蘇、山東、浙江、安徽，占全國徐姓的 34%，徐姓在江浙地區最為密集。〔註18〕徐人南遷江西，形成涂姓，當今中國的涂姓主要分佈在江西、福建、四川、湖北、雲南五省，江西就獨佔 60%，另外四省的涂姓都是近一千年來從江西遷出。〔註19〕

4.舟人似在舟地，李學勤指出《鄭語》鄭國在鄶國、虢國之間開拓的十個城邑之中有舟、鄔，在今河南新鄭附近。

5.鄶在今河南新鄭，偪陽在今山東棗莊市，《太平寰宇記》卷二三沂州承縣有偪陽城。

6.鄒即今山東鄒城市，李零認為在今山東莒縣的是己姓的莒，不是曹姓的莒。

7.韓國應該是戰國時期東遷的韓地，斟姓詳見第十章第三節。

二、祝融八姓南遷

可見，祝融八姓有的向西遠到山西南部，有的則在今山東南部，還有從濮陽向西南遷到溫縣，有的南遷到新鄭附近。後世把鄶當成祝融的故墟，這是祝融八姓南遷的結果，不是祝融的原居地。最關鍵的一條證據就是《國語‧周語上》內史過對周惠王說：

> 昔夏之興也，融降於崇山。其亡也，回祿信於聆隧。
>
> 商之興也，檮杌次於丕山。其亡也，夷羊在牧。
>
> 周之興也，鸑鷟鳴於岐山。其衰也，杜伯射王於鄗。

此處說，夏朝興起之前，祝融降臨崇山（嵩山），這個傳說的本質其實是祝融八姓的一些部族南遷到嵩山周圍。如果沒有祝融八姓的南遷，不可能有這個傳說。或許祝融降臨嵩山，就是祝融八姓南遷的訛傳。

因為祝融八姓南遷經過滎陽，所以在滎陽之南留下了祝融、高陽的地名，《水經注》卷七《濟水》：「濟水右合黃水，水發源京縣黃堆山，東南流，名祝龍泉，泉勢沸湧，狀若巨鼎揚湯。西南流謂之龍項口，世謂之京水也……黃水又北，逕高陽亭東。」

在鄶國之東不遠，還有燭城，《水經注》卷二二《洧水》：「又南歷燭城西，

〔註18〕袁義達主編：《中國姓氏‧三百大姓》上冊，第 42 頁、彩圖 11。

〔註19〕袁義達主編：《中國姓氏‧三百大姓》中冊，第 226 頁、彩圖 153。

即鄭大夫燭之武邑也。又南流注於洧水也。」在今新鄭之東。

因為祝融八姓的一支南遷到新鄭、新密一帶，所以出現了大騩山一名，《世本》說：「陸終娶鬼方氏妹，曰女嬇。」祝融八姓的母親來自鬼方氏，所以大騩山一名也南遷了。

《水經注》卷二二《洧水》：「洧水出河南密縣大騩山。大騩即具茨山也。黃帝登具茨之山，陞於洪堤之上，受《神芝圖》於黃蓋童子，即是山也。洧水出其阿。流而為陂，俗謂之玉女池。」大騩山又名具茨山，其實具茨是阿爾泰語系的語言，因為鬼方氏是西北民族，屬於阿爾泰語系。具茨的意思就是公主，因為祝融八姓的母親是鬼方氏的公主。匈奴人就把公主稱為居次，《漢書‧匈奴傳下》說：「復株絫單于復妻王昭君，生二女，長女云為須卜居次，小女為當于居次。」注引李奇曰：「居次者，女之號，若漢言公主也。」同書《匈奴傳上》又說漢宣帝本始二年（前 72 年）：「校尉常惠與烏孫兵至右谷蠡庭，獲單于父行及嫂、居次、名王、犁汙都尉、千長、將以下三萬九千萬餘級。」居次排在單于的嫂子之後，就是公主。筆者另文論證，匈奴與鬼方同源，所以居次就是具茨，玉女的傳說也由此而來。鬼、異兩字的意思與構形都相通，所以發源於大騩山的洧水其實也因民族得名。

近年來在具茨山區發現了很多岩畫，〔註 20〕中國的岩畫主要分佈在北方草原地區，多數是游牧民族所為，筆者認為中原地區的一些具茨山岩畫很可能是南遷的炎黃集團部族所畫。

《唐開元占經》卷一一八引《隨巢子》說：「夏后之興，方澤出馬。」〔註 21〕方澤應在中原，疑即孟諸澤，馬本來生在北方，中原出馬說明氣溫下降，北方游牧民族南下中原，其背景就是祝融等族的南遷。

祝融八姓的南遷，使得夏族所在之地的人口增加，這為夏朝崛起奠定了最重要的基礎。此時東部大平原已經為洪水沖毀，而豫西地區沒有受災，所以夏朝的崛起勢在必然。

前人多未研究祝融八姓的氏名，這些名字似乎不得其解，其實可以破解一二。先看最著名的昆吾氏，《呂氏春秋》卷十七《君守》：「昆吾作陶。」《說

〔註20〕劉五一編著：《具茨山岩畫》，中州古籍出版社，2010 年。

〔註21〕〔清〕馬國翰：《玉函山房輯佚書》，《續修四庫全書》編委會：《續修四庫全書》第 1204 冊，上海古籍出版社，2002 年，第 337 頁。〔唐〕瞿曇悉達：《唐開元占經》，《影印文淵閣四庫全書》第 807 冊，臺北：商務印書館，1986 年，第 1021 頁。

文》卷一〇下：「壺，昆吾圜器也，象形。」昆吾氏是製作陶壺的氏族，筆者認爲其實就是《周禮》夏官司馬的挈壺氏：「掌挈壺以令軍井，挈轡以令舍，挈畚以令糧。凡軍事，縣壺以序聚木櫜。凡喪，縣壺以代哭者。皆以水火守之，分以日夜。及冬，則以火爨鼎水而沸之，而沃之。」上古音的挈是溪母月部〔khyat〕，壺是匣母魚部〔ɣa〕，昆是見母文部〔kuən〕，吾是疑母魚部〔ngea〕，讀音相近。這個氏族是職責是戰爭時用壺來表示有水井，用壺來計時，注引鄭司農云：「縣壺以爲漏，以序聚木櫜，以次更聚擊木櫜備守也。」鄭玄說：「擊木櫜，兩木相敲，行夜時也。」木櫜應即木鐸，原書誤爲一字。

三、新砦文化的產生

《左傳》昭公十七年，梓慎說：「鄭，祝融之虛。」在東周之前，鄭國還沒有東遷，所謂的祝融之墟其實是指鄶，鄶是祝融之後，嵩山南部正是祝融部族南遷的聚集地。新密市古城寨龍山時代古城最初被認爲是鄶國都城，後來發現是龍山時代的古城，採用的是小板築法，堆砌而成。在其東北部有夯土高臺和廊廡建築遺址，應是宮殿。〔註22〕已有學者提出古城寨古城就是祝融之墟，〔註23〕筆者認爲鄶國都城和龍山時代古城並不矛盾，因爲現在這個古城居然還有 16 米高的城牆聳立在地面，三代應該更加壯觀，沿用到東周時期沒有問題。現在除了西牆爲河流改道沖毀，其他三面保存完好，並有護城河，而且南北城牆各有一個開口，應該是原來的城門。

考古學家發現在嵩山周圍有一種新砦類型的文化，不同於周圍的河南龍山文化，其中心新砦古城在別的龍山古城衰亡時依然繁榮，而且面積大到 70 萬平方米，在中原獨一無二。新砦遺址在河南省新密市劉寨鎮新砦村西北的臺地上，有三重環壕，內壕面積 6 萬平米，中壕面積 70 萬平米，外壕面積 100 萬平米。遺址發現類似二里頭遺址的大型建築和高規格器物，可能具備王都性質。〔註24〕

〔註22〕 蔡全法、馬俊才、郭木森：《河南省新密市發現龍山時代重要城址》，《中原文物》2000 年第 5 期。蔡全法：《古城寨龍山城址與中原文明的形成》，《中原文物》2002 年第 6 期。

〔註23〕 馬世之：《新密古城寨城址與祝融之墟問題探索》，《中原文物》2002 年第 6 期。

〔註24〕 李宏飛：《關於中國廣域王權國家形成年代的思考》，中國社會科學院考古研究所夏商周考古研究室編《三代考古》（四），科學出版社，2011 年，第 76 頁。

新砦文化的時間上限是公元前 2050～1900 年間，下限在公元前 1850～
1750 年間，約有一百多年。新砦文化含有大量東方禮樂文化因素，單目符、
饕餮紋、玉鉞、牙璋等源自東方，青銅鬶類似山東龍山文化同類陶器。〔註25〕
1999 年在新砦遺址發現一塊陶器上有獸面紋飾，很接近二里頭遺址貴族墓出
土的綠松石龍形器圖案。2000 年在新砦遺址又發現一件銅片，有學者認爲是
鬶或盉的流部殘片。鞏義市花地嘴遺址還發現新砦文化的墨玉璋，時空介於
山東龍山文化玉璋與二里頭文化玉石璋之間。饕餮紋最早出自良渚文化玉
器，再傳入山東龍山文化。鬶、璋等禮器都是從山東傳入中原，顯然經過新
砦文化的環節。有學者說新砦文化的周圍還是龍山文化的汪洋大海，二里頭
文化的源頭就在新砦文化孕育。〔註26〕

有學者認爲新砦文化是繼承河南中部王灣三期文化基礎上，大量吸收東
方文化、西北文化、南方文化三大文化系統因素產生。〔註 27〕有學者認爲新
砦文化是在王灣三期文化基礎上，大量吸收東方文化系統的造律臺文化、後
崗二期文化因素產生。有些學者認爲新砦文化介於二里頭文化和王灣三期文
化之間，而且有很多東方因素，就是后羿代夏時的文化，本書認同此說，詳
見下一章。

筆者認爲新砦類型應是南遷的祝融部族，因爲是從東北方南遷而來，所
以不同於周圍的王灣三期文化，而融入了很多東方文化系統的造律臺文化和
後崗二期文化因素，也即五帝聯盟文化。祝融部族非常強盛，所以能夠建造
巨大的古城。至於新砦古城一直繁榮的原因，其實是因爲祝融部族南遷之後
仍然非常強勢，所以才有后羿代夏，后羿就是祝融一族。下文將論證新砦遺
址就是密國古城，新砦文化是大禹母族的文化。下一章還將論證后羿出自南
遷到嵩山附近的祝融部落，后羿等夷人不是突然出現在嵩山附近，先有祝融
南遷。

上文說過鄭州之西的須水有祝龍泉、高陽亭等地名，應是祝融南遷所經，
恰好考古工作者在 2012 年到 2014 年發掘了鄭州西郊須水西岸的東趙村古城

〔註25〕　顧問：《試論新砦陶器蓋上的饕餮紋》，《華夏考古》2000 年第 4 期。顧問：《〈新
　　　　砦期研究〉增補》，《中國上古史研究專刊》第三期，蘭臺出版社，2003 年，
　　　　第 109～128 頁。
〔註26〕　許宏：《何以中國》，第 74～93 頁。
〔註27〕　張海：《公元前 4000 至前 1500 年中原腹地的文化演進與社會複雜化》，北京
　　　　大學博士論文，2007 年。

址，發現一座新砦期小城，二里頭文化時期擴展爲中城，而且是二里頭文化早期最大古城，有卜骨坑與兒童奠基，商代早期大型建築基址是目前發現的規模僅次於偃師商城建築基址的遺存。這就證明新砦文化經過須水南遷，符合地名證據。

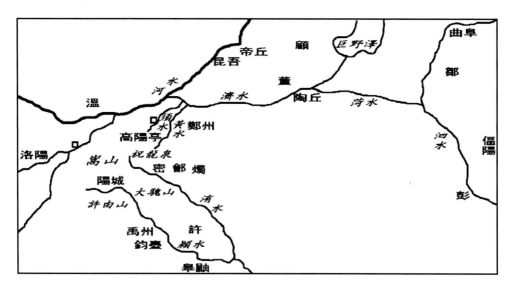

祝融與皋陶南遷地圖

第三節　許由、皋陶與獬豸由來

祝融八姓的南遷還比較清楚，許由一族的南遷則非常晦暗，《史記‧伯夷列傳》：「而說者曰堯讓天下於許由，許由不受，恥之逃隱。」《正義》引皇甫謐《高士傳》云：

> 許由字武仲，堯聞致天下而讓焉，乃退而遁於中嶽潁水之陽，箕山之下隱。堯又召爲九州長，由不欲聞之，洗耳於潁水濱。時有巢父牽犢欲飲之，見由洗耳，問其故。對曰：「堯欲召我爲九州長，惡聞其聲，是故洗耳。」巢父曰：「子若處高岸深谷，人道不通，誰能見子？子故浮游，欲聞求其名譽。污吾犢口。」牽犢上流飲之。許由歿，葬此山，亦名許由山。在洛州陽城縣南十三里。

堯要把位置讓給許由，許由卻逃到了嵩山與潁河之間，後世的許由山在陽城縣南十三里，即今登封市東南。這段故事被後世學者大加發揮，其實多

數人都忘記了這個傳說的歷史眞相是皋陶部族南遷。

一、皋陶與許由的崛起

　　在今河南省許昌市東部，原有許國，《史記‧夏本紀》的《索隱》說：「許在潁川。」《正義》引《括地志》云：「許故城在許州許昌縣南三十里，本漢許縣，故許國也。」《呂氏春秋》卷十四《愼人》：「故許由虞乎潁陽。」潁水之陽，正是許昌、登封一帶。

　　巢父其實就是許由，因爲上文說過神農即烈山氏，烈山氏之子爲農神，名爲柱，也即神農氏之後的焦氏，焦、巢可通。

　　《國語‧周語中》富辰說：

　　　齊、許、申、呂由大姜。

　　許是姜姓，《左傳》隱公十一年：

　　　夫許，大嶽之胤也。

　　許是炎帝之後，也是從黃河以北南遷的，南遷的時間就在堯時，無疑也是因爲大洪水。就在許昌市東南的臨潁縣，古代還有一個地名叫皋鼬，有些學者看出這個地名和皋陶有關，但是沒有看出其實也就是許由。因爲上古音許是曉母魚部〔xia〕，皋是見母幽部〔ku〕，讀音很近，現在閩南話的許字讀爲〔khɔ〕，讀音極近皋，就是上古音的遺存。鼬、由同音，所以許由其實就是皋陶。堯要把位置讓給皋陶（許由），其實因爲炎帝部族的勢力也很強大，部落聯盟的領袖是輪流擔任，所以才有此舉動。但是皋陶、堯都是金正，所以皋陶自然不能繼任，只能改由木正的舜繼任。

　　章太炎看出許由就是皋陶，他說《漢書‧古今人表》的許由是許繇，則即咎繇、皋陶。但是他誤以爲許由是因爲封在許才得名，《太平御覽》卷八一引《尸子》說舜：「其遊也，得六人，曰雒陶、方回、續牙、伯陽、東不識、秦不空，皆一國之賢者也。」章太炎沒有看出雒陶就是咎陶之誤，伯陽即伯益。〔註28〕

　　舜的時代，皋陶一族有人擔任司法官，《論語‧顏淵》：「舜有天下，選於眾，舉皋陶，不仁者遠矣。」《管子‧法法》：「舜之有天下也……皋陶爲李。」《詩經‧魯頌‧泮水》：「淑問如皋陶，在泮獻囚。」原來的司法職能由蓐收一族擔任，也即堯族。此時卻改爲由皋陶擔任，可能是因爲堯族大舉西遷山

〔註28〕章太炎：《膏蘭室札記》，《章太炎全集》第一冊，第297～298頁。

西，所以東方的部族選用皋陶擔任秋官。雖然有許由南遷，皋陶一族還有一些人留在大平原的五行聯盟之中。所以《呂氏春秋》卷二《當染》列舉歷代名臣時說：「舜染於許由、伯陽，禹染於皋陶、伯益。」其實許由就是皋陶，伯陽就是伯益。同書卷四《尊師》列舉歷代帝王之師時說：「帝舜師許由。」原來任冬官玄冥的是高辛氏，但是由於高辛氏南遷商丘與西遷唐地，所以冬官司空之職也改由大禹擔任。

史書裏還有一個伯成子高，《呂氏春秋》卷二十《長利》說：「堯治天下，伯成子高立為諸侯。堯授舜，舜授禹，伯成子高辭諸侯而耕。禹往見之，則耕在野。」伯成子高可能就是柏高，《山海經》末篇《海內經》說：「華山、青水之東有山名肇山，有人名曰柏高，柏高上下于此，至于天。」伯高之名可能就來自皋陶，也有可能因為炎帝崇拜山嶽。伯成子高從堯、舜到禹都是有名的貴族，很可能就是南遷的皋陶之族。

《荀子・大略》說：「堯學於君疇。」君疇很可能也是皋陶（許由）之音訛，上古音君是見母文部〔kiuən〕，疇是定母幽部〔diu〕。《新序・雜事五》：「堯學於尹壽。」尹壽即君疇，尹是君的形訛。《莊子・讓王》：「堯讓天下於子州支父。」子州支父可能就是君疇、巢父，因為尹、子形近，州、疇音近，所以尹壽訛為子州。而支、友形近，所以巢父訛為友父，又訛為支父。

二、皋陶是來自北方的羊

皋陶又名伯夷，伯夷也是掌管刑法之官，《呂氏春秋》卷四《尊師》說：「帝顓頊，師伯夷父。」《尚書・呂刑》：「伯夷降典，折民惟刑。」《墨子・尚賢中》引作：「伯夷降典，哲民維刑。」《太平御覽》卷六三六引《世本》：「伯夷作五刑。」《山海經》末篇《海內經》：「伯夷父生西嶽，西嶽生先龍，先龍是始生氐羌，氐羌乞姓。」此句可能有所本，四嶽是炎帝之後，與皋陶（許由）為四嶽之後吻合。羌、姜皆從羊，源自牧羊。

因為皋陶出自炎帝，炎帝是姜姓，原是牧羊一族，所以皋陶傳說中最神奇的就是一種叫做廌的神羊，漢字中最初的法字寫成灋，《說文》卷一○上：「灋，刑也。平之如水，從水。廌，所以觸不直者，去之，從去。」古代司法用廌獸的角去牴觸罪犯，古書記載廌如下：

1.《說文》卷一○上：「廌，解廌，獸也，似山牛，一角。古者訴訟，令觸不直。象形。」

2.《論衡‧是應》:「儒者說云:觟𧩂者,一角之羊也,性知有罪。皋陶治獄,其罪疑者令羊觸之,有罪則觸,無罪則不觸。斯蓋天生一角聖獸,助獄爲驗,故皋陶敬羊,起坐事之。此則神奇瑞應之類也。曰:夫觟𧩂則復屈軼之語也。羊本二角,觟𧩂一角,體損於群,不及眾類,何以爲奇?鱉三足曰能,龜三足曰賁。案能與賁,不能神於四足之龜鱉;一角之羊何能聖於兩角之禽?」

3.《續漢書‧輿服志下》:「法冠⋯⋯或謂之獬豸冠。獬豸神羊,能別曲直,楚王嘗獲之,故以爲冠。」

4.蕭梁任昉《述異記》卷上:「獬豸者,一角之羊也。性知人罪。皋陶治獄,其罪疑者,令羊觸之。」

獬豸是羊,皋陶敬羊,其實因爲皋陶本來就是姜姓的牧羊人。楚王獲得獬豸冠也不是亂說,因爲皋陶之後的六國、英國爲楚所滅。

羊爲何叫獬豸呢?

有人說獬豸之名來自犀兕,此說大謬,羊和犀牛差別太大,何況獬、犀的上古音差別很大,絕不可通。

《史記‧貨殖列傳》說:「楊、平陽,西賈秦、翟,北賈種、代。種、代,石北也,地邊胡,數被寇。人民矜懻忮,好氣,任俠爲奸,不事農商。然迫近北夷,師旅亟往,中國委輸時有奇羨。其民羯羠不均,自全晉之時固已患其僄悍,而武靈王益厲之,其謠俗猶有趙之風也。」

《集解》引徐廣曰:「羠音兕,一音囚幾反,皆健羊名。」《說文》卷四上說:「羯,羊羖犗也。」又:「羖,夏羊牡曰羖。」又:「犗,騬牛也。」又:「羠,騬羊也。」騬即騸,鄭玄注《周禮‧夏官‧校人》頒馬攻特,引鄭司農曰:「攻特謂之騬。」顏師古注《急救篇》說:「羖之犗者爲羯,謂之也。」閹割過的公羊叫羯羠,就是獬豸。羯羠、獬豸讀音相近,解是見母支部〔ke〕,羯是見母月部〔kiat〕,豸是定母支部〔de〕,羠是邪母支部〔ziei〕。

《國語‧周語上》說:「商之興也,檮杌次於丕山。其亡也,夷羊在牧。」所謂夷羊,不是東夷的羊,而是羠。商亡於周,周人來自西北,所以來自西北的羠是滅亡之兆。

《尸子》輯本卷下說:「皋陶擇羝之裘而御之。」《說文》卷四上:「羝,牡羊也。」此句也和獬豸有關。

義字原形,上面是羊,下面是我,《說文》卷十二上說:「義,己之威儀也,從我、羊。」楊樹達認爲上面的羊讀爲象,原意是我之象,也即威儀的

由來。〔註 29〕但是每個人都有形象，每個人卻不能都有威儀，所以此說必然有誤。有學者認為下面的我是兵器，上面的羊就是獬豸，〔註 30〕也有學者認為上面的羊頭是儀仗的裝飾。筆者認為獬豸之說似較可信，否則無法解釋為何選擇羊頭而非別的動物。

其實皋陶就是祝融八姓中南遷嵩山以南的求言，因為上古音的求是群母幽部〔giu〕，言是疑母元部〔ngian〕，而皋陶是〔ku〕〔ʎiu〕，讀音很近。

《左傳》文公十八年記舜流混敦、窮奇、檮杌、饕餮四凶族，說：「昔帝鴻氏有不才子，掩義隱賊，好行兇德，醜類惡物，頑囂不友，是與比周，天下之民謂之渾敦。」《史記·五帝本紀》說舜流的是共工、驩兜、三苗、鯀，《五帝本紀》說：「讙兜進言共工，堯曰不可而試之工師，共工果淫辟。四嶽舉鯀治鴻水，堯以為不可，嶽彊請試之，試之而無功，故百姓不便。三苗在江淮、荊州數為亂。於是舜歸而言於帝，請流共工於幽陵，以變北狄。放驩兜於崇山，以變南蠻。遷三苗於三危，以變西戎。殛鯀於羽山，以變東夷：四罪而天下咸服。」

驩兜、混敦讀音很近，驩兜南遷崇山，令人想到《國語·周語上》「昔夏之興也，融降於崇山」，上文說祝融、皋陶（許由）都出自炎帝，驩兜應即皋陶，驩、皋都是牙音，陶、兜都是舌音。

《大荒東經》：「有白民之國。帝俊生帝鴻，帝鴻生白民。」白民是皮膚較白的部族，應是來自北方，帝鴻來自北方，則其子渾敦（驩兜）也應是北方部族，其實就是葷粥，讀音很近。〔註 31〕所以驩兜（渾敦、皋陶）不是出自正宗的炎帝一族，而是涿鹿之戰後被炎帝收編的戎狄，留在北方戎狄之中的皋陶族人就是春秋時期的仇由部，《呂氏春秋·權勳》：「中山之國有夙繇者。」夙是夘之誤，《史記·樗里子傳》作仇猶，《韓非子·說林》作仇繇，在今山西盂縣。仇由即皋陶，上文已說皋陶即仇言、許由。

其實皋陶的原義就是羊，《逸周書·王會》：「北方臺正東，高夷嗛羊，嗛羊者，羊而四角。」上古音的嗛是溪母談部〔khyam〕，疑即古突厥語的羊qoyn，〔註 32〕音譯即皋陶、仇言。

〔註 29〕楊樹達：《積微居小學金石論叢》，上海古籍出版社，2007 年，第 41 頁。
〔註 30〕楊琳：《漢字形義與文化》，南開大學出版社，2012 年，第 445 頁。
〔註 31〕關於上古的葷粥一族及皋陶與葷粥的關係，筆者將在另書論證。
〔註 32〕突厥人源自印歐人，所以突厥語的羊與印歐語同源，原始印歐語的羊或擬為 ghaitos，即現代英語 goat 的來源。

　　驩兜與共工同出自戎狄，同樣被炎帝收編，所以《堯典》記載驩兜要推薦共工。祝融是炎帝的正傳，《楚世家》說帝嚳要祝融去攻打共工，因為祝融與共工是同族，當然不可能全力以赴。

　　《山海經‧大荒南經》說：「鯀妻士敬，士敬子曰炎融，生驩頭。」驩頭即驩兜，其父是炎融，其實就是炎帝部族。其祖是鯀，這是後人附會，因為鯀是有崇氏首領，驩兜南遷於此，所以有此誤會。

三、皋陶南遷的後裔

　　近年發現的清華楚簡《厚父》說：「啟惟后，帝亦弗鞏啟之經德，少命咎繇下為之卿事。」〔註33〕此句說天帝降下咎繇（皋陶）為啟之卿事，反映了皋陶遷入河南中部的歷史。南遷部族原來與禹、啟親睦，太康才開始攻殺羲和氏，引發后羿代夏，詳見下一章。

　　皋陶的後代有六、蓼兩國，《左傳》文公五年（前 622 年）說：「冬，楚子燮滅蓼。臧文仲聞六與蓼滅，曰：皋陶庭堅不祀，忽諸，德之不建，民之無援，哀哉！」注：「蓼國，今安豐蓼縣。」蓼國在今河南固始縣，六國在今安徽省六安市，這兩國都在淮河流域，很可能和許、皋鼬有關。《史記‧夏本紀》說：「帝禹立而舉皋陶薦之，且授政焉，而皋陶卒。封皋陶之後於英、六，或在許。而後舉益，任之政。」《集解》引徐廣曰：「《史記》皆作英字，而以英布是此苗裔。」《索隱》引《地理志》：「六安國六縣，咎繇後偃姓所封國。」又說：「英地闕，不知所在，以為黥布是其後也。」《正義》：「英蓋蓼也。」引《括地志》云：「光州固始縣，本春秋時蓼國。偃姓，皋陶之後也。左傳云子燮滅蓼。《太康地志》云蓼國先在南陽故縣，今豫州鄲縣界故胡城是，後徙於此。」《括地志》云：「故六城在壽州安豐縣南一百三十二里。《春秋》文五年秋，楚成大心滅之。」《集解》又引《皇覽》曰：「皋陶冢在廬江六縣。」英、蓼讀音不近，所以英應該在別處，可能在六附近，英布是六縣人。

　　皋陶的後代散佈在江淮，不止在許、英、六，還繼續東遷到今江蘇境內，高郵其實就是皋陶，郵、繇都是以母幽部，高郵之名與郵遞無關。〔註34〕在

〔註33〕趙平安：《〈厚父〉的性質及其蘊含的夏代歷史文化》，《文物》2014 年第 12 期。

〔註34〕今人有把高郵誤解為郵驛，其實江蘇、浙江、安徽至今仍有大量地名出自原住民語言，還有：如皋、句容、丹徒、無錫、姑蘇、諸暨、桐廬、歙、黟、蕪湖等，自然不能用漢語解釋。

今宿遷境內，漢代有仈猶縣，其實也是得名於皋陶氏，仈是群母幽部〔giu〕，猶是見母幽部〔kiu〕，讀音稍近。

《水經注》卷五《河水》：「（河水）又東北，逕碻磝城西。《述征記》曰：碻磝，津名也。自黃河泛舟而渡者，皆爲津也。其城臨水，西南崩於河。」《元和郡縣圖志》卷十一濟州：「按濟州理碻磝城，碻苦高反，磝音敖。」碻磝城在今茌平縣韓集鎮高垣牆村，碻磝因爲皋陶得名。

皋陶之後有一支有鬲氏，《水經注》卷五《河水》說大河故瀆：「西流逕平原鬲縣故城西。《地理志》曰：鬲，津也，王莽名之曰河平亭，故有窮后羿國也。應劭曰：鬲，偃姓，咎繇後。」有鬲氏在今山東省德州市，距碻磝不遠。咎繇即皋陶，《北堂書鈔》卷十七引《竹書紀年》作咎陶。這可能是皋陶未南遷的一支，可能就是皋陶的故地。鬲發源於河套地區，而後擴展到黃河下游地區，所以有鬲氏是一定來自山西，這和皋陶源出炎帝吻合。有鬲不是后羿故國，只是后羿之子逃亡之地，詳見下一章。

第四節　有崇氏源自嵩山

夏朝崛起於嵩山南部的潁河上游，所以原來稱爲有崇氏，《國語》稱鯀爲有崇伯鯀，崇山即嵩山。《逸周書・世俘》說周武王克商之年的四月：「乙卯，籥人奏《崇禹生開》三鍾終，王定。」劉師培說崇禹即有崇氏禹，開即其子啓。〔註35〕

有崇氏的中心是嵩山，嵩山也是其崇奉的聖山。因爲中原本來是仰韶文化——廟底溝文化系統，也即崇拜華山的華胥氏族群，自然以崇奉山嶽爲主。

《孟子・萬章上》：「禹避舜之子於陽城。」陽城即漢代陽城縣，武則天萬歲登封元年（696 年）改爲告成縣，在今登封市東南的告成鎮，同年又改嵩城縣爲登封縣。〔註36〕

《漢書・地理志上》潁川郡陽翟縣：「夏禹國。」《史記・周本紀》：「自洛汭延於伊汭，居易毋固，其有夏之居。」《集解》引徐廣曰：「夏居河南，初在陽城，後居陽翟。」陽翟在今禹州，瓦店龍山文化遺址面積有 100 萬平

〔註35〕黃懷信、張懋鎔、田旭東：《逸周書彙校集注》，上海古籍出版社，2007 年，第 429 頁。

〔註36〕〔唐〕李吉甫撰、賀次君點校：《元和郡縣圖志》，中華書局（北京），1983年，第 139 頁。

方米，發現古城，很多學者認爲就是禹都。

　　《穆天子傳》卷五：「丙辰，天子南遊於黃□室之丘，以觀夏后啓之所居。」郭璞注：「疑此言太室之丘嵩高山，啓母在此山化爲石，而子啓亦登仙，故其上有啓石也，皆見《歸藏》及《淮南子》。」〔註37〕此次周穆王出發的地點是洛陽，夏啓居地在其南，則在今嵩山附近。《水經注》卷二二《潁水》：「《歸藏易》曰：啓筮享神於大陵之上。即鈞臺也。《春秋左傳》曰：夏啓有鈞臺之享，是也。杜預曰：河南陽翟縣南有鈞臺。其水又東南流，水積爲陂，陂方十里，俗謂之鈞臺陂，蓋陂指臺取名也。又西南流逕夏亭城西，又屈而東南，爲郟之靡陂。潁水自堨東逕陽翟縣故城北，夏禹始封於此，爲夏國。」禹州在登封東南，夏禹和啓向東南遷都，說明夏朝的重心南遷。

　　上文多次引《國語》講述大禹治水成功因而受賜姒姓，其實這個故事很有意思，因爲漢字的治字，左邊是水，本義就是治水，右邊是臺，其實也就是以，二字同源，所以筆者認爲姒、治直接相關，姒姓來自治水。一種可能是治水之前就有此姓，有崇氏本來是善於治水的部族，一種可能是大禹開始任司空，主管治水，獲得姒姓，還有一種可能，確實是治水成功之後才受賜姒姓。

　　有學者認爲夏朝興起於河、濟之間，濮陽即大禹所都的陽城，〔註38〕筆者認爲此說不確，濮陽是濮水之陽，不是陽城。作者過度強調了濮陽的重要性，忽視了顓頊到夏禹之間的大變局。大洪水已經使東方部族西遷，濮陽附近已經衰落。至於夏朝前期的相重回帝丘，這是被后羿、寒浞勢力趕出來的，不能證明夏朝興起於河、濟之間。陳隆文反駁濮陽說，他認爲禹興起於陽城附近。〔註39〕

　　漢初就有禹出自四川西部之說，湖北張家山漢簡說：「術禹石紐，汶川之會。」〔註40〕《史記‧夏本紀》引楊雄《蜀王本紀》：「禹本汶山郡廣柔縣人也，生於石紐。」又引《括地志》：「茂州汶川縣石紐山在縣西七十三里。」禹不可能到四川西部，這是晚出附會。這種說法在春秋戰國時期書中還沒出

〔註37〕王貽樑、陳建敏：《穆天子傳彙校集釋》，華東師範大學出版社，1994年，第290頁。
〔註38〕沈長雲：《夏后氏居於古河濟之間考》，《中國史研究》1994年第3期。沈長雲：《禹都陽城即濮陽說》，《中國史研究》1997年第2期。
〔註39〕陳隆文《夏族起源、活動區域與禹都陽城探索》，《殷都學刊》2010年第4期。
〔註40〕李學勤：《在「全國大禹文化研討會」上的演講》，《通向文明之路》，第45頁。

現，形成時間不會很早。李學勤認爲可能是蜀人的傳說，可能是羌人西遷以後形成，也有可能是夏人傳說。﹝註41﹞陸賈《新語‧術事》：「大禹出於西羌。」《荀子‧大略》：「禹學於西王國。」大禹出於西羌很可能是學於西王國之訛。而西王國本來是指中原西部的豫陝晉交界地區，原來羌族分佈範圍很大，豫西靠近羌地。特別是春秋時期戎狄紛紛從西北遷居到豫西，而傳說鯀化出禹的正是在豫西澠池縣，詳見第二章第二節。所以禹出自西羌可能是春秋時期豫西戎狄化之後才出現的訛傳，正如舜死於東方己氏戎遷居地，但是訛傳爲死於西方的戎地，詳見第八章第四節。

古人誤以爲夏在西方的原因，或是把大夏誤以爲是夏，其實大夏是上古漢語對吐火羅的音譯，今甘肅臨夏在漢代名爲大夏縣，即吐火羅的音譯，這和夏朝無關。西北多羌，所以古人特別是孟軻這樣的齊人可能看到西部有很多大夏相關地名，於是誤解禹出自西羌。大夏（吐火羅）人在上古東遷到華北，留下很多大夏的地名。大夏在中國的分佈地，前人或舉出《左傳》、《呂氏春秋》、《史記》、《漢書》、《山海經》的幾則史料，﹝註42﹞其實還有很多史料，筆者將在另書詳述。

還有學者認爲夏朝崛起於東南地區，﹝註43﹞當然也不能成立，因爲其證據僅僅是來自東南地區的禮器融入了夏文化，但是地區之間的文化交流不能說明國家和民族的遷徙，禹到會稽只是後世的假託。如果禹能深入越地，到達紹興，不會僅在淮河岸邊的塗山會盟一次。

第五節　禹出高密與新密新砦古城

《史記‧夏本紀》開篇說：「夏禹，名曰文命。」《正義》引《系本》：「鯀取有辛氏女，謂之女志，是生高密。」又引宋衷云：「高密，禹所封國。」大禹又名高密，或說其封地在高密。這個高密不可能是山東高密，一定在中原夏朝興起的核心地，無疑是今新密市的古密國。新密原名密縣，1994 年才改名新密。

﹝註41﹞ 李學勤：《禹生石紐說的歷史背景》，《走出疑古時代》，長春出版社，2007 年，第 135～138 頁。

﹝註42﹞ 余太山：《塞種史研究》，商務印書館，2012 年，第 46～48 頁。

﹝註43﹞ 陳剩勇：《東南地區：夏文化的萌生與崛起──從中國新石器時代晚期主要文化圈的比較研究探尋夏文化》，《東南文化》1991 年第 1 期。

《水經注》卷二二《洧水》：

> 洧水又東南流與承雲二水合，俱出承雲山，二源雙導，東南流注於
> 洧。世謂之東、西承雲水。洧水又東，微水注之。水出微山，東北
> 流入於洧。洧水又東逕密縣故城南，《春秋》謂之新城。《左傳‧僖
> 公六年》，會諸侯伐鄭，圍新密，以鄭不時城也……洧水又東合武定
> 水……洧水又東南，赤澗水注之。水出武定岡，東南流逕皇臺岡下。
> 又歷岡東，東南流注於洧。

皇臺岡在今新砦村東 2 千米，其西還有武河村，即武定水。一般認為密國故城在今大隗鎮，但是春秋時期的密國已遷新城，說明原來還有故城。密國故城很可能就是大隗鎮東 5 千米的新砦故城，也即大禹所在的高密。

上文說過新砦是中原同時期最大的城，又是龍山文化和二里頭文化之間的新砦文化中心。新砦文化已在文獻記載的夏朝初年，所以很可能是夏文化源頭之一。新砦文化是東方文化和中原文化交融的產物，所以大禹出自高密的眞相是中原的有崇氏（王灣三期文化）和西遷新砦的東方文化部族通婚，生出大禹。

高密的讀音接近句芒、高禖、瞽瞍，舜的祖先叫幕，幕、微、密音近，都是表示黯淡無光的同源字，掩蓋爲蒙、幕，蒙則光微，隱藏爲密，無光即瞽、盲。密是明母質部〔met〕，微是明母微部〔miəi〕，因此密縣故城附近的微水實即密水之音訛。密縣與鄭州之間有梅山，疑即高禖之禖，也即密國同源地名。因爲大禹的母親出自東方的天官句芒，所以大禹建立的夏朝繼承了東方的禮制。

新密南有具茨山，北有嵩山，西面恰有一個寬闊通道與登封的有崇氏來往，於是來自東方的部族與河南本土部族在此通婚，生出大禹，開創夏朝。

禹或許不是鯀的親生兒子，因爲史書經常說到鯀死後用一種奇怪的方式產出禹，《天問》說：「伯禹愎鯀，夫何以變化。」郭璞注《山海經》末篇《海內經》引《歸藏‧啓筮》：「鯀死三歲不腐，剖之以吳刀，化爲黃龍也。」《初學記》卷二二引《歸藏》：「大副之吳刀，是用出禹。」屈原不懂鯀是如何變化出禹，似乎有一種用刀剖出的傳說。說明禹可能不是鯀的親子，而是有崇氏和東方部族通婚所生的庶子，被東方部族任爲有崇氏的新族長。堯、舜西征有崇，兩敗俱傷，鯀逃往潼池，最終被殺，所以東方部族很可能任命了一個親近東方部族的庶子禹爲新族長，這在中國歷史上是很常見的現象。

　　密國有承雲山，《呂氏春秋》卷五《古樂》：「帝顓頊生自若水，實處空桑，乃登為帝。惟天之合，正風乃行，其音若熙熙淒淒鏘鏘。帝顓頊好其音，乃令飛龍作效八風之音，命之曰承雲，以祭上帝。」《左傳》文公十八年舜流四凶族故事說：「縉雲氏有不才子，貪於飲食，冒於貨賄，侵欲崇侈，不可盈厭，聚斂積實，不知紀極，不分孤寡，不恤窮匱，天下之民以比三凶，謂之饕餮。」上古音的承是禪母蒸部〔ziəng〕，縉是精母真部〔tsien〕，讀音接近。黃帝以雲為紀，承雲之名或與顓頊及炎黃有關，也說明五帝部族確實南遷到洧水流域。

第十章　夏朝的建立與復興

　　大洪水沖毀了東方平原上的繁榮社會，給河南中部丘陵地區部落的崛起帶來了千載難逢的良機。雖然東方部族的西遷給嵩山附近的有崇氏帶來了很大麻煩，但是最終居然促成了夏朝的建立。本章先考證大禹和啓的對外擴張，再考證后羿代夏的歷史。

第一節　夏禹的對外擴張

　　《韓非子・十過》由余對秦穆公說：「臣聞昔者堯有天下，飯於土簋，飲於土鈃，其地南至交趾，北至幽都，東西至日月之所出入者，莫不賓服。堯禪天下，虞舜受之，作爲食器，斬山木而財之，削鋸修之迹，流漆墨其上，輸之於宮，以爲食器，諸侯以爲益侈，國之不服者十三。舜禪天下而傳之於禹，禹作爲祭器，墨染其外，而朱畫其內，縵帛爲茵，蔣席頗緣，觴酌有采，而樽俎有飾，此彌侈矣，而國之不服者三十三。」此處說夏禹開始把堯舜時期樸素的器物修飾爲奢侈品，於是有三十三國不服夏朝。反映了夏朝統治者權力的擴大，夏初和周邊很多國家有戰爭。

　　《呂氏春秋》卷二十《召類》說：「堯戰于丹水之浦，以服南蠻。舜卻苗民，更易其俗。禹攻曹、魏、屈、驁、有扈，以行其教。三王以上，固皆用兵也。」或以爲是啓攻有扈氏，但是此處說三王，說明不應還有啓。即使傳抄有誤，去除有扈氏，禹至少也攻過曹、魏、驁，曹在今山東定陶，魏在今山西芮城，驁即敖，在今河南滎陽，說明大禹在四個方向都有擴張。

　　山東臨沂銀雀山漢簡《孫臏兵法・見威王》：「舜身衰而治屈，胥天下而

傳之禹。禹鑿孟門而通大夏，斬八林而樊九口，西面而並三苗。」孟門、大夏都在山西南部，《史記‧齊太公世家》：「桓公稱曰：「寡人南伐至召陵，望熊山，北伐山戎、離枝、孤竹，西伐大夏，涉流沙，束馬懸車登太行，至卑耳山而還。」《管子》卷二十《小匡》：「北伐山戎，制冷支，斬孤竹，而九夷始聽。海濱諸侯，莫不來服。西征攘白狄之地，遂至於西河，方舟投柎，乘桴濟河，至於石沉。縣車束馬，逾大行與卑耳之貉，拘秦夏。西服流沙西虞，而秦戎始從。」尹注：「拘秦夏之不服者。」這是誤解爲秦人和夏人，其實秦夏是泰夏之形訛，由下文秦字而誤，泰夏即大夏。大夏在大行（太行）之西，即今山西南部。《左傳》僖公十年（前 650 年）說齊桓公伐晉，只到高梁（今山西臨汾市東），但是次年狄人滅溫，齊伐北戎，所以齊桓公不曾到流沙，他所到的卑耳山或即《水經注》高梁城南的浮山（在今浮山縣）。

《山海經‧北次三經》有孟門山，《左傳》襄公二十三年（前 550 年）：「齊侯遂伐晉，取朝歌，爲二隊，入孟門，登大行。」朝歌在今河南淇縣，《太平寰宇記》卷五三懷州修武縣說天門山在縣西北三十七里，卷五六衛州共城縣（治今輝縣市）說：「天門山，在縣西五十里。」孟門應即天門，即今磨河所出之山口，這是太行山以東的最大通道，又名白陘，是太行八陘第二陘。

所謂斬八林，樊九口，或指開闢山林中的新道，在重要的關口建造樊籬，形成原始的疆界。

大禹西征的第一個方向就是山西南部，此地原來是西夏與共工氏之地，黃河下游的堯舜等族遭受水災，問責中游的共工氏，進而征討共工。大禹趁機擴張到山西南部，其實這場擴張主要是爲了佔有山西南部的礦產資源。《山海經‧大荒西經》：「有禹攻共工國山。」此條在此篇開頭，所以此地在西北部。

《史記‧五帝本紀》說：「讙兜進言共工，堯曰不可而試之工師，共工果淫辟。四嶽舉鯀治鴻水，堯以爲不可，嶽彊請試之，試之而無功，故百姓不便。三苗在江淮、荊州數爲亂。於是舜歸而言於帝，請流共工於幽陵，以變北狄。放讙兜於崇山，以變南蠻。遷三苗於三危，以變西戎。殛鯀於羽山，以變東夷：四辠而天下咸服。」俞偉超認爲有兩次南征三苗，一次是堯、舜之時，一次是大禹之時，筆者認爲大禹是堯、舜之臣，其實是同一件事。《呂氏春秋》卷十九《上德》說：「三苗不服，禹請攻之。舜曰：以德可也。行德三年，而三苗服。」說明禹攻三苗是在舜爲帝時。《淮南子‧齊俗》：「故當舜

之時，有苗不服，於是舜修政偃兵，執干戚而舞之。禹之時，天下大水，禹令民聚土積薪，擇丘陵而處之。」同書《修務》說舜：「南征三苗，道死蒼梧。」此處把征三苗列在舜之時而非禹之時，也說明是舜爲帝時征三苗。

《呂氏春秋》卷二十《召類》：「堯戰于丹水之浦，以服南蠻。」南蠻即三苗，《水經注》卷二十《丹水》認爲堯所戰的丹水就是漢水的支流丹江，《史記‧五帝本紀》說：「三苗在江淮、荆州數爲亂。於是舜歸而言於帝……遷三苗於三危，以變西戎。」

《墨子‧非攻下》說：

> 昔者三苗大亂，天命殛之，日妖宵出，雨血三朝，龍生於廟，犬哭乎市，夏冰，地坼及泉，五穀變化，民乃大振。高陽乃命玄宮，禹親把天之瑞令，以征有苗。四電誘祗，有神人面鳥身，若瑾以侍，搤矢有苗之祥。苗師大亂，後乃遂幾。禹既已克有三苗，焉磿爲山川，別物上下，卿制大極，而神民不違，天下乃靜，則此禹之所以征有苗也。

此處說大禹南征三苗之前，夏天有冰，大地乾裂，說明氣候變得乾冷，正是 4000 多年的降溫事件，說明這個記載非常可信。其實也正是因爲降溫，導致北方人需要南下，導致北方人能夠戰勝南方的三苗。

高陽是顓頊之氏，所謂禹接受高陽氏之命，其實此處的高陽就是顓頊氏之子祝融，也即南遷的祝融八姓，此條也可證明祝融八姓不僅南遷到嵩山附近，而且參加了中原部族對三苗的大戰。東方部族大舉西遷到河南中部，必須向西南擴張，一方面因爲當時不斷降溫，所以北方人要南下避寒，另一方面是東方部族要借助對外擴張消解與有崇氏的矛盾。

《通志》卷二引《汲冢紀年》說：「三苗將亡，天雨血，夏有冰，地坼及泉，青龍生於廟，日夜出，晝日不出。」1973 年河北省定縣八角廊村發現第40 號漢墓是西漢中山懷王劉修的墓，墓內出土的兵書《六韜》殘簡說：

> □曰：吾聞有苗雨血，沾朝衣，是非有苗（745 號）
>
> 有苗月蝕日斷，三日不解，是非□（1175 號）
>
> 有苗三日不見日，是非有苗之□耶？對……（2228 號）
>
> □曰：然則有苗何以亡？對曰：有……（302 號）

這些記者大致和古書所說的三苗將亡的異象吻合，有學者認爲其真相是

一次黃昏時的日食，古人以為到了夜晚，但是日食結束，又是白天，所以古人說成日夜出。根據天文學家計算，公元前 2104 年的河南西南部、陝西東南部及中國西南地區有一次日食。所以禹征三苗是在公元前 2104 年，這和夏朝開始於 2070 年的記載可以對應。〔註1〕

《戰國策·魏策一》吳起說：「昔者三苗之居，左彭蠡之波，右洞庭之水，文山在其南，而衡山在其北。恃此險也，為政不善，而禹放逐之。」衡山即今大別山，秦設衡山郡，項羽封吳芮為衡山王，此衡山也即《禹貢》荊及衡陽為荊州的衡山，大別山是中原與長江流域的明顯界限，現在還是河南、湖北省界。三苗之地在大別山、洞庭湖、鄱陽湖間，這是後世的三苗，其實夏朝之前的三苗一直分佈到河南省西南部，考古學上表現為石家河文化向北擴展到今河南駐馬店、南陽等地。

三苗及堯舜等族的西遷，有考古學為證，俞偉超指出：堯舜伐三苗，導致三苗西遷，反映在考古學上，就是長江中游的南方土著文化，在龍山文化以後，也就是五帝到夏商時代，受到中原文化的衝擊，中原文化通過南陽盆地和隨棗走廊，直抵長江北岸。原來在長江中游的石家河文化，和中原的龍山文化同時，就是三苗部族創造的，石家河文化的很多器物出現在西南地區，反映了三苗西遷三危。〔註2〕山東銀雀山漢簡《孫臏兵法·見威王》說：「有苗存蜀為強。」饒宗頤提出三危即岷山，即甲骨文中的危方。〔註3〕韓建業進一步提出，禹征三苗早到龍山文化時代後期，大致在公元前 2200 年，湖北、豫南地區在此後就已經從石家河文化變成王灣三期文化。〔註4〕筆者認為這個年代與禹征三苗在公元前 2104 年的觀點吻合，也和夏朝始於 2070 年的說法吻合。

中原地區有三個地名與三苗有關，反映了三苗北遷的路線：

1. 蠻氏，在今河南省汝陽縣東南，《左傳》成公六年（前 585 年）：「三月，

〔註1〕 江林昌：《堯舜禹伐三苗的綜合研究與夏代始年的討論》，《華學》第五輯，中山大學出版社，2001 年。

〔註2〕 俞偉超：《楚文化的淵源與三苗文化的考古學推測》，《先秦兩漢考古學論集》。俞偉超：《三危的地望新揭示》，《古史的考古學探索》，文物出版社，2002 年，第 281～283 頁。

〔註3〕 饒宗頤：《西南文化創世紀：殷代隴蜀部族地理與三星堆、金沙文化》，上海古籍出版社，2010 年。

〔註4〕 韓建業：《禹征三苗探索》，《五帝時代——以華夏為核心的古史體系的考古學觀察》，第 1～16 頁。

晉伯宗、夏陽說，衛孫良夫、寧相、鄭人、伊雒之戎、陸渾、蠻氏侵宋。」
杜預注：「蠻氏，戎別種也。河南新城縣東南有蠻城。」《水經》：「汝水出河
南梁縣勉鄉西，天息山。」《水經注》：「《地理志》曰出高陵山，即猛山也。
亦言出南陽魯陽縣之大盂山。」筆者認為盂字是孟字之誤，勉、猛、孟都是
苗、蠻之音轉，都是苗族自稱。源出苗族的瑤族有一支自稱為勉，苗即苗族
自稱。瑤族是從苗族分化出的民族，原名莫瑤，《梁書》卷三四《張瓚傳》：「州
界零陵、衡陽等郡，有莫徭蠻者，依山險為居。」《隋書‧地理志下》：「長沙
郡又雜有夷蜒，名曰莫徭，自云其先祖有功，常免徭役，故以為名。」所謂
免除徭役而得名是漢人附會，蠻夷異於漢制，常免徭役的並非只有這一族。
莫徭合音即苗，莫瑤即苗。苗瑤兩族分化後，瑤族南遷，苗族西遷。

　　2.苗，在今河南省濟源市西，《水經注》卷四《河水》：「漭水西屈，逕關
城南，歷軹關南，逕苗亭西。亭，故周之苗邑也。又東流，注於河。」當今
中國的苗姓主要分佈在河南、山東、河北、遼寧、山西五省，河南就獨佔 32
％，[註5] 主要是因為源自苗地。

　　3.茅，在今山西省平陸縣，《山海經‧海外南經》：「三苗國在赤水東，其
為人相隨，一曰三毛國。」上海博物館藏楚簡《緇衣》的覩民，即苗民。[註6]
《詩經‧小雅‧角弓》：「如蠻如髦，我是用憂。」蠻、髦並列，因為苗即南蠻。

　　《尚書‧牧誓》說周武王伐商時率領有庸、蜀、羌、髳、微、盧、彭、
濮人，章太炎認為此處的髳是苗族，這是正確的，但是錢穆認為三苗的居地
在山西南部到河南北部，[註7] 這就不對。因為北遷的苗族早已被華夏同化，
不能根據這些地名就說後世的三苗在這一帶。

　　從這些地名來看，三苗所遷的三危似乎在今山西省境內，山西省南部在
中原西北部，古代是戎狄所居，所以說以變西戎。值得注意的是，平陸之西
的芮城縣原是魏國，魏、危音近，所以傳說遷三苗於三危的危不知是否指魏。

　　上文說過，驩兜就是皋陶（許由），皋陶一族不斷南遷，從今許昌市直到
六安市，這些地方原來都是苗蠻地域，所以皋陶一族的南征，其實也對應《史
記‧五帝本紀》所說的放驩兜以變南蠻。

〔註5〕袁義達主編：《中國姓氏‧三百大姓》中冊，第 206 頁、彩圖 146。
〔註6〕饒宗頤：《覩民、苗民考》，《華學》第五輯，中山大學出版社，2001 年。收入
　　　《饒宗頤新出土文獻論證》，上海古籍出版社，2005 年。
〔註7〕錢穆：《古三苗疆域考》，《古史地理論叢》，商務印書館（北京），2004 年。

　　禹征三苗，主要是向西南，而非東南，所以《戰國策・魏策二》說：「燕，齊讎國也。秦，兄弟之交也。合讎國以伐婚姻，臣爲之苦矣。黃帝戰於涿鹿之野，而西戎之兵不至。禹攻三苗，而東夷之民不起。以燕伐秦，黃帝之所難也，而臣以致燕甲而起齊兵矣。」西戎是炎帝的同宗，所以黃帝戰於涿鹿，西戎不幫黃帝。東夷與三苗親密，所以禹攻三苗，東夷不出兵相助。

　　夏啓似乎也到過苗地，《山海經・大荒西經》說：

　　　西南海之外，赤水之南，流沙之西，有人珥兩青蛇，乘兩龍，名曰

　　　夏后開。開上三嬪於天，得《九辯》與《九歌》以下。此天穆之野，

　　　高二千仞，開焉得始歌《九招》。

　　此條下一條是氐人，說明確實在西南，應是苗地，《海外西經》說：「大樂之野，夏后啓於此儛九代，乘兩龍，雲蓋三層。左手操翳，右手操環，佩玉璜。在大運山北。一曰大遺之野。」天穆、大樂字近，大樂爲近。因爲是苗地，所以能得到《九歌》，《九歌》是楚樂，楚人原來就是苗蠻。

　　所謂《九辯》，可能原來應寫作《九蠻》，辨、蠻音近，都是唇音，元部。蠻即苗蠻，所以九辨即苗族音樂。

　　除了西征，大禹還東征淮河流域，《左傳》哀公七年（前 488 年）說：「禹合諸侯於塗山，執玉帛者萬國。」一般認爲塗山是今安徽蚌埠塗山，但聞一多等人認爲是河南嵩縣三塗山。三塗山雖然地勢險要，但是地形狹窄。而淮河岸邊的塗山周圍一馬平川，有會合諸侯的氣勢。三塗山本來就是大禹地盤，而蚌埠塗山距離稍遠，所以在淮河岸邊會合諸侯才有必要，象徵大禹征服東方諸侯。塗山西南有禹會村，禹會村之名最遲在宋代文獻中已有，明清文獻則明言禹會村在塗山西南。通過 2007～2010 年的 4 次科學發掘，禹會村 4300～4000 年前的超大型祭壇重見天日，祭壇長達 108 米，北部有 90 平米的燒祭面，向南有方土臺與 35 個柱洞排成一列，西有祭祀溝。〔註 8〕如此大型的祭壇不是小族使用，而年代恰好是大禹時期，祭壇北依自塗山南延的凸嶺，附近還發現簡易工棚遺址，所以學界基本認定是大禹塗山會合諸侯之地，還有學者推測南部的 35 個柱洞是塗山會盟時各國樹旗之處。〔註 9〕因爲上古時期

〔註 8〕中國社會科學院考古研究所、安徽省蚌埠市博物館：《蚌埠禹會村》，科學出版社，2013 年，第 45～61 頁。

〔註 9〕中國社會科學院古代文明研究中心、安徽省文化廳、蚌埠市人民政府：《禹會村遺址研究——禹會村遺址與淮河流域文明研討會論文集》。

這個祭壇在地面還很突出，所以後世建有禹廟，又形成禹會村地名，沿用至今，可見文獻記載可信。

大禹征服四方，其實是西南、西北、東南三個方向，只有東北方似乎沒有這樣的記載，東方大平原是原先五帝之地，因爲發生大洪水，所以突然荒蕪，所以沒有發生大戰。但是到夏朝初年，洪水退去，這片地區逐漸恢復，所以又有啓出征有扈氏與殺益的大戰，這在客觀上是大禹遺留的任務。

第二節　啓殺益與東征有扈

大禹死後，對其子啓威脅最大的是東方的領袖伯益，所以啓攻殺伯益，這才征服中原，這場大戰在考古學上反映爲龍山文化造律臺類型（或稱王油坊文化）的消失。

點將臺文化分佈於南京、鎮江、馬鞍山和蕪湖地區，時間約爲公元前 2100～1600 年間，相當於夏朝。張敏認爲寧鎮地區的點將臺文化來源於中原的龍山文化造律臺類型（或稱王油坊文化），王油坊文化約在公元前 2500～2200 年間，主要分佈於魯豫皖交界地區，江淮地區的王油坊文化僅有興化市南蕩遺址，年代晚於中原王油坊文化，高郵周邨墩遺址發現王油坊文化和岳石文化共存現象，因此可以推測，中原的王油坊文化經過裏下河地區南下寧鎮地區，和當地文化結合形成點將臺文化。〔註 10〕結合當時的地理環境，我們認爲這個推測更加合理，因爲裏下河地區和魯豫皖交界地區的環境在上古時期十分類似，都是湖沼密佈的地貌，而氣候相差不大。

李伯謙、田昌五都認爲王油坊文化是虞舜族，〔註 11〕張敏進一步認爲有虞氏南下江淮和江南，即南蕩文化類型和點將臺文化。本文認爲這個推測不太全面，因爲：

1.第八章已經論證虞舜源出東方的龍山文化。很多龍山文化的上層因素進入中原夏王朝禮樂制度，鄒衡提出夏禮可能是繼承虞禮而來。〔註 12〕虞舜文化的主要去向是中原，不是南方。

2.當時的江淮、江南是夷越聚居地，如果不是中原競爭的失敗者，不可能

〔註10〕毛穎、張敏：《長江下游的徐舒與吳越》，湖北教育出版社，2005 年，第 77～89 頁。

〔註11〕董琦先生也持相同看法，見董琦：《虞夏時期的中原》，第 262～269 頁。

〔註12〕鄒衡：《夏商周考古學論文集（第二版）》，第 153～154 頁。

主動遷往南方。史書沒有提到虞舜後裔和江淮、江南有關的任何證據，春秋戰國時期對於族姓及古帝後裔的記載還很多，為何這一點沒有提到呢？

那麼從中原地區遷往江淮、江南的這支部族是哪一個呢？筆者認為是史書中的益。有文獻印證，《史記・秦本紀》說：「大費拜受，佐舜調馴鳥獸，鳥獸多馴服，是為柏翳，舜賜姓嬴氏。」《舜典》命益作虞，益即翳，《國語・鄭語》說：「嬴，伯翳之後也……伯翳能議百物，以佐舜者也。」伯益（翳）是嬴姓，則出自東方的少昊氏，對應龍山文化。

關於益輔佐禹的漢代文獻很多，〔註13〕先秦還有很多關於啓、益鬥爭的記載，《莊子・人間世》：「禹攻有扈，國為虛厲，身為刑戮。」似乎是禹就開始攻有扈氏，不過僅此一證，其他書籍都說是啓攻有扈氏，《孟子・萬章上》孟子說：

> 禹薦益於天，七年，禹崩。三年之喪畢，益避禹之子於箕山之陰。朝覲訟獄者，不之益而之啓，曰：「吾君之子也。」謳歌者，不謳歌益而謳歌啓，曰：「吾君之子也。」丹朱之不肖，舜之子亦不肖。舜之相堯、禹之相舜也，歷年多，施澤於民久。啓賢，能敬承繼禹之道。益之相禹也，歷年少，施澤於民未久。

孟子和其他儒家學者經常為了儒家的意識形態而扭曲歷史，他說啓是賢人，血統高貴，所以老百姓擁護啓而放棄禹選定的繼承人益。其實古本《竹書紀年》說：「益干啓位，啓殺之。」原來是啓在爭奪王位時殺了益，上博楚竹書《容成氏》說：

> 禹有子五人，不以其子為後，見皋陶之賢也，而欲以為後。皋陶乃五讓以天下之賢者，遂稱疾不出而死。禹於是乎讓益，啓於是乎攻益自取。〔註14〕

禹讓位給皋陶，又讓位給益，啓攻殺益，攫取了王位。《韓非子・外儲說右下》潘壽說：「古者禹死，將傳天下於益，啓之人因相與攻益而立啓。」益被啓攻殺，他的族人有很多逃亡江淮、江南，正是南蕩文化類型和點將臺文化。

〔註13〕楊寬：《中國上古史導論》，呂思勉、童書業編著：《古史辨》第七冊上編，上海古籍出版社，1982年，第380～393頁。

〔註14〕馬承源主編：《上海博物館藏戰國楚竹書（二）》，上海古籍出版社，2002年，第276頁。

《史記‧夏本紀》說：

> 禹子啓賢，天下屬意焉。及禹崩，雖授益，益之佐禹日淺，天下未
> 洽。故諸侯皆去益而朝啓，曰「吾君帝禹之子也」。於是啓遂即天子
> 之位，是爲夏后帝啓。夏后帝啓，禹之子，其母塗山氏之女也。有
> 扈氏不服，啓伐之，大戰於甘。將戰，作《甘誓》，乃召六卿申之。
> 啓曰：「嗟！六事之人，予誓告女：有扈氏威侮五行，怠棄三正，天
> 用勦絕其命。今予維共行天之罰。左不攻於左，右不攻於右，女不
> 共命。御非其馬之政，女不共命。用命，賞於祖；不用命，僇於社，
> 予則帑僇女。」遂滅有扈氏。天下咸朝。

此處雖然沒說啓攻殺益，但是實際上說了，前人沒有發現，筆者認爲有
扈氏就是益。《淮南子‧齊俗》說：「有扈氏爲義而亡。」其實是指有扈氏爲
了禪讓的傳統而支持伯益，結果被夏啓滅亡。甘地的大戰很有名，留下了一
篇《甘誓》。有扈氏與甘在何處？

《史記‧夏本紀》有扈氏不服句，《正義》：「《括地志》云：雍州南鄠縣，
本夏之扈國也。《地理志》云：鄠縣，古扈國，有戶亭。《訓纂》云：戶、扈、
鄠三字，一也，古今字不同耳。」《集解》引馬融曰：「甘，有扈氏南郊地名。」
《索隱》：「夏啓所伐，鄠南有甘亭。」有扈氏在陝西戶縣之說流行，其實不
可能，因爲距離太遠。當今中國扈姓分佈集中區是山東西部和河南北部，山
東西部有二十多個縣市有扈姓，鄰近的河北、東北也有分佈，說明扈姓源自
山東西部附近，而非陝西。

顧頡剛、劉起釪認爲有扈氏是《左傳》昭公十七年郯子說少皞氏部下有
九扈，《說文》隹部作九雇，《爾雅‧釋鳥》雇作鳸，郭璞認爲即經傳之扈。
王國維發現殷商甲骨文有甘，又有雇，認爲即扈。魯莊公二十三年（前 671
年）、文公七年（前 620 年）、十五年（前 612 年）、十七年（前 610 年）諸侯
盟於扈，在今鄭州北部的黃河北岸的原武一帶。甘在今洛陽市西，即《春秋》
甘昭公所封之地，魯僖公二十四年（前 636 年）杜預注：「甘昭公，王子帶也，
食邑於甘，河南縣西南有甘水。」又：「西二十五里有故甘城。」《水經注》
卷十六《甘水》：「余按甘水東十里許，洛城南，有故甘城焉，北對河南故城。」
夏朝起於山西南部，向河南擴張，先戰於甘，再戰於有扈氏。〔註 15〕

筆者認爲此說有誤，夏朝起於河南，後來擴張到山西南部，所以甘不可

〔註 15〕顧頡剛、劉起釪：《尚書校釋譯論》，第 866～867 頁。

能在洛陽市。鄭州北部的扈可能也是後來西遷的地名，可能是有扈氏戰敗之後，被夏人俘虜西遷所建。有扈氏確實和少皞氏的九扈有關，伯益也是少皞之後，所以二者同族。既然扈、顧相通，所以有扈氏可能就是顧。顧在今山東鄄城縣，《太平寰宇記》卷十四濮州范縣：「故顧城，在縣東南二十八里。夏之顧國也。《詩》曰：韋、顧既伐，昆吾、夏桀。注云：三國黨於桀，皆為湯所誅。」顧是夏朝重要的國家，很可能就是啟滅扈（顧）之後，把此地建成夏在東方的據點。

甘可能不是洛河邊的甘，洛陽的甘可能是夏朝俘虜的甘地移民所建，《呂氏春秋》卷三《先己》說：「夏后相與有扈戰於甘澤而不勝……期年而有扈氏服。」相可能是啟之誤，甘既然稱為甘澤，應在一片大澤中，所以甘很可能是管，讀音接近，管在今鄭州市，其西有滎澤，其東有巨大的圃田澤。就在其北部的今原陽縣西部，還有一個地名為卷，漢朝為卷縣，卷的上古音是群母元部〔giuan〕。所以從卷到管，原為一地，都是甘。古代的鄭州、原陽之間還沒有黃河阻隔，中間只有一條不是很寬的濟水。從顧到甘，正是要利用濟水。鄭州之西是滎陽，這是中國歷代兵家必爭之地，劉邦、項羽在滎陽一帶大戰。所以夏朝在此迎擊有扈氏，也是很正常的。

管在商、周之際非常重要，《逸周書》的《大匡》和《文政》都說：「惟十有三祀，王在管。」西周初年的利簋說周武王滅商之後在□，商代的宰鼎、宰□角寫成□，由柬、間二字組成，周成王時的王奠新邑鼎寫成柬，于省吾釋為管，因為柬、管都是見母元部。〔註16〕管字既然可以寫成柬，當然也能寫成甘。〔註17〕

在今鄄城縣的顧地，正是在王油坊文化的分佈範圍內，所以有扈氏就是伯益之族。《韓非子・說疑》：「昔者有扈氏有失度，讙兜氏有孤男，三苗有成駒，桀有侯侈，紂有崇侯虎，晉有優施，此六人者，亡國之臣也。」有扈氏之臣名為失度，而君名不知。即使有扈氏之君不是伯益，也一定是伯益的親族，所以會為伯益而戰。伯益職掌是馴服鳥獸，屬於春官的農業部族，這和郯子說九扈為農正也很吻合。伯益屬於舜所在的春官，所以是舜的親屬。啟

〔註16〕于省吾：《利簋銘文考釋》，《文物》1977年第8期。
〔註17〕雷晉豪認為管不在今鄭州市，而在鶴壁市，見雷晉豪《金文中的「〔柬間〕」地及其軍事地理新探》，《歷史地理》第二十六輯，上海人民出版社，2012年，第211～241頁。筆者認為此說不確，管地應在鄭州市，本書無法展開，筆者另有專文。

滅有扈氏，攻殺伯益一族，征服了東方部族。殘餘的有扈氏南遷，從此夷、夏分隔，東方的岳石文化就是夏商時期的東夷。

其實上引《莊子‧讓王》說舜讓天下給石戶之農，石戶之農即伯益。因爲第一章第五節說過窮桑又作窮石，則石戶可通桑戶，桑戶即桑扈，桑扈即少皥氏部落之中地位最低的農業氏族九扈，故名桑扈之農。《詩經‧小雅‧小宛》：「交交桑扈，率場啄粟。」《小雅‧桑扈》：「交交桑扈，有鶯其羽。」《九章‧涉江》：「接輿髡首兮，桑扈裸行。」接輿是鄙視孔子的楚國隱士，《論語‧微子》說：「楚狂接輿歌而過孔子曰：鳳兮！鳳兮！何德之衰？往者不可諫，來者猶可追。已而，已而！今之從政者殆而！孔子下，欲與之言。趨而辟之，不得與之言。」桑扈也是上古的隱士，這就與石戶之農吻合了。桑扈即顧，也即伯益的氏族。

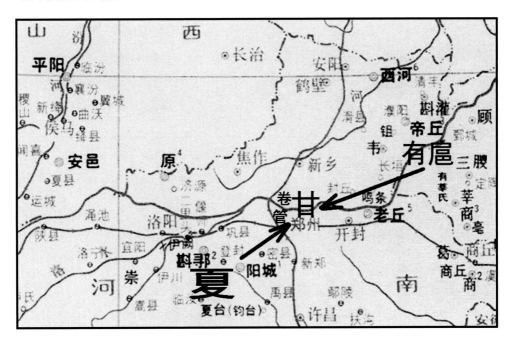

有扈氏（顧）、甘（管、卷）位置圖〔註18〕

夏啓時期，南遷到河南中部的東方部族完全聽命於夏，《墨子‧耕柱》說：

昔者夏后開使蜚廉折金於山川，而陶鑄之於昆吾，是使翁難、雉乙

<hr />

〔註18〕本圖底圖來自譚其驤主編《中國歷史地圖集》第一冊第 9 頁，夏、甘、卷、有扈四個地名與路線爲筆者所加。

> 卜於白若之龜，曰：「鼎成三足而方，不炊而自烹，不舉而自臧，不
> 遷而自行。以祭於昆吾之虛，上鄉！」乙又言兆之由曰：「饗矣！逢
> 逢白雲，一南一北，一西一東，九鼎既成，遷於三國。」夏后氏失
> 之，殷人受之。殷人失之，周人受之。

　　蜚廉是嬴姓少皞之後，詳見本書第二章第四節，昆吾是祝融之後，詳見
第九章第二節。翁難、雉乙不詳，但是從使用龜卜來看，很可能也是東方人。
夏啓令蜚廉、昆吾鑄鼎，可見夏朝控制了東方南遷諸族。九鼎是最高禮器，
爲夏鑄鼎的是東方部族，可見東方諸族對夏朝的禮制起了決定作用。卜辭說
九鼎祭於昆吾之墟，說明最初祭祀之地可能也在昆吾。

第三節　羿寒代夏與少康復國

　　后羿射日的故事爲中國人熟知，戰國時代已經很著名了，屈原《楚辭‧
天問》說：「羿焉彈日？烏焉解羽？」《山海經‧海外東經》：「湯谷上有扶桑，
十日所浴，在黑齒北。居水中，有大木，九日居下枝，一日居上枝。」郭璞
注引《淮南子》說：「堯乃令羿射十日，中其九日，日中烏皆死。」其實這個
故事來自后羿代夏，所謂射日其實是指殺死夏王。

一、羿寒代夏與少康復國

　　司馬遷《史記‧夏本紀》未記后羿代夏，但是《左傳》襄公四年（前 569
年）與哀公元年（前 494 年）記載了這一段歷史。襄公四年說晉國北部的無
終戎的首領嘉父，派孟樂到晉國，通過魏莊子絳貢獻了虎豹之皮，請求和解。
晉悼公想征服戎人，但是魏莊子勸晉悼公說不如與戎人和解，他說到《夏訓》
的有窮后羿，晉悼公問后羿是誰，魏絳說：

> 昔有夏之方衰也，后羿自鉏遷於窮石，因夏民以代夏政。恃其射也，
> 不修民事，而淫於原獸，棄武羅、伯因、熊髡、尨圉，而用寒浞。
> 寒浞，伯明氏之讒子弟也，伯明後寒棄之，夷羿收之，信而使之，
> 以爲己相。浞行媚於內，而施賂於外，愚弄其民，而虞羿於田。樹
> 之詐慝，以取其國家，外內咸服。羿猶不悛，將歸自田，家眾殺而
> 亨之，以食其子，其子不忍食諸，死於窮門。靡奔有鬲氏。浞因羿
> 室，生澆及豷，恃其讒慝詐僞，而不德於民，使澆用師滅斟灌及斟
> 鄩氏。處澆於過，處豷於戈。靡自有鬲氏，收二國之燼，以滅浞，

而立少康。少康滅澆於過，後杼滅豷於戈，有窮由是遂亡，失人故也。昔周辛甲之為大史也，命百官，官箴王闕。於《虞人之箴》曰：「芒芒禹迹，畫為九州，經啟九道，民有寢廟，獸有茂草，各有攸處，德用不擾。在帝夷羿，冒於原獸，忘其國恤，而思其麀牡。武不可重，用不恢於夏家。獸臣司原，敢告僕夫。」《虞箴》如是，可不懲乎？

《左傳》哀公元年伍員說：

昔有過澆殺斟灌，以伐斟鄩，滅夏后相。後緡方娠，逃出自竇，歸於有仍，生少康焉。為仍牧正，惎澆能戒之。澆使椒求之，逃奔有虞，為之庖正，以除其害。虞思於是妻之以二姚，而邑諸綸，有田一成，有眾一旅。能布其德，而兆其謀，以收夏眾，撫其官職。使女艾諜澆，使季杼誘豷。遂滅過、戈，復禹之績，祀夏配天，不失舊物。

《夏本紀》說：「夏后帝啟崩，子帝太康立。帝太康失國，昆弟五人，須於洛汭，作五子之歌。太康崩，弟中康立，是為帝中康。帝中康時，羲和湎淫，廢時亂日。胤往征之，作《胤征》。中康崩，子帝相立。帝相崩，子帝少康立。帝少康崩，子帝予立。」

后羿在太康之時侵佔夏地，后羿之臣寒浞又殺后羿，霸佔后羿之妻，生了澆、豷二人，澆住在過，又名有過澆，豷住在戈。澆殺了太康的孫子相，滅了斟灌、斟鄩。相的兒子少康逃奔有虞氏，有虞氏的首領思把兩個女兒嫁給他，讓他住在綸。少康收拾夏朝殘部，派女艾到澆身邊為特務，派季杼去迷惑豷，很可能是作為人質。少康最終滅了有過、有戈，收復夏地，恢復了夏朝。如此曲折的故事，當然不可能是後人編造。

前人多把這些地名解釋在山東等地，《左傳》襄公四年杜預注說：「寒國，北海平壽縣東有寒亭。」又說：「過、戈皆國名。東萊掖縣北有過鄉。戈在宋、鄭之間。」又注：「二國，夏同姓諸侯，仲康之子後相所依。樂安壽光縣東南有灌亭，北海平壽縣東南有斟亭。」其實寒不是國名，伯明才是寒浞的氏名。

后羿出自鉏，《左傳》哀公二十六年（前 468 年）魯、越二國伐衛：「師還。立悼公，南氏相之。以城鉏與越人。」有些學者認為衛國附近的這個城鉏，就是羿的原居地。其實在河南省許昌市附近還有一個鉏，《左傳》成公四年（前 587 年）說：「鄭伯伐許，取鉏任、泠敦之田。」這個鉏就在夏地。

《太平御覽》卷八百五引《隨巢子》:「幽、厲之時,奚祿山壞,天賜玉玦於羿,遂以殘其身,以此為福而禍。」章太炎認為據此,則西周時還有一個羿。〔註19〕筆者認為引文有脫,應是西周末年,關中地震山崩,埋藏在山中的后羿玉玦重現於世。山崩之地在西部,可能是后羿的埋葬之地。

斟鄩也在偃師之東,《水經注》卷十五《洛水》說:「洛水又北,逕偃師城東,東北歷鄩中,水南謂之南鄩,亦曰上鄩也。逕訾城西,司馬彪所謂訾聚也。而鄩水注之。水出北山鄩溪……鄩水又東南,於訾城西北,東入洛水。故京相璠曰:今鞏洛渡北,有鄩穀水,東入洛,謂之下鄩,故有上鄩、下鄩之名。亦謂之北鄩,於是有南鄩、北鄩之稱矣。又有鄩城,蓋周大夫鄩肸之舊邑。」斟鄩前面加了斟,應是斟氏,斟灌也是。這個斟氏,其實就是祝融八姓的斟姓。因為被澆滅,所以無後。

過、戈都應該在河南中部,不可能遠到山東,這是後世中國地理擴大之後的誤解。羿應該在其東,戈可能就是葛(在今河南寧陵縣),上古音的戈是見母歌部〔kuai〕,葛是見母月部〔kat〕,或者就是過,過的上古音也是見母歌部。過與渦水有關,在今扶溝縣到鹿邑縣一帶。

另外,相住在東方,相關史料有:

1.《左傳》僖公三十一年(前639年)說衛國遷都到帝丘,即今濮陽,衛成公夢其祖衛康叔曰:「相奪予享。」於是下令祀相,這是因為相曾經居於此地。

2.《太平御覽》卷八二引《竹書紀年》:「後相即位,居商丘。元年,征淮夷。二年,征風夷及黃夷」《後漢書·東夷傳》注引《竹書紀年》:「七年,於夷來賓。」

說明相確實居住在東方,如果后羿、寒浞原來是在東方,那麼相不可能跑到他們的老家去,而且在東方居然風生水起!

其實正是因為澆伐斟鄩,打敗了夏后相,所以相在洛河流域無法立足,才向東北逃到帝丘和商丘一帶。再向南依附有虞氏,於是有少康中興。

有虞氏是最正宗的東夷,如果后羿、寒浞出自東夷,為何有虞氏要支持夏人呢?可見后羿、寒浞不是正宗的東夷。因為有崇氏與堯、舜曾經是合作關係,所以有虞氏要支持夏人。

少康之母有緡氏逃亡的有仍氏,顧頡剛認為即任國,任、仍可通,《左傳》

桓公五年（前 707 年）：「天王使仍叔之子來聘。」《穀梁傳》作任叔。任國即太皞之後，見於《左傳》僖公二十一年，在今山東濟寧市。《左傳》昭公四年（前 538 年）：「夏桀爲仍之會，有緡叛之。」十一年：「桀克有緡，以喪其身。」有緡地近有仍，《左傳》僖公二十三年（前 637 年）：「齊侯伐宋，圍緡。」《漢書·地理志上》山陽郡有東緡縣，在今山東兗州市。〔註 20〕因爲相之妻來自有緡，所以相逃亡東方，得到了東方諸族的支持。

二、羿是司馬祝融氏射官

羿是什麼人呢？他手下的武羅、伯困、熊髠、尨圉是什麼人？

《史記·五帝本紀》說黃帝：「教熊羆貔貅貙虎，以與炎帝戰於阪泉之野。」虎豹熊羆，泛見於前引《山海經》多處。《詩經·大雅·韓奕》：「有熊有羆，有貓有虎……獻其貔皮，赤豹黃羆。」貓疑即豹之音訛。《五帝本紀》說益的僚屬是朱虎熊羆，其實也是虎豹熊羆，因爲《漢書人表考》卷二說：「江東語豹爲朱。」朱就是豹。《左傳》文公十八年說高辛氏有子八人，後四人是伯虎、仲熊、叔豹、季狸，也即虎豹熊羆。《史記·趙世家》說范簡子夢到上帝讓他射殺熊羆，後來果然消滅范、中行二氏，熊羆就是二氏之祖。武羅、伯困、熊髠、尨圉也即虎豹熊羆，伯是豹的音訛，尨是羆的音訛。

《山海經·中次三經》青要山：「是多僕累、蒲盧。神武羅司之，其狀人面而豹文，小要而白齒。」即今河南新安縣青要山，武羅即虎，所謂的豹紋是後世訛誤。蒙古語的虎是 bras，上古音的武是明母魚部〔mia〕，羅是來母歌部，〔liai〕，武羅接近 bala，即北方民族的虎。揚雄《方言》卷八說：「虎，陳魏宋楚之間，或謂之李父，江淮南楚之間，謂之李耳，或謂之虎兔。自關東西，或謂之伯都。」〔註 21〕秦晉地區的虎叫伯都，其實就是武羅。上古音的伯是幫母鐸部〔peak〕，都是端母魚部〔ta〕，音近武羅。僕累即突厥語的狼，西域的蒲類國名即狼，〔註 22〕所以蒲盧也是武羅。

羿出自一個專門射獵的部族，所以他手下的人都以野獸爲名。所以說他

〔註20〕顧頡剛：《有仍國考》，《古史辨》第七冊下編，上海古籍出版社，1982 年，第 324～329 頁。實際作者是童書業，見童教英編：《童書業歷史地理論集》，中華書局（北京），2004 年，第 298 頁。

〔註21〕〔漢〕揚雄著、周祖謨校箋：《方言校箋》，第 51 頁。

〔註22〕錢伯泉：《車師語言與車師種族初探》，《新疆大學學報（哲學社會科學版）》1997 年第 3 期。

「恃其射也，不修民事，而淫於原獸」，又說「冒於原獸，忘其國恤，而思其麀牡」。

寒浞是什麼人呢？

寒浞出自伯明氏，《孟子・離婁下》：「逢蒙學射於羿，盡羿之道，思天下惟羿為愈己，於是殺羿。」逢蒙顯然就是伯明，因為上古音的逢是並母東部〔biong〕，蒙是明母東部〔mong〕，伯是幫母鐸部〔peak〕，明是明母陽部〔myang〕，所以逢蒙、伯明讀音很近。

逢蒙又寫成蜂門、飛衛，《荀子・王霸》：「羿、蜂門者，善服射者也。」《呂氏春秋》卷十三《聽言》：「蜂門始習於甘蠅。」《列子・湯問》：「甘蠅，古之善射者，彀弓而獸伏鳥下。弟子名飛衛，學射於甘蠅，而巧過其師。」飛衛其實就是逢蒙，讀音很近。

可見，伯明、蜂門、逢蒙、飛衛的異寫很多，這些都不是本字。伯明出自《左傳》，這是儒家雅化的名字，其他名字都是諸子採用民間傳說的俗字，特別是《列子》，又說飛衛的弟子紀昌殺飛衛，故事極其曲折精彩，其實都是後世敷衍而出，原型就是寒浞殺羿。〔註23〕

羿在《說文》中出現了兩次，卷四上羽部：「羿，羽之羿風，亦古諸侯也，一曰射師。」上為羽，下為开。卷一二下弓部：「𢎺，帝嚳射官，夏少康滅之。」上為开，下為弓。射師、射官即射獵之官，說明后羿所出的氏族就是《周禮》夏官司馬的屬官射人，射人專管射獵事務。

《周禮》射人其後的一個官是服不氏：「掌養猛獸而教擾之。凡祭祀，共猛獸。賓客之事則抗皮。射則贊張侯，以旌居乏而待獲。」這個官是從射人氏分化出來的，因為射獵總會擒獲野獸，所以又分出一個專門管理野獸的官。所以我們就明白了羿手下的虎、豹、熊、羆那些人的由來了，其實是管理野獸的服不氏。服不氏其實就是伯明氏，服是並母職部〔biak〕，不是幫母之部〔piə〕，讀音很近。寒浞也是服不氏，所以說羿不應不用服不氏的正傳虎、豹、熊、羆，而用寒浞。

有窮氏的窮，其實是弓，窮本來從弓。服不氏的服，其實是箙，《周禮》夏官屬官司弓矢：「中春獻弓弩，中秋獻矢箙……其矢箙皆從其弓……田弋，

〔註23〕有學者把逢蒙的逢解釋為山東的逢國，這是錯誤的，因為逢蒙兩個字不能拆開，而且這是音譯，和逢國無關。1979 年，山東濟陽縣姜集鄉劉臺子村發現了西周早期逢國墓地，逢國是姜姓。

充籠箙矢，共贈矢。」其後是繕人：「掌王之用弓、弩、矢、箙、矰、弋、抉、拾，掌詔王射，贊王弓矢之事。凡乘車，充其籠箙，載其弓弩。」箙是弓箭袋，甲骨文的箙就是弓箭袋的象形。服戈，〔註24〕又有服，即服不氏。

三、嫦娥是天官義和氏

傳說嫦娥是后羿的妻子，第一章第五節已經考證嫦娥即義和，所以太康出征義和，其實是因爲這是羿的姻親之族。很可能是因爲太康征義和，引發了后羿報復夏朝。春秋時期還有常義氏，《左傳》昭公元年說到莒國有人名叫常儀靡，其實就是常義氏。

堯時還有一個重要的人物善卷，《呂氏春秋》卷十五《下賢》：「堯不以帝見善綣，北面而問焉。」《淮南子・齊俗》：「許由、善卷非不能撫天下、寧海內以德民也，然而羞以物滑和，故弗受也。」善卷和許由的情況類似，看來是個高級貴族。善卷很有可能就是常義，因爲善是禪母元部〔zian〕，常是禪母陽部〔ziang〕，卷是見母元部〔kuan〕，義是曉母歌部〔xiai〕，讀音很近。後世把善卷完全當成一個隱士，還造出善卷洞等遺迹。

其實月亮之中有蟾蜍的說法也是從常義、善卷訛傳而來，因爲蟾的讀音接近常、善，蟾蜍又是在夜間活動，所以有此附會。《淮南子・說林》：「月照天下，蝕於詹諸。」詹諸即蟾蜍。

其實還有一個詞語也是善卷的同源詞，《大戴禮記・帝系》說：「帝堯娶於散宜氏之子，謂之女皇氏。」宜、娥都是疑母歌部，散是心母元部〔san〕，散、善音近，所以散宜也就是善卷、義和。

另外一個來自東方的音樂氏族夔氏也在中康之時滅亡，《淮南子・泰族》：「夔之初作樂也，皆合六律而調五音，以通八風。及其衰也，以沉湎淫康，不顧政治，至於滅亡。」《左傳》昭公二十八年說后羿滅夔，說明掌管音樂的夔氏很早就融入了夏朝。

羿、伯明都是夏官司馬的屬官，而夏官司馬是祝融之屬，所以羿、伯明之所以是在許地附近崛起，其實原因很簡單，就是因爲此地是祝融八姓的遷居地。后羿之所以稱爲夷羿，因爲他們來自靠近夷地的濮陽周圍，而且和來自東夷少皞氏的三個部落長期混居。追溯到后羿的祖先，則是來自西北的炎帝，所以我們才能明白爲何后羿整日遊獵，不問農事。

〔註24〕羅振玉：《三代吉金文存》，中華書局（北京），1983年，第1925頁。

　　后羿之子靡逃亡有鬲氏，上文說過有鬲氏是皋陶之後，也是出自炎帝，所以是后羿的同族，所以我們才能明白爲何靡要逃亡有鬲氏。

后羿、寒浞攻夏路線（虛線）與相、少康的逃亡及反攻路線（實線）〔註 25〕

四、羿是新砦文化

　　有些學者認爲新砦文化是后羿、寒浞代夏的文化，二里頭文化是少康中興之後的夏代中晚期文化。〔註 26〕還有學者認爲羿寒代夏的文化改變是滯後於政治變化的，所以羿寒代夏時期的文化還是龍山文化，也即夏朝初期的文化。〔註 27〕也有學者認爲二里頭文化開始於夏朝初年，二里頭一期文化就是夏文化，二里頭二期文化才向周邊擴張。〔註 28〕

　　筆者認爲夏朝開始的時間，根據夏商周斷代工程爲公元前 2070 年，即使這個斷代還有爭議，但是大致應該相差不大。這個時間遠遠早於二里頭文化，所以新砦文化可能是羿寒代夏文化的看法很可能是可信的。根據前人研究，

〔註25〕 本圖底圖來自譚其驤主編《中國歷史地圖集》第一冊第 9 頁，方框地名與路線爲筆者所加。

〔註26〕 趙春青：《關於新砦與二里頭一期的若干問題》，《二里頭遺址與二里頭文化》，科學出版社，2006 年。

〔註27〕 劉緒：《對探討早期夏文化的幾點看法》，北京大學震旦古代文明研究中心、河南省文物考古研究所、河北省文物考古研究所、鄭州市文物考古研究所編：《早期夏文化與先商文化研究論文集》，科學出版社，2012 年，第 14 頁。

〔註28〕 陳旭：《二里頭一期文化是早期夏文化》，《早期夏文化與先商文化研究論文集》，第 18～25 頁。

禹征三苗發生在公元前 2104 年前後，夏朝建立於 2070 年前後，此時王灣三期文化已經向南擴展。如果認為二里頭一期文化是早期夏文化，二里頭文化才向周邊擴張，這是自相矛盾，因為夏朝建立之前不可能不向周邊擴張，一個王朝的擴張不可能等到建立很久之後。后羿來自夏文化核心區以外地區，文化面貌和夏文化不同，而且滅夏不過三代人，所以后羿代夏時期對夏文化的改變應該是迅速而短暫，而不可能滯後很久。

根據筆者上文的研究，嵩山周圍是祝融八姓的遷居地，則祝融八姓南遷在新砦文化出現時，這時正在夏朝興起初期，這和史書說夏朝興起時有祝融降臨嵩山的傳說吻合。其實后羿、寒浞都是祝融一族，南遷的祝融八姓勢力很大，所以嵩山周圍出現一種新的文化是很正常的。因為南遷的祝融一族勢力強大，已經在嵩山周圍久居，很熟悉夏朝，所以最終出現了后羿滅夏。如果后羿、寒浞來自遙遠的山東半島或者河南省東北部，當然不可能輕易滅夏。而且夏朝興起之後，山東半島文化已經衰落，沒有可能滅夏。

所以新砦文化之所以出現在嵩山周圍，其實是因為祝融八姓的南遷。新砦文化也包括后羿代夏時期，少康復國之後，才是二里頭文化，此時少康不僅消滅了后羿、寒浞勢力，也徹底征服了南遷的祝融一族。因為少康在有虞氏長期居住，所以使得中原的文化面貌發生了很大變化。

有學者認為公元前 3000～2000 年的山東主要有后羿、太皞兩大集團，后羿在山東北部，后羿在龍山文化時代戰勝太皞，山東走向統一。〔註 29〕筆者認為此說不能成立，后羿是夏朝初年才興起的，不可能追溯到五帝時代之前，在五帝時代的文獻中沒有后羿的任何蹤迹。此說忽視了少皞氏的重要性，五帝時代的少皞氏地位遠在太皞之上，此時還沒有后羿集團。

又有學者認為山東的龍山文化向岳石文化過渡時，正是二里頭文化一二期向三四期過渡時，岳石文化出現夏文化的因素，這是靡奔有鬲氏及寒浞餘部東遷的反映，山東出土了鄩氏銅器。〔註 30〕筆者認為此說可信，不過岳石文化中的夏文化因素也有可能是夏朝隨後追擊寒浞餘部而東征的結果。總之，不能根據後世的山東地名來論證后羿、寒浞出自山東，因為這些地名很可能是后羿、寒浞餘部東遷才形成。

〔註 29〕李守功：《夷羿集團的衍變與考古發現辯證》，《古代文明》第 1 卷，第 179 頁。
〔註 30〕溫春波：《羿浞代夏少康中興軼史與年代學和考古學解釋》，《中原文物》1990年第 2 期。

鯀、禹、啓時期的中原文化不可能發生很大變化，因爲此時的堯、舜等族沒有戰勝鯀、禹。根據筆者上文研究，堯西征有崇失敗，此時的東方部族因爲洪水而衰落，不可能戰勝有崇。禹和舜是合作關係，沒有戰爭。堯、舜、禹聯合把戰爭矛頭指向共工、三苗，這是他們勝利的原因。

五、夏朝新都二里頭古城

《竹書紀年》說少康之子伯杼：「征於東海及三壽，得一狐九尾。」這是因爲寒浞勢力失敗，夏朝掃除心腹之患，而在少康避居東方時已經掌握東方情況，所以夏朝趁機大舉向東南進發，順潁水而下，到達淮河下游。《夏本紀》說杼傳子槐，槐又傳子芒，芒傳子泄，泄傳子不降，不降傳弟扃。

《太平御覽》卷八二引《竹書紀年》說帝扃居原，又說扃之子胤甲（帝廑）居西河，說明夏朝在東方穩定之後，中心轉向西北。西河應是指山西、陝西間的黃河，具體位置不詳，一定在中原西北部。

《夏本紀》說不降之子孔甲繼位，好鬼神，事淫亂。再傳子皋、發、桀，夏朝滅亡。《呂氏春秋》卷六《音初》：「夏后氏孔甲田於東陽萯山。」《中次三經》首山是萯山之首敖岸山，其東八十里是和山：「其上無草木而多瑤碧，實惟河之九都。是山也五曲，九水出焉，合而北流注於河，其中多蒼玉。吉神泰逢司之，其狀如人而虎尾，是好居於萯山之陽，出入有光。泰逢神，動天地氣也。」孔甲所在的萯山在今孟津縣北部到新安縣一帶。萯山在今孟津縣到新安縣一帶。古人把山脈東部稱爲東陽，後世熟知的東陽是指太行山之東，其實東陽是通名，戰國時期有三個南陽，則東陽也不必限於一地，孔甲所在的東陽應是指崤山之東。

《左傳》僖公三十二年蹇叔說：「殽有二陵焉，其南陵，夏后皋之墓也。其北陵，文王之所辟風雨也。」夏后皋葬在崤山，說明夏朝晚期的政治中心長期西移。正是因爲夏朝的西移，導致對東方的控制削弱，於是有了商朝的興起。

因爲羿寒代夏，夏朝遷都洛河流域，所以出現了偃師二里頭古城。此城現在洛河、伊河之間，原來在洛河、伊河合流的河道之北。現在的洛河、伊河在偃師東南匯合，原來在今洛陽市東南匯合。約公元前 1700 年的二里頭古城二期，都城開始大規模的宮殿建設，三期時出現了宮城，新建了一座佔地 1 萬平米的宮殿，貴族墓隨葬大型玉器，此時應該是少康復國之後的夏朝。

二里頭二期起，二里頭文化越過黃河，佔領山西的南部和陝西的東部，

這就對應文獻記載的帝扃居原與胤甲居西河。二里頭文化向南佔領漢水流域中游，甚至可能在武漢北部的盤龍城建立據點，夏朝進入鼎盛期。此時中國文明進入一個新的階段，需要下一本書來敘述了。

結　論

一、中國起源過程的復原

通過上文考證，我們基本復原了五帝時代到夏朝這五百多年間的中國歷史梗概，撥開了中國誕生之謎的重重迷霧。

距今一萬年前，最末一次冰期結束，人類進入新石器時代，開始發展定居農業，製作陶器。在北京、浙江、湖南、江西等地都發現近萬年前的農業遺址，中國進入農業文明時代。

八九千年前在河南中部發展出裴李崗文化，這是北方最強盛的文化，八多年前的舞陽縣賈湖遺址已有文明初曙，被學者譽爲中華文明正源及早期中國文化圈的雛形，本書論證裴李崗文化很可能是伏羲氏創造。伏羲根據河南中部的地理環境命名八卦，又向東擴張到黃淮海大平原，向西擴展到關中。後人把伏羲列入三皇，確有依據。六千多年前的濮陽西水坡墓地已有四象，說明陰陽五行說很早就有。伏羲即蟲鳳，即崇拜的元龜（鷹嘴龜），賈湖遺址有最早的神龜崇拜和龜甲文字，確實中華文明的正源。

伏羲氏東遷的一支擴展爲有暤氏，分化爲太暤、少暤兩個胞族，又發展爲兩大部落，太暤居於豫東、魯西平原，少暤居於山東丘陵，姓風（鳳），以龍爲紀，少暤姓嬴（龍），以鳳爲紀，太暤、少暤的姓、紀恰好交錯。兩暤部落對應大汶口文化、龍山文化，距今五千多年前是少暤氏強盛時期，氏族分化，最高的統治者是鳳鳥氏，有玄鳥、白鳥、青鳥、丹鳥管理曆法，祝鳩氏是司徒，管理民眾，鵙鳩氏爲司馬，鳲鳩氏爲司空，爽鳩氏爲司寇，鶻鳩氏爲司事，管理雜務，其下有五雉氏爲手工業氏族，地位最低的九扈氏爲農業

氏族。

伏羲氏西遷的一支發展出渭河、漢水流域的老官臺文化，又發展出仰韶文化及廟底溝文化，以華山爲中心，故而族名爲華夏，是兩昊的兄弟族群。仰韶文化的尖帽雙魚冥神、水神來自西亞，說明六千多年前的關中已經和西方有交流。仰韶文化還和東方關係密切，接納了大汶口文化的禮俗。伏羲文化西遷，所以黃河水神也叫天黿，軒轅即天黿。河伯名爲馮夷，即伏羲。生物學者檢測出佴國人的基因很接近現代漢族，而本書指出佴國就是河伯伏羲氏的正傳，這說明伏羲、女媧的華夏族確實是漢族的祖先。

五千多年的廟底溝文化（西陰文化），向北擴展到陰山、燕山，向南影響到長江中游的大溪文化，向東影響到山東的大汶口文化，大有一統華北之勢，因而學者稱此時爲廟底溝時代，廟底溝文化出自晉豫陝地區，即神農氏，這是裴李崗文化之後的中心，《周易》說包犧氏沒，神農氏作，完全符合，這就是中華民族尊崇伏羲、女媧、神農、炎黃爲始祖的原因。

五千到四千五百年前，中原的廟底溝文化逐漸衰落並解體，中原各地部族林立，史書記載神農氏日衰，此時少典氏與有蟜氏通婚，產生了黃帝和炎帝部落聯盟。典即天，也即天黿所在的天族。蟜即喬、高，即崇拜華山的華夏族。黃帝部落佔據關西，炎帝部落佔據晉南。

約四千三百年前出現了全球性的大降溫，來自內蒙古南部的老虎山文化人群大舉南下避寒，其中包括很多來自中亞草原的突厥人，突厥人和月氏人在此前的溫暖時期從中亞沿草原帶東遷。這些南遷的草原民族，飢寒交迫，勇猛好戰，所以很快征服了山西地區的部族。

本來在今陝北神木縣石峁古城的共工氏，南征晉南，導致陶寺文化變異。共工即奇肱，也即後世所說的係昆、堅昆、黠戛斯。突厥人在西亞時就是著名的手藝人，來到東方仍然善於冶煉，興建工程。東遷的印歐人用金人祭天，所以稱爲金天氏，所以《左傳》記載金天氏在晉南興修水利。共工氏所居的幽都山即休屠山，幽都、休屠即早期突厥語的金。

蚩尤是來自西北的共工族人，所以山西渾源魚鼎匕說他是三目人，也即《山海經》所說三目奇肱人。蚩尤佔據了鹽池，還佔據了中原最大的銅礦地區，在今山西垣曲，所以製作兵甲，四處征戰，無堅不摧。傳說蚩尤銅頭鐵額，就是因爲蚩尤披堅執銳。因爲類似蜥蝪，身有鱗甲，所以稱爲蚩尤，也即蜥蝪。

　　原本佔據晉南的炎帝在共工氏的壓迫下，向東南遷徙到晉東南和豫西北炎帝部落在蚩尤的壓力下，向東擴展到河北平原，反映為後崗二期文化向河北平原的擴張。因為蚩尤或共工佔據中原最大的鹽產地鹽池，所以炎帝部落轉而獲取海鹽，征服了黃河三角洲的宿沙氏。通過今聊城一帶，到達博興等地，與當地的少皞部落聯盟中的鳲鳩（布穀鳥）氏融合，這就是女娃化為精衛故事的由來。

　　炎帝在大平原的擴張迫使少皞部落加強防禦，在山東西北部和北部出現了很多城池，王灣三期文化北部的王灣類型人群也在溫縣、博愛縣建造了兩座古城抵禦炎黃集團的南侵，這就是文獻所說的炎帝侵淩諸國。

　　蚩尤進攻炎帝，炎帝東奔，蚩尤在涿鹿大敗炎帝，在今河南縣修武縣李固村。炎帝求救於華夏族兄弟部落的黃帝，黃帝從關西東征，打敗蚩尤，威震東方。黃帝在涿鹿建城，併合了炎帝、蚩尤等部，降服了少皞、太皞等部落，開啟了中原的新時代。

　　此前少皞部落也在不斷衰落，因為少皞部落的位置偏北，降溫對少皞部落的打擊較大，對江南的良渚文化的打擊較小。良渚文化很早就跨過長江和淮河，來到山東丘陵的南部。此時少皞部落的氏族面對西北方的軍事失敗，面臨天災的打擊，離心離德，而良渚文化的宗教又很發達，比起少皞氏原有文化更具吸引力，所以淮北平原和日照、臨沂地區原來依附於少皞部落的九黎也即夷民五雄，皈依了良渚文化，這就是史書所說的九黎亂德。

　　涿鹿之戰後，少皞部落的西北部諸氏族歸降了炎黃部落，建立了新的部落聯盟，這就是《逸周書》所說的黃帝用少皞鳥師，以正五帝之官。黃帝的新部落聯盟大概是名義上建立，或者因為黃帝很快去世，或者因為黃帝退回西北，沒有真正建立。《逸周書》說縣原氏（軒轅氏）亡於暴政，於是建立五行聯盟的大事由顓頊完成。

　　根據董琦劃分的龍山文化時期（五帝時代）中原文化區為底圖，加上筆者考證的各部族及其戰爭關係，筆者製成五帝時代前期中原局勢地圖，王灣三期文化為夏朝前身有崇氏，造律臺（王油坊）文化為太皞部落，後崗二期文化為炎帝部落，大汶口文化為少皞部落，客省莊文化為黃帝部落，三里橋文化為西夏氏，屈家嶺文化為三苗部族：

　　黃帝的子孫顓頊氏其實就是涿鹿氏，顓頊即涿鹿音轉。這是炎黃兩族融合產生的新氏族，以涿鹿為名。其實顓頊氏的族源主要來自炎帝部落，所以

顓頊又名高陽氏，即高羊，羊即姜姓炎帝的神物。所以顓頊之子黎後來成為火正祝融，也與炎帝對應。

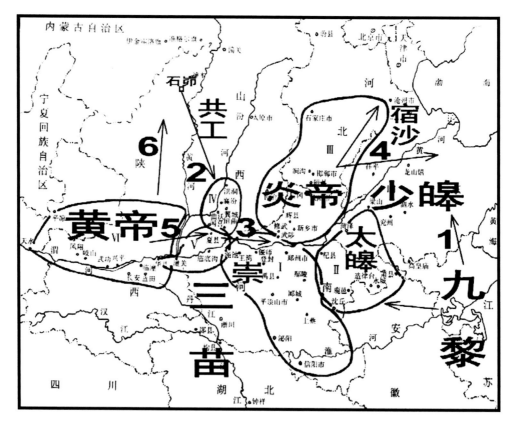

涿鹿之戰前後的政局〔註1〕

1.九黎亂德，少皞日衰　2.共工南遷，征服神農　3.蚩尤造兵，東侵炎帝
4.炎帝東遷，東伐少皞　5.黃帝東征，消滅蚩尤　6.黃帝北征，驅逐葷粥

顓頊遷都帝丘（濮陽），與來自少皞部落的三大部落正式建立了一個新的部落聯盟。這個新的部落聯盟的成員之間的文化差異太大，所以他們都拋棄了原有的圖騰徽章鳥、雲、火、水，改用五行之名命名五大部落，因此可以稱為新五行聯盟。五大部落是：

1.木正重為領袖的句芒部落，來自少皞部落，住在今陽谷、東阿縣一帶，管理宗教、禮樂、曆法、史書、財政、民政。

〔註1〕本圖底圖引自董琦：《虞夏時期的中原》，第19頁，部族地名及箭頭、石峁古城為筆者所加。

2.火正黎爲領袖的祝融部落，來自西方的炎黃部落聯盟，住在今濮陽市一帶，主管戰手。

3.金正該爲領袖的蓐收部落，來自少皞部落，住在今高唐、荏平縣一帶，主管司法、外交。

4.水正修、熙爲領袖的玄冥部落，來自少皞部落，住在莘縣、聊城一帶，主管工程。

5.土正共工爲領袖的后土部落，出自炎帝族，收編了蚩尤和共工的殘部，仍用共工之名，住在今輝縣，主管農業、水利、工程、技藝。

遠古部落聯盟的結構，從四官發展到五官，又發展爲六官，這種發展演變史及顓頊五行聯盟的五個氏族源流參見下表：

四官	發展爲五官	發展爲六官		五官首領	來源	五帝晚期	夏代
春官	木官句芒	天官		重	少皞氏	有虞氏舜	有虞
		司徒	地官				
	土官后土	司事		句龍	共工氏	伯益（代）	有扈
夏官	火官祝融	司馬		黎	顓頊氏	祝融八姓	祝融、羿
秋官	金官蓐收	司寇		該	少皞氏	伊耆氏堯	有唐
冬官	水官玄冥	司空		修、熙	少皞氏	高辛氏嚳	有商

來自少皞氏的木正重，兼任天官，管理天文曆法、宗教祭祀、禮樂文史，地位崇高。不過實權卻掌握在顓頊氏手中，出自顓頊氏的火正黎任地官，掌握所有軍政大權。征服者的文化不及被征服者的文化，這是後世中國多數王朝的特徵，此時已經出現了最早的先例。後世中國的神權一直服從於王權，也在此時奠定了基礎，後世中國的很多特徵在顓頊組建五行聯盟之時已經奠定。

重、黎二族後來聯宗，稱爲重黎氏，並且僞造了世系，反映了民族的融合，這也是華夏民族的先導。後世的很多民族融入漢族，都要僞造世系，都以此爲先例。重黎氏的後代在春秋是鍾離國，鍾離國雖然淪落爲默默無聞的小國，但是國君的墓葬仍然有五色土和五方形，這是遠古五行聯盟制的傳統。

天官來自崇鳥的少皞部落，地官來自崇獸的炎黃集團，二者的原有圖騰沒有立即消失，所以《山海經》記載了高陽氏顓頊和高辛氏帝俊（帝嚳）後裔使四鳥和四獸，即四方的天官和地官，也即《左傳》高陽氏、高辛氏各有

八子的由來，舜令高陽氏八子管百事，令高辛氏八子管禮教，即對應地官和天官。

　　戰國人編造的《帝系》大一統世系，其實很容易還原到歷史眞實，根據本書考證：

　　1.玄囂就是玄鳥、玄冥，來自少皞部落，所以帝嚳這一系不是源自黃帝

　　2.堯是金正蓐收，來自少皞部落，不是帝嚳之子

　　3.顓頊即涿鹿，高陽即高羊，顓頊氏之子爲火正，顓頊其實是出自炎帝

　　4.窮蟬就是窮桑，也即少皞所居的窮桑，所以舜這一系不是源自顓頊

　　我們把玄囂、顓頊、窮蟬這三個結解開，大一統世系就瓦解爲三大系，第一系是黃帝，第二系是炎帝，第三系是少皞，出自少皞部落的又有木正、水正、金正三系。《帝系》的世系被本書還原爲史實，如下所示：

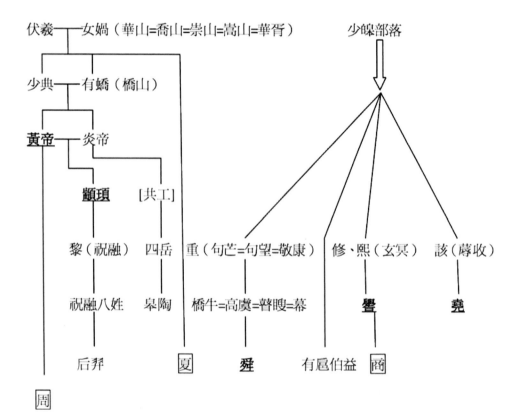

修訂的遠古部族表 (註2)

　　戰國人編造大一統帝系時，最大的造偽便是隱去了少皞，少皞氏部落的人都成為黃帝的子孫，少皞成了最大的輸家！其實原因有很多，首先是少皞諸部在五帝時代被編入華夏，居於附屬地位，顓頊的五行聯盟以炎黃為主，其次是大洪水摧毀了東方的部族，使得兩皞部族人口銳減，第三是因為周滅商，商人原本出自東夷，商人聯合東夷反攻西周，不幸失敗，於是周公在少皞氏的故都窮桑建立了魯國，象徵徹底征服了東夷，所以少皞氏的偉大地位逐漸被人遺忘。

　　不過有趣的是，因為太皞、少皞部落原來是東方的主人，所以史書經常提到太皞、少皞，使得熟讀史書的漢代人開始懷疑少皞也應該是一個重要的古帝，漢代人又看到《左傳》郯子把少皞與太皞、黃帝、炎帝、共工並列，於是劉歆的《世經》把太皞、少皞都列入他編纂的帝系，鄭玄也把少皞列入五帝之中，變成了六帝，譙周為了給少皞安排一個位置，把黃帝歸入三皇，變成了太上皇，而把空出的一個帝位讓給了少皞，還排在顓頊之前。究其原因，是漢代人看到了《國語》的那一段話說少皞衰落，顓頊改革，認為顓頊繼承了少皞。因為漢代人始終不明白那時還沒有國家，顓頊、少皞不是一個民族，所以顓頊、少皞部族融合不是一個國家內部的繼承，所以他們想到的就是顓頊繼了少皞的帝位。由此可見，近代西方學術傳入中國，引發近代中國學者分出華夏、東夷、苗蠻、百越等民族集團是多麼重要！

　　再看戰國晚期的五行說之五帝，居然不僅有少皞，還有太皞，太皞的苗裔已經所剩無幾，也不像少皞有秦、趙兩群假託的子孫光宗耀祖，為何加入太皞？其實原因也很簡單，因為五行說的五帝是陰陽五行家創造出來，他們原本不是儒家！對於陰陽家來說，宗教最重要，太皞伏羲氏是創造八卦的人，當然不能少了他，非但不能少，而且安排他當木正，位居東方，成為五帝之首！我們也不能說陰陽家就不顧歷史，其實五行說的五帝凸顯了太皞、少皞的重要性，雖然缺少了最晚的三個帝：嚳、堯、舜，未嘗不可勉強看成涿鹿戰前的政治格局！

　　五行部落聯盟的首領稱為帝，其實已經不同於炎帝、黃帝，從部落聯盟的首領向後世的帝王轉化。但是此時的部落領袖還有很大權力，所以五帝是五大部落首領輪流擔任。五大部落深入融合，形成了新的華夏族。新的華夏族融合了北方的游牧民族和東方的夷族，是後世漢族多元一體文化的基礎。

_____

新共工氏，而非西北邊疆的原共工族。

　　就在堯任帝時，發生了大洪水。大洪水淹沒了濮陽、聊城一帶的東方大平原，於是發生了五行聯盟部族的大遷徙。火正祝融部落，也即顓頊的高陽氏，南遷到嵩山以南、河南西北部及山東南部等地，水正玄冥部落分為兩支，一支南遷到商丘，一支西遷到山西。堯所在的金正蓐收部落、舜所在的木正句芒部落，南遷今菏澤市、商丘市、徐州市一帶。堯、舜各有一支族人西遷到晉南，唐堯一支西遷到翼城縣的陶寺文化晚期中心南石村，即西周晉國初封地唐城，虞舜一支西遷到平陸縣，建立虞國，又遷到永濟的蒲?。祝融部族南遷嵩山周圍，形成了新砦文化，這就是《國語》所說：「夏之興也，融降於崇山」。《墨子》說禹征三苗之是高陽氏授命，因為祝融就出自高陽氏。

　　因為金正陶唐大舉西遷，舜命皋陶為金正司寇，皋陶就是許由，所以許由要辭讓帝位，因為他本來就是要就任司寇。皋陶也出自炎帝部落，不過是被炎帝收編的戎狄。因為炎帝為姜姓，本來崇羊，而且皋陶出自戎狄，而且皋陶的語源就是古突厥語的羊 qoyn，因此有神羊獬豸。許由南遷到許，皋陶之族還留下了皋鼬的地名。皋陶的後裔參與了南征三苗之戰，繼續南遷到英、六。

　　共工氏被逐出部落聯盟，接替共工氏為土官的是伯益，來自東方大汶口文化有扈氏，即少皞部落之中的農官九扈。因為帝位輪流，木官舜本來應該傳給土官，但是共工氏退出，所以應該傳給伯益，大洪水使得五行部落聯盟瓦解，但是掌握實權的大禹仍然象徵性地要傳給伯益，但是伯益被啟攻殺。

　　堯西征嵩山周圍的鄶、崇和在今滎陽市的囂敖，兩敗俱傷，有崇氏首領鯀戰敗流亡到羽淵（在今澠池縣），有崇氏推舉了新的首領禹。禹的母親來自東方的天官句芒，或許禹是東方部落派去管理有崇氏的首領。所以說禹生於高密，也即句芒。高密即古密國，很可能就是今新密市的新砦古城。新砦古城是中原最大的城，也是東方文化和中原文化交融產物，也即夏文化的源頭。

　　堯、舜部落進一步西遷到今山西的南部，征服了共工氏和西夏氏。堯定都平陽，也即晚期的陶寺文化。新的中心南遷到翼城縣南石村，其實就是唐城，南石村附近就是天馬——曲村遺址，就是晉國始封地，而史書明確說晉國初封在唐，完全吻合。

　　蚩尤餘部除了流散在巨野澤之外，還有一些南下到三苗之地，這就是史書所說的三苗復九黎之德。苗族在五帝時代前期非常強盛，一直分佈到河南省中部。蚩尤餘部聯合三苗北攻，堯、舜、祝融等部族聯合有崇氏南征三苗，

獲得大勝。此後三苗不斷南退，考古學上的反映在二里頭文化在河南省取代了石家河文化。中原部族南征的原因有二，一是氣候變冷，二是東方部族西遷到河南中部引發與原居民有崇氏的矛盾。

在大洪水的災難之中，居住在嵩山南部的有崇氏損失最小，因為他們的地勢最高。由於河南中部接納了大量來自東部的災民，所以堯、舜、祝融等東方部族與禹變戰爭為合作，一起西征。由於戰勝了共工氏，洪水也逐漸消退，所以禹獲得了廣泛的認可。禹一方面散佈自己消除天災的靈異，一方面樹立自己在軍事上的權威。此時的五行聯盟已經不復存在，有崇氏從原來的西部邊緣小族變成了中央之地的大族。

根據董琦劃分的龍山文化時期（五帝時代）的中原文化區為底圖，加上筆者考證的各部族位置及東方部族的西遷路線，筆者製成五帝時代後期的中原局勢圖：

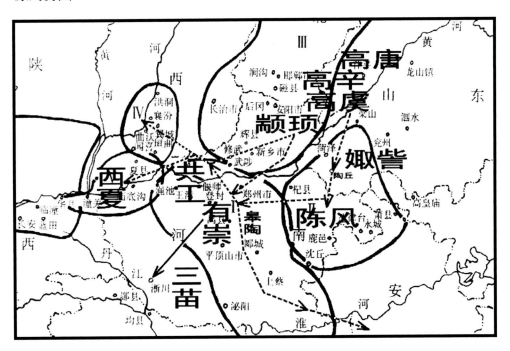

五帝原居地及大洪水之後的東方部族遷徙〔註3〕

於是舜最終讓位於夏禹，禹子啟攻滅有扈氏，殺其首領伯益，徹底摧毀

〔註3〕本圖底圖引自董琦：《虞夏時期的中原》，第19頁，部族地名及東方部族的遷徙路線為筆者所加。

了東方黃泛區的殘餘勢力，威懾了中原諸族，確立了夏朝的最高地位。可是來到嵩山東南的東方諸族勢力依然很大，起初夏與南遷部族合作，所以皋陶爲啓的卿事。但是太康進攻天官之裔羲和氏，試圖消滅南遷部族。羲和氏是后羿的姻族，祝融部落射人氏領袖后羿帶領南遷的東方部族，趁啓的兒子太康驕奢淫佚，佔領了潁水上游的夏都，太康流亡到洛河流域。羿的部屬寒浞取代后羿，繼續西征，但是西遷的有虞氏卻支持少康復國。少康終於征服了東方諸族，恢復了夏朝故地。少康之子杼還乘勢東征到淮河下游，確立了夏朝在其東南方的統治地位。

東方部族在夏朝建立時已經衰落，衰落的主要原因有二，一是大洪水的天災，二是大量部族特別是掌握高級文化部族的西遷。但是南方的三苗部族在夏朝建立時的衰落不是因爲天災，也不是因爲部族的外遷，而是因爲中原部族的南侵。南方沒有發生大洪水，因爲山脈的阻隔，所以降溫對三苗的影響也不大。西北戎狄既受到降溫的影響，又受到東方及中原部族的入侵，所以戎狄的衰落也兼有兩種原因。我們也可以說，中國最早國家夏的出現是建立在東夷、南蠻及西北戎狄集體衰落的基礎上。

中國的國家制度起源於少暤氏，少暤氏的部落聯盟已經產生分層的統治氏族及專業的生產氏族。但是我們不能說中國起源於山東，因爲如果沒有涿鹿之戰和炎黃集團的軍事征服，跨族的新五行聯盟還不能產生。最早的國家之所以沒有產生在山東，因爲少暤氏的西部有黃河下游密佈和河道和湖沼保護，有效防衛炎帝的入侵，南部雖然受到良渚文化越人的侵擾，但是越人的戰鬥力不強，主要是用文化征服少暤氏。少暤氏不能直接面臨西北游牧民族的壓力，自然也就沒有產生國家政權的動力。

中國的早期國家產生於五帝時代，但此時的政權和夏朝還是不同。五帝時代的帝位不能世襲，黃帝、顓頊、嚳、堯、舜來自五個部落，顓頊不是黃帝嫡孫，其父是高濮氏（昌僕），不是軒轅氏。五帝在五大部落之間的循環是確實存在的制度，而且四大部落的首領制約帝的權力，所以《堯典》說堯咨詢四嶽、驩兜等人政事。有學者把堯舜時期的政權稱爲聯邦，〔註4〕筆者認爲此說稍有不妥，因爲部落聯盟不是聯邦，此前還沒有出現國家，少暤部的三個氏族加入顓頊部，不是少暤部總體加入顓頊部。還有學者引入西方學者的酋邦理論，筆者認爲此說也是不得要領，因爲中國的地理環境決定中華文明

〔註4〕許順湛：《夏朝之前有個聯邦制王朝》，《中原文物》1995年第2期。

自誕生之時就是地大人多，而且種族多元。中華文明起源的最重要特點不是個人專制，而是廣闊地域內的多族群融合。五帝的權力不大，不比三代君主。

這個五行聯盟其實是新的華夏民族之始，西方學者認爲在國家誕生之前必須有民族的產生，民族和部落聯盟的不同之處是民族的血緣認同是一種文化上的建構，而部落聯盟的血緣認同則出自天生。我們看到重、黎出自不同的血緣，但是後世編造了重、黎是兄弟的傳說，這就是民族血緣的人爲建構。

民族和部落聯盟的另一差異表現在顓頊把各部落聯盟的徽章拋棄，改用民事職責之名。這個改革的實質仍然是清除各部落故有的民族認同，以建立新的政權認同。所以五帝時代可以說是進入了早期國家階段，雖然這個改革是由顓頊完成，但是奠基者是黃帝。黃帝完成了軍事上的征服，可能沒有時間再進行民族建構。這個任務落在了顓頊身上，顓頊的絕地天通的本質是把各部落的統治者聯合爲一個新的統治階層。

從少皞氏的部落聯盟到顓頊的早期國家，再到正式的國家夏，發生了兩次質變，這兩次質變都是天災引發的。第一次是大降溫引發了北方人的南遷，並導致了中原東部的戰亂。第二次是大洪水引發了東方民族的西遷，並導致了中原西部的戰亂。如果沒有天災，固有的制度還會長久延續。第一次天災對北方的打擊較大，第二次天災的受災範圍更小，只是黃河下游地區。所以第一次天災發生時，南方的社會沒有本質變化。第二次天災發生時，東方民族主要是向西遷徙，所以主要影響了中原西部地區。我們甚至可以說中國最早國家的產生帶有很大的偶然性，如果沒有兩次重大天災，國家不會很快產生。國家並非必須產生，如果沒有天災，部落聯盟還會存在很長時間。

夏朝建立時，五行聯盟已經瓦解，但是我們不能說夏朝是退回了少皞氏的時代。因爲夏和少皞部落的區別不僅在於地域和民族不同，而且是政權性質不同。夏朝地域比五帝時代的五行聯盟遼闊得多，夏朝的宗主地位獲得了四方部族的廣泛認可。夏朝開始出現九州制的萌芽，周圍部族向夏朝進貢，這是夏朝和五帝時代最大的區別之一。因爲有了國家制度的不斷發展，才使得五帝時代的早期政權轉化爲國家。

二、中華文明起源的一核兩翼三輔模式

本書用一核兩翼三輔概況中華文明起源的機制：

1.一核指中華文明的起源進程始於河南中部的伏羲氏，終於河南中部有崇

氏大禹建立的夏朝。雖然其間的地位稍有衰落，但是其在中華文明起源過程的唯一核心地位無法改變。

2.兩翼指中原兩側的炎黃和兩暤兩大族群，這兩大族群的血緣最近，文化最近，都源自河南中部的伏羲氏，雖然有所分化，並在6000到5000多年前，取得輝煌地位，超過其祖居地的文化。但是在4000多年前，西部的炎黃面對戎狄的侵擾，東部的兩暤面對夷越的侵擾，最終促使炎黃、兩暤又融合為一，回到了伏羲氏的祖居地。

五帝五行聯盟中，炎、黃各占其一，少暤佔有三支，而且天官來自少暤，可見少暤族人地位崇高。少暤部落開啟龍山文化時代，在四五千年前，無論在物質文明還是精神文明都曾長期領先中原，少暤部落的結構比中原部落複雜，五帝時代與三代的禮制多來自東方的兩暤族群。而少暤的偉大地位在史書中被嚴重降低，幸而文獻還有吉光片羽，幸而考古學家重新發掘出了兩暤部落的偉大貢獻，使得古史重光。俞偉超說，如果沒有大洪水，中國第一個國家是東夷人所建，他看到了東方文化的重要性。趙輝的論述抓住了中原東部和西部社會的本質差異，他認為中原西部的社會主要是通過實力比拼，而東方的社會則通過神權統治，其實新的華夏正是完美結合了中原族群的武力和東方族群的文化，因而昇華為新的華夏族，獲取更大實力。

3.三輔指中原東南部的良渚文化越人、中原西南部石家河文化三苗和西北草原地帶各文化的戎狄，這是中華文明起源的外部直接動力，在中華文明起源中起輔助作用。越人在文化上壓迫少暤，戎狄在武力上壓迫炎黃，三苗被進，侵擾中原，促使炎黃和少暤碰撞，產生了更大的能量，又促使大禹南征三苗，擴展華夏。越人的部分文化融入中原禮制，戎狄的先進技術被中原吸納，貢獻不同。

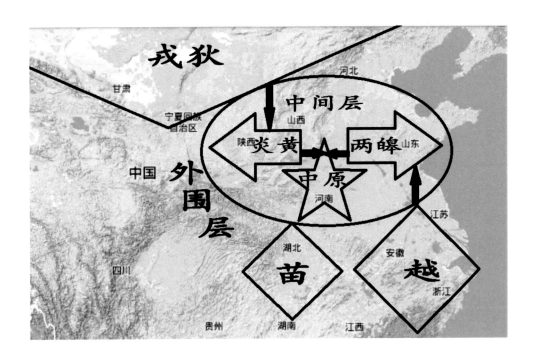

層次	中間層				外圍層		
關係	西翼		一核	東翼	三輔		
地域	關中	山西	中原	海岱	江漢	江浙	西北
地形	盆地		平原	丘陵	平原		高原
乾濕	濕潤						乾旱
八九千年前 考古			裴李崗		彭頭山		查海
文獻			伏羲		苗		
Y染色體類型	O						N、R、Q、D等
	O3				O2	O1	
五六千年前 考古	仰韶～廟底溝		大汶口		大溪	崧澤	紅山等
文獻	補遂	神農		兩皞	苗	越	
四五千年前 考古	客省莊二期	後崗二期	王灣三期	龍山	石家河	良渚	石峁等
文獻	黃帝	炎帝	有崇	兩皞	苗	越	共工等
五帝時代	五帝			夷	苗	越	戎狄
夏代	夏			夷	苗	越	戎狄

　　蘇秉琦提出的六個大區，其中的中原相當於本說的華夏，東方相當於兩
皞，以太湖爲中心的東南部相當於越，北方相當於戎狄，蘇說還有以鄱陽湖
到珠江三角洲一線爲中軸的南方、以洞庭湖與四川爲中心的西南方，西南方
與本說三苗有所重合，本說把這西南、東南、嶺南等地省略，因爲這些地區
距離太遠，而且南方多山，遠古時期交通不便，所以很難和中原有密切往來。
雖然這些地區後來在中華文明中佔有重要地位，但是我們研究歷史，不能以
今度古，要從歷史的客觀情況出發。

　　四川的三星堆文化雖然引人注目，但是四川盆地在新石器時代早期文化
基本空白，僅有川北邊緣的廣元中子鋪遺址可能早到 7000 年，而且可能受到
仰韶文化影響，另外 5000 多年前以江漢平原爲中心的大溪文化把西界擴展到
了四川盆地的東部邊緣。〔註5〕所以四川盆地的文化發展較慢，主要是受地形
阻礙。

　　其實直到春秋時期，西南、東南、嶺南、東北諸地還沒有嶄露頭角，所
以長江中下游有楚、吳、越三大國，但是西南、東南、嶺南、還很隔絕，沒
有大國。東北的燕國雖然是周人建立，但是《史記‧燕召公世家》太史公說：
「燕外迫蠻貉，內措齊晉，崎嶇強國之間，最爲弱小。」召公以下九世的姓
名居然失傳，不過是在戰國末年才崛起。春秋時期的秦、晉對應炎帝、黃帝
之地，齊國對應少皞之地，吳、越對應越人之地，楚國對應三苗之地，可見
五帝到三代的中國地域結構沒有巨變。

　　本說和嚴文明的重瓣花朵說比較，嚴說的中心僅有中原華夏一個，本說
把華夏分爲中原和秦晉兩地，突出了裴李崗文化和夏朝誕生地的地位，又把
東方的兩皞族群的大汶口文化～龍山文化提升到和華夏同等的地位。一核兩
翼是核心層，三輔是外圍層，本說雖然僅有兩層，但是在西北地區把嚴說的
中間層和外圍層打通，因爲西北地區的草原民族容易遷徙，特別是發明了馬
具和馬車後，遷徙更快，所以可以把甘青、燕遼和西北邊疆合併爲第三層。
此層全在半乾旱或乾旱地區，主要從事畜牧業，地理環境和經濟方式有同一
性。

　　核心層的一核兩翼和外圍層的三輔的地理差別主要體現在緯度的差別，
核心層的氣溫、降水居於中間地位，適合農業發展，衍生大量人口，這是中

〔註 5〕趙殿增：《三星堆文化與巴蜀文明》，江蘇教育出版社，2005 年，第 117～118
　　　頁。

原崛起的根本保障。遠古的長江流域過於濕熱，地勢低窪，水災太多，蚊蟲、野獸等有害生物太多，人口增加不快。草原地帶較爲乾旱，人口數量也很少。再外圍的地區不是更熱就是更冷，而且南方多山，交通不便，不易統一，自然不能取代中原的地位。

核心的中原地區，地處仰韶文化—廟底溝文化系統與東方的大汶口文化—龍山文化的交界區，有文化的優勢，但是北有河山阻隔，東南有湖沼河網，不會首先受到戎、狄和夷、越的侵擾，而且黃河三角洲本身河湖密佈，阻礙交通，所以不會成爲五帝時代的開創之地。因爲涿鹿之戰在黃河以北，所以顓頊定都濮陽，嵩山地區開始沒有成爲五帝五行部落聯盟的中心地區。只是在東方大平原上的社會被洪水摧毀之後，嵩山地區才崛起。但是也正是因爲此地在先前的五帝時代初期較少戰爭，所以積纍了較多的人口和實力，最終在戰爭和天災之後成爲五帝時代的受益者。嵩山地區沒有水災之虞，又可以躲避北風。

夏商周文明一脈相承，古人把夏、商、周當成前後連續的三個時代，現代的學者則強調夏、商、周三個部族是同時存在，其實這兩種說法都沒錯。夏朝時期的商、周兩族雖然存在，但只是夏人的臣屬。商朝時期的周人也肯定是臣屬，周朝時期的夏人、殷人更是如此。夏商周文明一脈相承的關鍵就是文化貴族群體的延續，《呂氏春秋》卷十六《先識》說：「夏桀迷惑，暴亂愈甚，太史令終古乃出奔如商……殷內史向摯，見紂之愈亂迷惑也，於是載其圖法，出亡之周。」這和少皞氏的重加入炎黃集團之後並仍然任天官何其類似！

雖然中國歷史上常有天災人禍，並對不同地域產生不同影響，但是中華文明能夠在不同地域之間傳承。因爲中國有足夠大的面積作爲迴旋餘地，所以中華文明總是沒有中斷，這是中華文明成爲世界上唯一沒有中斷的古文明的最重要的原因，博大成就久遠是中華文明的最大特點。

如果中原沒有足夠大的平原，就不能產生人口眾多的華夏族。如果中原狹小，人口太少，則面對北狄和東越，很快就會被征服。北狄、越人雖有長處，但是華夏地大人多，炎帝雖敗，還有黃帝，少皞雖衰，還有炎黃，華夏民族以空間換取時間，這也是歷代華夏王朝延續的方法。西晉雖亡於五胡，建康猶有河洛衣冠。唐雖亡於胡人，中原爲沙陀侵佔，南方猶有華夏文明正傳。北宋雖亡於女眞，中原腥羶無際，在岳飛等民族英雄的努力之下，南宋

半壁依然是歌舞昇平。明朝雖亡於滿清，而鄭成功又開拓海島。東南沿海的反清復明傳統綿延不絕，終於促成了孫中山驅除韃虜，恢復中華。日寇侵佔半個中國，峽、陝之西，不分主義，共祭軒轅黃帝。四千多年前黃帝的偉大精神，感召著全體中華民族戰勝日寇，再奪勝利。

中華文明誕生的前夜，正是孔子所謂南夷與北狄交、中國不絕如線的景象！來自東南的越人出自侗臺語系民族，來自西北的狄人出自印歐語系民族，此即南夷與北狄，所以中華文明起源進程包括了亞洲最重要的三大族群。蘇秉琦高屋建瓴地把六大板塊分為面向海洋的東方三塊和面向草原的西方三塊，他提出源自草原的周文化、秦文化帶有西方色彩，而中國東南文化和太平洋海島文化關係緊密，地球上的海陸文化連接點，在中國是一個關鍵地區。現在看來，中華文明的誕生確實具有世界意義！

孟軻說外無敵國外患，國恒亡，外部的壓力能轉化為內部團結的動力。在中國誕生的前夜，中原的華夏面對東越和北狄的壓力，團結一致，共禦外侮，才取得了最終勝利。北狄雖然有從西方傳來的先進技術，但是到底沒有打得過團結的東土華夏，說明華夏民族團結的力量大。如果共工、蚩尤打敗炎帝，黃帝不出兵援助，中原華夏就要完全被北狄征服。黃帝出於華夏民族大義，及時出兵，援助炎帝部落的兄弟，北逐葷粥，最終統一中原。少暤族人受到夷越侵擾，投奔顓頊，顓頊出於兄弟民族大義，接納少暤族人，建立五帝五行聯盟。顓頊時代的民族大融合，是中華民族誕生的標誌。多難興邦，中華民族從誕生之日起就勇於面對外敵，用團結戰勝外敵。

中華民族是一個偉大的民族，中華文明是全世界唯一延續數千年從未中斷的文明。如果我們妄自菲薄，不僅要被世人鄙夷，也不符合客觀歷史事實，最終只能走向虛無主義的迷茫，徹底喪失自我歸屬。中華民族的前途一片光明，中華文明仍有無限生機。在中華民族偉大復興勢不可擋的進程中，本書寫成，為我們民族的偉大復興聊盡綿薄之力。錯漏之處尚待未來修訂，而拳拳赤子之心可請炎黃始祖鑒明。

後　記

　　這本書從開始撰寫到出版，花了近十五年！人生能有幾個十五年呢？我
自幼喜好歷史，2001 年考入南京大學。南京大學源自中央大學，但現在的老
校區是原金陵大學校園，在南京城中心的鼓樓。南大多年前爲響應江蘇省政
府發展江北高新技術開發區的計劃，在江北建設浦口校區。所以當時本科生
前三年全在江北浦口校區，四周多是山村，遠離市區。直到我畢業時，這個
校區仍然未建圖書館，僅有兩個圖書閱覽室，還是鋼結構的塑料板簡易房，
一下雨則頭頂萬鼓齊鳴。而期刊閱覽室居然在一里之外的教學樓中，看書極
爲不便。現在南京大學本科生已經改住紫金山之東新建的仙林校區，他們可
能難以想像當年浦口校區的艱難局面，但是我仍很懷念那三年在江北山中看
書的歲月。

　　浦口圖書閱覽室的書不多，我先看到了英國學者戴維・羅爾的《傳說：
文明的起源》，很感興趣，很想尋找遠古各文明的聯繫，探究中國文明起源問
題。大學的第一個寒假，我留在南京看書，直到除夕下午才回家過年。因爲
浦口閱覽室寒假不開，我住到市區表哥家，當時他還在孝陵衛租房。那時南
京尚無地鐵，我每天坐公交車去南京圖書館。當時南京圖書館還在成賢街，
雖說是明朝國子監所在，後來又建有中央大學，即今東南大學校園，附近學
風濃厚，但是館舍陳舊，書室逼仄，開架的書很少。而且我是個窮學生，有
時午飯或晚飯就在圖書館門口買幾個包子充飢。當時無人指導我的研究，亂
看一氣，忙了很久，沒有實質進展。

　　直到大二時，我在浦口的塑料板房閱覽室中，讀到法國人類學家愛彌兒・
涂爾幹與馬塞爾・莫斯的《原始分類》，想到古史中的五帝五德說，才恍然大

悟，初有頭緒。我又從一本介紹西亞古文明的書中看到阿卡德時期的水神圖像，發現這就是仰韶文化著名的人面雙魚像之源，並把這個發現寫進楊曉春老師開設的中國古代外來宗教文化課程作業。此時我因爲要考復旦大學歷史地理研究所的碩士，無暇多寫。當時學力也不夠，書稿不成系統。最初尙無電腦，在紙上手寫的初稿現在還保存在老家。大三暑假之初，我在浦口宿舍，曾把我的初稿內容講給好友尤東進君聽。東進去年從日本早稻田大學取得博士學位，現在杭州師範大學歷史學系任教。

我在復旦讀書時，因爲興趣轉向歷史地理，遲遲未整理這部書稿。不過仍在關注，偶爾也有新的發現。記得我在讀博時，曾在復旦南區一家東北餃子店，把書稿內容講給同門劉瑞兄聽。劉兄現任中國社會科學院考古研究所研究員，當時他對我的初稿有所懷疑。前年他來廈門大學，我在芙蓉湖畔的茶舍又把新稿講給他聽，他比以前肯定多了。

工作之後，原來的副業航海史又成了主業，所以這本書的整理再度擱置。直到三年前的秋季，內人有孕，我想將來家務繁重，應該及時整理一些書稿。記得那年寒冬，我在浙江大學紫金港校區的酒店，曾經把新稿內容講給好友陸德富君聽。德富現也在杭州師大歷史系任教，他精研古文字與上古史，對我的不少看法表示肯定，又對我的書稿提出很多寶貴修改意見，非常感謝他！

因爲完成了新稿，所以我在次年春季，即在廈門大學開設一門名爲山海經與上古史的本科選修課，講課內容包括這部書稿。直到去年，承蒙貴人相助，得以準備出版此書。在此首先感謝花木蘭文化出版社的諸位同仁，其次感謝家人多年以來對我的支持，復次感謝多位良師益友對我的幫助，特別感謝南京大學賀雲翱教授、復旦大學周振鶴教授等多位恩師對我的關懷。我自知能力有限，學海無涯，雖終有殆已之困，亦時有相知之樂。過隙之中，結此佳緣，夫復何求？

周運中乙未六月於廈大白城宿舍